약자들의 전쟁법

약자들의 전쟁법

이기는 약자들은 어떻게 싸우는가

HOW CAN THE WEAK WIN A FIGHT | 박정훈 지음

어크로스

인터넷과 SNS에서 성인용 잔혹 동화가 유행하고 있다. 안데르센 동화를
패러디한 '비정규직 인어공주' 이야기는 이렇다.

인어공주가 마녀에게 소원을 빕니다.

"정규직이 되고 싶어요."

"그러면 우리 회사로 이직해 와. 대신 너의 목소리를 받아가마."

인어공주는 정규직 사원이 되었지만 시간 외 초과 근로가 2.5배나 늘었
고 야근 수당은 나오지 않았으며 휴일도 없어졌습니다. 목소리를 잃어
노동청에 신고도 하지 못하게 된 인어공주는 사회의 거품이 되어 사라졌
습니다.

'성냥팔이 알바 소녀' 버전도 있다.

> "성냥 사세요. 성냥이오."
> 소녀는 생활비를 벌기 위해 방과 후 거리에 나가 성냥을 팔았습니다. 월 110시간을 근무해 63만 원을 받습니다.
> 근무 환경은 가혹하기 짝이 없습니다. 추위를 견디지 못한 소녀가 성냥을 켜서 얼어붙은 손끝을 녹였습니다. 그러자 회사는 제품을 무단 사용한 혐의로 소녀를 고소했습니다.

　너무나도 슬프고 처연한 이야기다. 인어공주와 성냥팔이 소녀는 궁핍한 상황에 처해 있다. 목소리를 희생하면서까지 정규직이 되길 원하고, 추위에 얼어 죽더라도 생계를 위해 알바를 뛰어야 한다. 그만큼 간절하고 절박하다.
　그런데 세상은 절박한 약자에게 결코 호의적이지 않다. 호의는커녕 약자의 궁박한 처지를 이용해 어떻게든 더 쥐어짜내려고 한다. 마녀는 목소리까지 빼앗으려 하고 성냥 회사는 열악한 근무 환경을 강요한다. 안타깝기 짝이 없지만 이것이 현실이다.

그래서 어떡하란 말이냐

잔혹 동화는 이 땅에 펼쳐진 갑·을 관계의 비극적인 구조를 애잔한 스토리로 고발하고 있다. 흙수저와 비정규직, 알바생과 하청 업체처럼 을의 위치에 놓인 사회적 약자들의 눈물과 한숨이 담겨 있다. 이놈의 세상 참

잘못됐다. 이렇게 냉혹하고 불공정한 세상에 태어나 힘겹게 살아가야 하는 신세가 슬프기만 하다.

그런데 여러 버전의 잔혹 동화를 보면서 떠오르는 질문이 있다. 그래서 어쩌자는 것인가. 어떻게 하라는 말인가.

잔혹 동화는 불합리하고 일방적인 약자 착취의 구조를 드라마틱한 스토리에 담아 고발했다. 절망에 허덕이는 약자들을 눈물로 꺼안아주는 힐링의 스토리다.

문제는 그다음이다. 그래서 어떻게 하자는 건가. 인어공주는 목소리까지 빼앗긴 채 거품처럼 사라져야 하나. 성냥팔이 소녀는 부당하게 감옥살이를 하란 말인가. 그게 끝인가. 어쩔 수 없으니 눈물을 삼키고 주어진 현실을 받아들이라는 건가.

자포자기의 절망감을 담은 '헬조선(지옥 같은 한국)' 담론이 나온 것이 2014년 무렵이었다. 그 후로도 상황은 악화되기만 한다. 점점 격차가 벌어지고, 기회의 문이 닫혀가고 있으며, 노력해도 취업조차 힘들어지고 있다. 갈수록 흙수저와 을과 약자들에게 불리한 사회가 되어가고 있다. 이대로는 곤란하다는 데 모두가 동의한다. 이것은 결코 우리가 바라던 나라가 아니다. 그렇다면 어떻게 해야 하는가.

좌절과 절망, 한탄과 체념의 현실 고발은 넘쳐날 만큼 충분하다. 이제 무엇이 우리의 문제인지 다 안다. 지금 우리에게 필요한 것은 해법과 방법론이다. 현실 개탄을 넘어 다음 단계로 넘어가야 한다.

인어공주가 목소리를 잃지 않고 정규직이 되려면 어떻게 해야 하나. 성냥팔이 소녀가 추위에 떨지 않고 생활비를 벌려면 무엇을 해야 하는가. 흙수저와 비정규직과 사회적 약자들이 정당한 보상을 받을 방법은 무엇인가. 이 거대한 부조리극 같은 세상에서 약자들이 일방적으로 당하고만 있지 않기 위해선 무엇을 해야 하냐는 말이다.

이 물음에 대한 대답이야말로 고도성장을 끝내고 전혀 다른 국면에 접어든 대한민국 사회가 찾아내야 할 새로운 시대정신이다.

무조건 노력하라?

지금 두 가지 갈래의 해법이 주장되고 있다. 한쪽에선 개개인의 더 많은 노력을 주문한다. 더 열심히 노력하고 의지를 불태우면 성공할 수 있다고 한다. 다른 쪽에서는 "세상을 바꾸자"고 한다. 약자가 보상받을 수 있도록 국가가 더 개입하고 체제를 변혁해야 한다고 주장한다.

전자는 미시적인 노력 담론이고 후자는 거시적인 사회변혁론이다. 대체로 전자는 보수우파 내지 기성세대가 주장하고 후자는 진보좌파 쪽에서 주장한다. 둘 다 나름대로 일리가 있다. 약자 개인이 더 노력해야 하는 것도 맞고 사회 시스템을 공정하게 바꾸는 것도 필요하다. 둘 다 당연히 해야 할 일이다.

그렇다면 무엇을 할 것인가. 좋은 날이 오기만을 기다리지 말고 지금의 현실에서도 이길 수 있는 길을 찾는 것이다. 약자에게 불리하게 짜인 지금의 경쟁 질서 아래에서도 약자가 이길 수 있는 길을 찾아내 성취를 이뤄내야 한다.

불가능한 소리라고? 돈도 '빽'도 스펙도 없는 빈털터리 약자가 어떻게 타고난 강자를 이기냐고? 아니다. 약자가 이길 수 있는 길이 있다. 그것도 높은 확률로 승리할 수 있는 약자만의 전략이 존재한다.

"그때는 맞고 지금은 틀리다"

손주은(1961~) 메가스터디 회장은 사교육 분야에서 지존급으로 꼽히는 전설적인 인물이다. 1997년 '손사탐(손선생의 사회탐구영역 강의)'으로 혜성같이 등장한 그는 당시 오프라인 학원 강사료만 한 달에 4억 원을 벌었고, 인터넷 강의를 비즈니스로 만들어 거부를 쌓았다. 메가스터디 강의를 듣지 않고 대학에 들어간 학생이 없다는 말이 나올 정도였다.

손 회장은 '강자의 길' 신봉자이자 '강자 모델'의 멘토였다. 사교육의 힘을 통해 강자의 성공코스로 이끌어주는 것을 업으로 삼았다. 사교육을 잘받아 좋은 대학에 들어가서 좋은 직장을 잡는 것이 지난 수십 년간 대한민국 사회를 지배해온 전형적인 성공 루트였다. 이 게임에선 가정 형편이 좋은 사람, 즉 타고난 사회경제적 강자가 유리했다.

손 회장은 20여 년 전 처음 사교육에 몸을 담은 이후 "공부가 너희를 구원해준다"는 말을 입에 달고 살았다. '손사탐' 강의 동영상을 보면 그가 학생들에게 "공부 말고 너희들이 구원받을 수 있는 건 아무것도 없어. 목숨 걸고 해봐, 이놈들아. 알겠어?"라고 윽박지르듯 말하는 장면이 자주나온다. 공부가 가장 확실한 성공의 길이었다. 가정 형편이 사교육을 뒷받침하고 여유 있는 학습 환경을 제공하느냐가 중요한 변수로 작용했다.

그랬던 손 회장이 요즘 들어 자기 생각이 틀렸다고 말하고 있다. 공부잘해서 대학만 잘 가면 만사형통인 시대는 끝났다는 것이다. 고도성장이끝난 지금의 성공 루트는 과거보다 훨씬 복잡한 변수가 작용하는 고차원방정식이 됐다. 명문 대학을 나와도 취직하기 힘든 시대다. 좋은 대학에가는 것도 여러 경쟁력 요소 중 하나일 뿐이다.

그는 신문 인터뷰에서 "지금은 '공부가 너희를 구원해줄 것'이라고 생각하지 않는다. 목숨 걸고 공부해도 소용없다. 생각이 모자랐다"고 말한 적이 있다. 어떤 영화 제목처럼 "그때는 맞고 지금은 틀리다"고 했다. 사교육을 매개로 하는 강자의 성공 루트가 무너졌다는 뜻이다.

그런데도 대부분의 학부모들과 학생들이 여전히 과거의 게임에 매달리고 있다. 이미 효용을 다한 강자의 게임 규칙에 사로잡혀 있다. '헬조선'이 된 것은 시대가 달라졌는데 의식 전환을 하지 못한 탓이 크다.

인공지능이 기존 직업을 소멸시키고 4차 산업혁명이 어지러울 만큼 숨 가쁜 변화를 만들어내는 세상이다. 성공 방정식도 달라졌다. 무엇이 성공을 좌우하느냐를 한마디로 규정하긴 어렵지만 적어도 과거 같은 강자의 규칙이 적용되지 않는다는 점만은 분명하다. 학벌과 배경보다 창의성과 아이디어, 기성 질서에 구애받지 않는 비주류 정신이 더 중요해졌다.

게임의 규칙이 약자에게 결코 불리하지 않은 시대가 됐다. 중요한 것은 의식의 전환이다. 강자의 게임을 끝내고 자기만의 새로운 게임 규칙을 만들어내는 것이 성공을 좌우하는 시대가 됐다. 약자는 약자의 게임을 하라는 것이다.

강자의 규칙을 거부하라

약자가 이기는 길은 단순 명료하다. 강자와 다른 길을 가는 것이다. 강자와 다르게 생각하고 행동하고 차별화하는 것에서부터 시작해야 한다. 강자에게 유리하게 짜인 기존 질서를 그대로 추종해서는 약자가 이길 수 없다. 그 틀을 벗어나야 비로소 약자에게 길이 생긴다.

자, 결론부터 꺼내놓자. 약자가 이기기 위한 필승 전략의 출발점은 강자가 정한 게임의 법칙을 거부하는 것이다. 약자는 약자의 게임을 해야 한다. 스스로 게임의 규칙을 정하고 그 규칙에 따라 게임을 벌여야 한다.

축구 선수 박지성과 축구로 대결한다면 이길 확률은 제로(0)에 가깝다. 하지만 축구 대신 당구나 탁구 같은 것으로 종목을 바꾼다면 승산은 확 올라간다. 만약 당신이 게임 마니아라면 스타크래프트나 리니지로 대결하면 백전백승일 것이다.

게임의 규칙을 바꿀 수만 있다면 약자가 이길 확률이 비약적으로 높아진다. 약자에게 유리한 규칙이니 약자가 이기는 것이 당연하다.

따라서 약자가 해야 할 일은 새로운 게임의 규칙을 찾아내는 것이다. 어떤 양상의 게임이 자기에게 유리하고 어떤 방식으로 게임을 벌여야 승리의 확률을 극대화할 수 있는지 약자 관점의 전략을 짜내야 한다. 강자가 깔아놓은 무대 위에서 똑같이 춤추는 것은 바보나 하는 짓이다.

약자의 3법칙

약자가 바꿔야 할 게임의 규칙은 세 가지다. 방식과 모델과 목표, 이 세 가지 차원에서 강자와 다른 새로운 길을 찾아내고 약자에게 유리한 전략을 짜야 한다.

1. 다른 방식

강자와 약자가 같은 목표를 놓고 경쟁할 때 약자는 목표 달성을 위한 수단과 방식을 달리해야 한다. 예컨대 기업체 입사 시험이라면 가난한 비명문대 출신의 약자가 강자와 똑같이 스펙 경쟁을 벌여선 이길 방도가 없다. 스펙 대신 자신이 살아온 인생 스토리와 일에 대한 열정을 어필하는 전략은 어떨까. 실제로 6장에 소개한 KT 직원 김근형 씨처럼 그런 방식으로 대기업의 좁은 입사 관문을 뚫는 사례가 많다.

3장에 나오는 프로야구 선수 유희관의 사례는 느림으로 빠름을 이겨낸 경우다. 그는 공의 속도가 다른 투수들보다 시속 10~20킬로미터는 늦다. 강속구 투수가 즐비한 야구 판에서 치명적인 약점이었다. 유희관은 공을 빠르게 던지는 강자의 방식을 포기했다. 빠른 공 대신 제구력으로 승부하는 쪽을 선택한 것이다. 결국 유희관은 구속은 느리지만 구석구석 공을 꽂아 넣는 자기만의 방식으로 에이스 투수의 자리에 올랐다.

2. 다른 모델

방법의 차별화에서 한 걸음 더 나아가 새로운 게임의 모델을 만드는 전략이 있다. 판 자체를 바꿈으로써 약자에게 유리한 게임을 만드는 것이다. 마오쩌둥은 국민당과의 내전에서 인민전술이라는 새로운 전쟁 모델을 만들어 절대 열세를 뒤집고 승리했다. 군대가 '인민의 바다'에 스며드는 게릴라전 모델로 압도적 병력과 화력의 국민당군을 이긴 것이다.

1000원 숍으로 유명한 다이소가 돌풍을 일으킨 것은 게임의 규칙을 바꾼 독창적인 비즈니스 모델 덕분이다. 보통 제품의 판매가는 원가에다 이익을 얹어 결정된다. 다이소는 이 프로세스를 거꾸로 뒤집었다. 판매가를 1000원 내지 2000원으로 정하고 거기에 생산 원가를 맞춘 것이다. 이런 역발상을 통해 다이소는 새로운 비즈니스 모델을 창출했고, 약자의 한계를 극복했다.

방법과 모델을 뛰어넘는 약자의 최상위 전략은 목표 자체를 차별화하는 것이다. 강자는 돈, 출세, 권력 같은 세속적인 목표를 추구한다. 그러나 세상은 달라졌다. 이제 다양하고 세분화된 삶의 가치가 중요한 세상이다. 다양한 목표를 추구하는 삶의 게임에선 약자에게 핸디캡이 없다. 학교 공부 열등생이 취미이던 만화로 성공하고, 동물을 좋아하는 청년이 유기견 구조 NGO에 뛰어들어 인생의 가치를 찾는다면 이것이 바로 약자의 성공법이다.

카카오 창업자 김범수는 대학 시절 공부 대신 당구, 바둑, 고스톱, 포커 같은 잡기에 푹 빠져서 살았다. 그런데 그렇게 놀았던 경험이 나중에 축복으로 돌아왔다. 한게임을 창업해 대박을 터뜨린 것이다. 만약 김범수가 남들과 똑같은 목표를 추구했다면 지금의 그는 없었을 것이다. 김범수의 성공은 그가 강자의 목표를 거부했기 때문에 가능했다. 세속적인 성공 대신 자기가 좋아하는 일을 좇다 보니 결과적으로 성공이 찾아온 것이다.

개인이든 조직이든, 위의 세 가지 차별화 전략을 구사할 수 있다면 더 이상 약자가 아니다. 전략을 갖고 깨어 있는 약자는 결코 약하지 않다.

약자의 여정을 떠나며

약자는 생각만큼 약하지 않고 늘 지는 것도 아니다. 약해서 약자가 아니라 전략이 없기 때문에 약자다. 관점을 달리하면 약함은 약점이 아닐 수 있고, 도리어 강해지기 위한 '위장된 축복'일 수 있다. 전략을 가진 약자, 약자의 룰을 구사하는 약자는 강하다. 지금부터 우리는 약자의 게임을 벌여 '강한 약자'가 된 사람들을 찾아 그들의 전략을 탐구하는 약자의 여정을 떠날 것이다.

우리에겐 함께할 동반자가 있다. 세계 헤비급 챔피언에 세 차례나 등극하며 20세기 후반을 풍미했던 복서 무하마드 알리(1942~2016)다. 그가 조지 포먼(1949~)과 격돌한 '킨샤사의 혈투'는 스포츠 역사상 가장 위대한 '약자의 순간'으로 기록되어 있다. 40여 년 전, 명승부가 펼쳐졌던 아프리카 자이르공화국의 수도 킨샤사에서 우리의 여정을 시작하기로 하자.

선수 대기실은 침울한 장례식장 같았다. 납처럼 무거운 침묵이 흘렀다. 매니저와 코치, 스태프들, 어느 누구도 입을 열지 않았다. 대기실에 들어서던 알리가 침묵을 갈랐다. "무슨 일이야? 왜 이렇게 다들 겁내는 거야?"

알리는 옷을 벗고 껑충껑충 뛰어다니며 허공에 주먹을 날려댔다. "녀석을 꼼짝 못 하게 만들어버릴 거야." 알리는 새도복싱을 하며 스태프들에게 주먹을 날리는 장난을 쳤다. 알리가 애를 썼지만 축 처진 분위기는 달라지지 않았다.

대기실 밖 관중석, 혹은 TV 앞에 앉아 있는 사람들의 예상은 대체로 일치했다. 알리가 묵사발이 되어 무참하게 뻗을 것이라는 데 이의를 다는 사람은 많지 않았다. 알리가 몇 라운드까지 버틸 수 있을지가 유일한 관심사였다.

그럴 수밖에. 32세의 알리는 복서로선 퇴물 급이었다. 베트남전 징집 거부로 25~29세의 황금기를 링에 오르지도 못했고, 서른을 넘기면서 주특기였던 스피드도 사라졌다. 조 프레이저에게 패했고, 켄 노턴에게는 턱이 부서졌다.

　그와 맞붙을 챔피언 포먼은 '링 위의 도살자'로 불렸다. 24세의 전성기를 구가하며 40전 전승 37 KO승의 무패 가도에다 대부분 시합을 3회 안에 끝낸 가공의 펀치력을 갖고 있었다. 알리가 패했던 프레이저와 노턴도 일방적으로 박살 냈다. 그런 포먼에게 도전장을 던지다니, 사람들은 알리가 자살하려 한다고 생각했다.

　경기 시작 5분 전, 대기실은 여전히 침울했다. 분위기를 띄우려는 듯 알리가 경쾌하게 주먹을 날리며 외쳤다. "우린 오늘 밤 춤을 출 거야!"

　알리는 계속 떠벌렸다. "우리는 멋진 춤을 출 거야! 춤추고 또 춤출 거라고!"

　1974년 10월 30일 새벽, 그곳은 아프리카 정글 속의 도시 킨샤사였다.

CHAPTER 1

약자는 강하다

1ROUND

도발

"궁핍은 영혼과 정신의 힘을 낳는다.
불행은 위대한 인물의 좋은 유모가 된다."
– 빅토르 위고

레퍼리가 링 위에 오른 두 선수를 불러 모았다. 1974년 10월 30일, 아프리카 자이르공화국(지금의 콩고민주공화국)의 수도 킨샤사 시에 세워진 특설 링이었다. 미국 전역에 생중계될 TV 시간에 맞춰 경기는 새벽 4시에 시작됐다. 챔피언 조지 포먼은 붉은색, 도전자 무하마드 알리는 흰색 팬츠를 입고 있었다.

레퍼리가 두 선수 사이에서 경기 규칙을 설명한다. 포먼과 얼굴을 맞댄 알리는 쉬지 않고 입을 놀린다. 공이 울리기 전부터 알리의 게임은 시작됐다.

"어렸을 때부터 내 얘기를 들었겠지. 이제 나, 자네의 영웅을 맞이하게나."

포먼의 굳은 얼굴엔 분노가 감돈다. 포먼은 되받아친다. "그건 당신 혼자 있을 때 얘기고 이제는 나를 상대해야지."

경기 시작 30초 전. 청코너로 돌아온 알리는 그가 섬기는 알라신을 향해 기도를 올린다. 기독교 신도인 포먼은 로프를 잡고 엉덩이를 알리 쪽으로 돌린 채 몸을 푼다. 포먼의 엉덩이가 알리의 얼굴을 향해 춤을 춘다. '너는 내 상대가 못 된다'는 것을 알려주는 선언처럼 보인다.

이윽고 공이 울린다. 알리는 링을 가로질러 포먼을 향해 돌진한다. 알리가 먼저 선제 펀치를 날린다. 관중들은 경악한다. 누구나 알리는 도망가고 포먼은 추격할 것임을 의심치 않았다. 다들 알리가 경쾌한 풋워크로 아웃복싱을 구사하며 외곽을 돌 것이라 예상했다. 그런데 선제공격이라니. 그것도 복싱 역사상 가장 잔혹한 괴물을 상대로.

알리는 포먼이 원하는 대로 경기가 풀리게 해줄 생각이 없다. 원투 스트레이트를 날린 뒤 포먼의 목을 끌어안고 늘어진다. 알리는 포먼이 주먹을 날리기에 적당한 거리를 주지 않는다. 먼 거리에서 선제공격하고 바로 끌어안는다. 포먼의 핵주먹이 위력을 발휘하기엔 너무 멀거나 혹은 너무 가깝다.

화가 치밀어 오른 포먼은 저돌적으로 밀어붙인다. 강력한 좌우 훅을 던지며 알리를 코너로 몰아넣으려 한다. 알리는 포먼의 팔을 잡고 몸을 붙여 공격을 무력화시킨다. 포먼의 펀치 타이밍을 교묘하게 빼앗는 히트 앤드 클린치 작전이다.

공이 울리기 1분 전, 포먼은 알리를 로프로 모는 데 성공한다. 무시무시한 오른쪽 훅이 작렬한다. 알리는 바람에 흔들리는 갈대처럼 상체를 비켜 펀치를 피한다. 알리는 탄력 있는 고무줄 같다. 포먼은 몇 번이고 강공을 퍼붓지만 대부분 알리의 얼굴 몇 센티 앞에서 빗나간다.

포먼은 혼란스러워진다. 자기가 생각했던 경기 방식이 아니다. 포먼은 빠른 발로 도망가는 알리를 어떻게 따라가 잡을 것인지만 생각해왔다. 알리를 코너에 가둬놓은 뒤 좌우 훅으로 박살 내버리는 것 외에는 생각한 일이 없다.

그런데 알리는 도망가기는커녕 바짝 붙어 살을 맞대며 근접전을 펼치고 있다. 선제공격하고 끌어안으며 치근대듯 몸싸움을 걸어오고 있다. 포먼은 이렇게 지저분하게 엉겨 붙는 상대와는 싸워본 일이 없다. 알리가 자신의 목을 누르고 팔을 잡아챌 때마다 포먼은 모욕감으로 끓어오른다.

알리는 포먼이 흥분한 것을 느낀다. 그는 포먼이 준비한 승리 방정식을 받아들일 생각이 추호도 없다. 알리는 포먼에게 이렇게 외치는 듯하다.

"이봐, 오늘밤 게임의 룰을 정하는 건 자네가 아니야. 바로 나라고 나!!"

◆ 알리와 포먼의 '킨샤사의 혈투' 8라운드 경기에 대한 상세한 묘사는 퓰리처상 2회 수상에 빛나는 작가 노먼 메일러의 《파이트》를 기초로 재구성했다. 두 위대한 복서의 땀냄새, 숨소리까지 생생하게 느껴지는 이 탁월한 역작에서 많은 영감을 얻었음을 미리 말씀드린다.

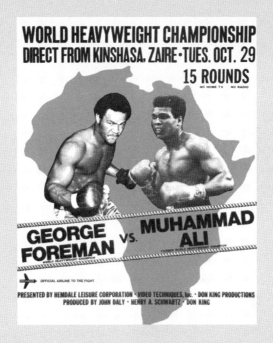

1974년 10월 30일 아프리카 콩고민주공화국의 킨샤사에서 '정글의 혈투(The Rumble in the Jungle)'로 불린 알리

와 포먼 간 세기의 대결이 펼쳐졌다. (포스터의 경기 일정은 미국 현지 기준)

1

약자의 역설

"음악뿐 아니라 모든 예술이
고통과 외로움 없이는 (더 높은 차원으로) 승화되기 어렵습니다.
역경을 겪지 않은 예술은 감동을 주기 힘듭니다."

—

조수미

소프라노 조수미(1962~)는 한국이 배출한 세계 정상급의 성악가다. 지휘자 카라얀으로부터 "신이 내린 목소리"라고 격찬받은 그녀가 한 언론 인터뷰에서 어떻게 성공했는지 비결을 묻는 질문을 받았다. 조수미가 말한 비결은 '역경'이었다. '역경이 자신을 강하고 단단하게 만들었다'는 것이었다.

그녀는 어려움 없이 성장하는 요즘의 젊은 연주자들에게 꼭 들려주고 싶은 조언이라면서 이렇게도 말했다. "음악뿐 아니라 모든 예술이 고통과 외로움 없이는 (더 높은 차원으로) 승화되기 어렵습니다. 역경을 겪지 않은 예술은 감동을 주기 힘듭니다."

조수미의 주장은 분명했다. 쉽고 순탄한 길은 감동적인 예술을 낳지 못한다는 것, 진정한 성공은 고통과 역경의 과정을 거쳐야 비로소 얻어진다는 것이다. '고난의 역설'이라고나 할까. 역경은 실패를 낳는 것이 아니라 오히려 더 큰 성취를 가져다주는 성공의 조건이라는 역설적인 얘기를 조수미는 하고 있다.

거대한 성공을 이룬 조수미가 겸양의 미덕을 발휘해서 일부러 겸손하게 말하는 것일까. 아니다. 힘든 시절 한 번 겪지 않은 사람이 세상에 어디 있는가. 천부적인 음악 재능을 타고 태어났다는 조수미지만 그녀에게도 고통스러웠던 시기가 있었다. 21세에 부모와 은사에 의해 떠밀리듯 홀로 떠난 이탈리아 유학 때였다.*

의지할 곳이라고는 없는 절대 고독의 시간이었다. 모든 것을 던져 사랑한 첫사랑의 남자친구로부터 이별 통보까지 받은 그녀는 인생에서 가장 힘든 시기를 보냈다. 뼈와 살을 파고드는 외로움에 몸부림치면서 모든 것을 포기하고 싶다는 생각이 든 적이 한두 번이 아니었다.

하지만 그 어려웠던 시절이 도리어 축복으로 돌아왔다. 그때의 역경이 아니었다면 지금의 자신은 없었을 것이라고 조수미는 말한다. 그것은 사실일 것이다. 아무리 재능이 뛰어난 조수미라도 치열한 고통의 담금질을 받지 않았다면 국내에서나 통할 평범한 성악가에 그쳤을지 모른다.

조수미뿐 아니다. 사회적으로 성공을 거둔 유명 인사들에게 비결을 물으면 많은 경우 돌아오는 대답이 "역경 덕분에 강해졌다"는 것이다. 어려운 환경과 열악한 조건을 이겨내려 노력하다 보니 어느 틈엔가 성공의 길

---

* 조수미는 자기 의지가 아니라 떠밀려서 유학을 떠났다고 고백했다. 그녀는 서울대 음대 시절 경영대 남학생과 1년 365일 단 한 순간도 떨어지지 않을 만큼 지독한 사랑에 빠졌다. 성적이 낙제점으로 떨어지자 부모와 교수들이 둘을 떼어놓으려 반강제적으로 그녀를 이탈리아에 보냈다.

에 올라서 있더라는 것이다.

　이런 고난 극복의 성공 스토리가 너무나도 흔해 우리는 이것을 당연하게 생각하는 경향이 있다. 기성세대가 안이한 젊은 세대를 꾸짖고 계도하기 위해 과장을 섞어 말하는 계몽적 레퍼토리로 여기기도 한다. 그래서 이런 얘기가 나올 때마다 젊은이들은 또 노력만 하면 다 된다는 '노오력'(노력을 비꼬는 말)* 타령이냐고 시큰둥하게 반응하곤 한다.

　그러나 뒤에서 자세히 말하겠지만 역경이 성공을 가져다준다는 고난의 역설적인 기능, 즉 '약자의 역설'은 실로 어마어마하게 중요한 진리다. 이것이야말로 크게는 국가와 사회의 진보, 작게는 개개인의 발전까지 인류 진화의 열쇠를 쥔 핵심적 원리인 것이다.

인간은 모두가 약자다

역경과 고난에 처한 사람이 바로 약자다. 먼저 약자의 개념을 정의하는 일부터 시작하자. 약자란 누구인가. 약하다는 것은 무엇인가.

　약자는 약점을 지닌 사람이다. 곧 시련과 역경 앞에 선 사람이다. 약자가 직면한 시련과 역경은 사람마다, 상황에 따라 천차만별일 것이다. 돈이 없는 이에겐 가난이, 대학을 못 나온 사람에겐 학벌이 그들 앞에 놓인 약점이요, 시련이자 그들을 옥죄는 역경이다.

　장애인에겐 신체 활동을 제약하는 몸의 장애가 약점이고 시련일 것이

---

* 젊은 층이 좌절감을 담아 현실을 비꼬는 풍자화법이다. 비슷한 용어로 노력의 중요성만 강조하는 것을 비꼰 '노력드립'이나 '만물노력설', 모든 것을 노력 탓으로 돌리는 사람을 싸잡아 비하하는 '노력충(蟲)' 등의 신조어도 SNS 등에서 흔히 사용되고 있다.

다. 어떤 약자에겐 머리가 나쁜 것이, 어떤 약자에겐 주류 그룹에 속하지 못한 비주류 소수자의 신분이 약점이다. 약자의 핸디캡은 사회경제적인 것일 수도, 육체적인 것일 수도, 정신적인 것일 수도 있다.

어떤 특정한 범위의 사람만이 약자인 것은 아니다. 정도의 차가 있을지 몰라도 어떤 의미에서 이 세상을 살아가는 모든 사람이 약자다. 돈 많고 사회적 지위가 높은 사람이라고 모든 면에서 강하지는 않다. 아무리 부자라도 건강이 좋지 않다면 신체적 약자이고, 자식이 말썽을 피우면 인간적 약자이며, 마음이 편치 않다면 정신적 약자다.

아무리 힘센 권력자라도 대중에게 외면당하고 비난받는다면 도덕적 약자일 것이다. 당신이 회사 안에서 승승장구 출세 가도를 치달린다 해도 어려운 문제에 부닥치거나 중요한 거래가 걸린 협상을 생각하면 스스로의 능력에 한계를 느끼며 약자 심리에 빠질지 모른다.

또한 강자와 약자의 관계는 상대적인 것이어서, 예컨대 대한민국 최고의 기업 삼성전자도 글로벌 시장에 나가면 애플 앞에서 약자 신세가 되는 법이다.

세상 부러울 것 없어 보이는 재벌가 자제가 정신적 한계 상황을 넘지 못하고 방황하거나 심지어 목숨을 끊는 일까지 벌어진다. 재력과 권력을 쥔 강자라도 다른 면에서는 약자인 상황이 벌어지는 것이 세상사다.

지금 이 책을 읽고 있을 독자들께 물어본다. 자기 자신이 약자가 아니라 절대 강자라고 생각하는가. 이 질문에 그렇다고 자신 있게 대답할 분은 아마도 없을 것이라고 생각한다. 아무리 사회적 성공을 거두고 경제적으로 큰 부를 일궜어도 어떤 곳에선가는 고통에 시달리는 약점을 갖고 있기 마련이다. 그게 인간이다.

모든 것을 다 갖춘 절대 강자는 있을 수 없다. 약점이 없다면 인간이 아니라 신이다. 애초에 인간은 불완전하게 태어난 존재여서 한 꺼풀만 뒤집어보면 누구나 약자의 측면을 갖고 있다.

인간은 신 앞의 약자라거나 원죄(原罪)를 갖고 태어났다는 종교적 관점*을 말하는 것이 아니다. 모든 사람이 약자라는 것은 현실 세계에서 일상적으로 작동하는 지극히 현실적인 법칙이다.

오묘한 인간살이의 세계에서 약점이란 인간의 타고난 본질이다. 삶의 이유이기도 하다. 타고난 약점을 이겨내고 극복하려는 데서 바로 인간의 존재 이유와 삶의 가치가 생긴다.

인류사는 약점 극복의 역사다. 모든 사람, 모든 국가와 사회가 자신의 약점과 맞서 한계를 넘어서는 과정이 바로 인류가 진화한 역사다. 어떤 개인과 국가도 고난과 역경의 세례를 받지 않고 위대해지지 못했다.

그러니 오늘도 힘들어하는 그대여, 왜 나만 이럴까 비탄에 잠기지 마라. 주어진 약점을 부정하려 하지 말고 있는 그대로 받아들여라. 어쩌면 당신의 약점은 당신을 성공으로 이끌기 위해 준비된 발판인지도 모른다. 상처가 있는 조개만이 진주를 품을 수 있다. 이런 말도 있지 않은가. 피할 수 없다면 즐기라고.

강해지려 태어난 약자

약자의 승리법을 찾는 우리의 탐구는 우리 모두가 약자라는 명제를 받아

---

* 기독교에선 아담과 하와가 금지된 선악과(선악을 구분하는 열매)를 먹었기 때문에 인류에게 원죄가 생겼다고 본다. 인간은 본성이 죄인이자 신 앞에 불쌍한 존재이며, 신에 대한 믿음을 통해서만 구원받을 수 있다고 가르친다.

들이는 것에서 시작해야 한다. 약자라고 절망할 필요도, 좌절할 이유도 없다. 어차피 우리 모두가 예외 없이 인생의 약자니까 말이다.

생각해보라. 이 세상에 존재하는 모든 강자 중에 애초에 약자가 아니었던 경우가 어디 있는가. 모든 스포츠 챔피언의 첫 출발은 햇병아리 후보선수였을 것이고, 전 세계 모든 대기업은 작은 벤처기업에서 시작했다. 어머니 배에서 나올 때부터 위인으로 태어난 사람은 유사 이래 단 한 명도 없다.

중요한 것은 약점을 대하는 우리의 자세다. 인간다움이란 약점을 극복하는 연속적인 과정이다. 어떻게 약점을 바라보고 그것을 이겨내느냐가 우리네 삶의 가치를 좌우한다. 타고난 약점이라는 시련에 굴복하지 않고 맞서 싸우는 삶이 강하고 아름다운 것이다.

약점을 가진 사람이 약자가 아니다. 약점을 주어진 숙명으로 받아들이는 사람이 약자다. 약점에 주저앉아 굴복하는 사람이 약자다.

반대로 약점과 정면 승부해 약점의 한계를 이겨내는 사람이 강자다. 약점을 갖고 있느냐가 아니라 주어진 약점에 어떻게 대응하느냐의 자세가 강자와 약자를 가른다.

물론 노력만 한다고 되는 일은 아니다. 이기는 약자, 강한 약자에게 필요한 것은 의지와 전략이다. 약점과 정면으로 대면하려는 의지, 그리고 약점을 어떻게 스마트하게 돌파할지를 따지는 전략적 마인드가 필요하다. 이 두 가지만 있으면 약자는 강해질 수 있고, 이길 수 있다.

약점이란 도저히 뛰어넘을 수 없는 절대적인 한계가 아니다. 전략과 의지가 있으면 극복할 수 있다. 약점을 갖고 태어난 사람이 약자가 아니라 약점에 맞서는 전략과 의지가 없는 사람이 약자다.

인간의 능력을 측정하는 개념에 역경지수(AQ, Adversity Quotient)라는 것이 있다. 미국의 커뮤니케이션 이론가 폴 스톨츠가 1997년 저서 《위기 대처능력 AQ》에서 제시한 것이다.

지능을 계량화한 것이 지능지수(IQ)고, 감정의 조절 능력을 뜻하는 것이 감성지수(EQ)다. 마찬가지로 역경을 극복하는 능력도 AQ의 개념으로 측정할 수 있다고 스톨츠는 주장했다. AQ가 높은 사람은 역경에 굴복하지 않고 끝까지 도전해서 목표를 성취해낸다. 반면 AQ가 낮은 사람은 약간의 어려움에도 쉽게 좌절하며 무릎을 꿇고 포기한다.

스톨츠는 AQ가 사람의 성공을 좌우하는 가장 중요한 능력이라고 말했다. 힘든 문제에 맞닥뜨렸을 때 회피하고 도망가는 사람이나 힘든 현실에 안주하는 사람보다 역경에 정면으로 부닥쳐 극복하려는 사람이 성공할 확률이 크다는 것이다.[*]

약자로 태어난 사람은 태어난 순간부터 역경에 맞서는 운명에 처하게 된다. 약자에게 역경이란 늘 옆에서 함께 살아가는 이웃 같은 존재다.

어렵게 성장한 사람은 고난에 굳은살과 면역성이 생겨서 웬만한 시련엔 눈도 꿈쩍하지 않는다. 역경에 맞서도록 훈련받아온 약자야말로 AQ의 고능력자일 수밖에 없다. 반면 순탄한 성장 배경을 가진 사람일수록 한두 번 실패를 맛보면 좌절하고 절망하는 경우가 많다.

그렇기 때문에 약자는 강해지기 위해 태어난 존재다. 절대로 약점에 무릎 꿇고 절망 속에 살아가라고 대책 없이 내던져진 존재가 아니다. 삶을

---

[*] 독특한 교육법으로 유명한 유대인들은 일부러 자녀를 어려운 상황에 처하게 만들어 어렸을 때부터 '역경 교육'을 시키는 것으로 유명하다. 《유대인 엄마의 힘》을 쓴 작가 사라 이마스는 "유대인은 지능지수보다 역경지수가 아이들의 성공을 더 크게 좌우한다고 생각한다"고 했다.

더 가치 있게 만들라고 우리 모두에게 주어진 태생적인 조건이 저마다의 약점이다. 삶이란 저마다의 약점을 극복하는 과정에 다름 아니다.

우리에게 필요한 것은 약점에서 비롯되는 시련과 고난과 역경을 이겨 낼 수 있는 의지와 전략이다. 약점에 굴복하지 않겠다는 의지, 그리고 어떻게 약점을 극복할 것인지를 현명하게 생각하는 전략만 있으면 된다. 의지와 전략이 있는 약자는 더 이상 약자가 아니다.

2

마쓰시타의 세 가지 은혜

"나는 하느님으로부터 세 가지 은혜를 받았습니다.
가난한 것, 못 배운 것, 몸이 약한 것이 그것입니다."

—

마쓰시타 고노스케

일본에서 '경영의 신'이라 불리는 사람이 있다. 한국으로 치면 이병철(삼성 창업주)과 정주영(현대 창업주)을 합친 것만큼이나 거대한 비중을 차지하는 기업계의 거목이다. 구루(guru, 스승)나 왕 정도가 아니라 '신'이라는 어마어마한 별칭이 붙다니, 도대체 얼마나 대단한 사람이란 말인가.

마쓰시타전기산업*의 창업주인 마쓰시타 고노스케(1894~1989)가 그 주인공이다. 마쓰시타전기산업을 잘 모르는 사람도 '파나소닉' TV나 '나쇼날' 세탁기 하면 "아, 그 회사~" 할 것이다. 지금은 삼성, LG 같은 한국

* 마쓰시타전기산업은 약 90년간 창업자인 마쓰시타 고노스케의 이름을 붙인 회사명을 유지하다가 2008년 브랜드 이름을 따서 파나소닉주식회사로 개명했다. 파나소닉(Panasonic)을 필두로 고급 오디오 브랜드인 테크닉스(Technics), 산요(Sanyo), JVC 등의 브랜드가 유명하다.

메이커에 밀렸지만 1990년대까지만 해도 세계 가전 시장을 주름잡던 최고의 브랜드였다.

마쓰시타가 위대한 기업인으로 추앙받는 것은 그저 경영을 잘해 회사를 크게 키웠기 때문만이 아니다. 그는 1950년 이후 한 해도 빠짐없이 40년 연속 일본의 100대 부자에 오를 만큼 돈을 많이 벌었다. 하지만 그만큼 돈을 벌거나 기업 경영으로 성공한 인물은 수두룩하다.

그는 2차 대전 후 세계 경제를 석권했던 일본식 경영 모델의 아버지와도 같은 사람이다. 화(和)의 정신과 인간 중심주의, 장기적 관점의 실적 추구, 종신고용제 등을 뼈대로 하는 일본형 모델을 주창하고 기업 현장에서 이를 실증해 초석을 다졌다. 1960~80년대 서구 기업들을 공포에 떨게 한 바로 그 일본식 경영 말이다.

기업 경영뿐 아니다. 사회 계몽을 위한 출판 사업도 하고, '마쓰시타 정경숙(政經塾)'이라는 엘리트 사관학교를 운영한 것으로도 잘 알려져 있다. 이 학교는 노다 요시히코 전 총리를 비롯한 일본 정·재계의 많은 인물들을 배출했다. 한마디로 경제·정치·사회 분야를 막론하고 현대 일본에 거대한 족적을 남긴 거인이었다. 일본인들이 '신'으로 부르는 데는 그럴 만한 이유가 넘쳐날 정도로 많다.

그런데 '경영의 신'이 된 이 위대한 인물이야말로 전형적인 약자였다. 온갖 약점이란 약점은 다 갖고 태어난 사람이었다.

하늘이 준 은혜

마쓰시타는 체격이 왜소하고 허약해 보이는 외모를 지녔다. 그가 이뤘던 거인 같은 업적과는 사뭇 달랐다. 집이 가난해서 학교도 제대로 못 나왔다. 정규 학력은 초등학교 중퇴가 전부다.[*]

그는 어느 자리에서 성공 비결이 무어냐는 질문을 받았다. 그가 내놓은 대답은 이랬다.

"나는 하느님으로부터 세 가지 은혜를 받았습니다. 가난한 것, 못 배운 것, 몸이 약한 것이 그것입니다."

마쓰시타의 대답을 듣고 질문자는 어안이 벙벙했을 것 같다. 가난과 무학(無學)과 허약은 성공을 가로막는 약점이자 장애물이다. 어느 시대, 어느 나라에서든 약자들이 가장 시달리는 대표적인 핸디캡이다. 그런데 이게 무슨 성공 비결이란 말인가.

이 세상의 흙수저들은 집이 가난해서, 그리고 좋은 대학을 못 나와서 취직도 안 되고 기회조차 주어지지 않는다고 좌절하고 있다. 몸이 약한 것도 세상을 살아가는 데 유리할 턱이라곤 없다. 그런데 이것들이 하느님의 은혜라니 무슨 어처구니없는 궤변인가.

마쓰시타의 설명은 이랬다. 가난했기 때문에 세상 사는 지혜를 얻었고, 못 배웠기 때문에 더욱 공부를 게을리하지 않았으며, 허약했기 때문에 더 몸을 단련해 건강해졌다. 타고난 약점이 성공을 자극하는 역설적인 효과를 냈다는 것이다.

첫째, 가난의 역설이다.

마쓰시타의 부친은 일본 서부 와카야마 현의 대지주였으나 마쓰시타가 네 살 때 쌀 선물(先物) 거래에 거액을 투자했다가 전 재산을 날렸다. 부

---

[*] 마쓰시타는 초등학교 4학년 때 학교를 그만둔 이후 여러 일자리를 전전하다가 18세 때 실업계 중·고교 과정인 간사이상공학교 야간학부를 잠시 다니기도 했으나 졸업은 하지 못했다.

친의 파산으로 그의 가족은 하루아침에 길바닥에 나앉는 처지에 놓였다.

그가 초등학교도 제대로 못 나온 것도 이 때문이었다. 마쓰시타는 열 살도 되기 전에 돈을 벌기 위해 취업 전선에 뛰어들어야 했다. 그의 청소년기는 세상 누구보다 험난했다.

그러나 덕분에 그는 남들보다 일찍 세상을 헤쳐나가는 지혜를 배울 수 있었다. 직접 몸으로 부딪치면서 사람의 마음을 사고 움직이는 법, 남의 신뢰를 얻는 법, 어떤 사람이 사기꾼인지 정직한지 판단하는 법을 익혔다.

그가 자전거 가게의 사환으로 일하던 때의 일화다. 가게에 오는 손님들이 담배를 사오라는 심부름을 시키는 경우가 많았다.

마쓰시타는 어린 마음에도 꾀가 생겼다. 매번 담배를 사러 가느니 미리 담배를 몇 보루 사다놓았다가 손님이 시킬 때 바로 내놓기로 했다. 그러면 담배도 싸게 사놓을 수 있어 이득이고 시간도 절약할 수 있었다. 타고난 상인 본능이 발휘된 것이다.

마쓰시타의 계산은 적중했다. 그놈 빠르다는 손님들의 칭찬을 들었을 뿐만 아니라 담배를 박스째 싸게 사놓은 덕에 몇 푼 되지 않지만 담뱃값의 차액도 벌 수 있었다. 합리적인 기준에서 따진다면 영리한 전략을 취한 것이다.

그런데 예상치 못한 문제가 생겼다. 동료 점원들의 질시와 반감을 산 것이다. 다른 점원들은 마쓰시타가 이상한 놈이라며 그를 따돌렸다. 왜 너만 잘난 척하느냐는 것이었다.

마쓰시타는 이때 중요한 인생의 교훈을 얻었다고 했다. 혼자만 잘나가면 일시적으론 좋을지 몰라도 길게 보아선 좋지 않다는 것이다. 마쓰시타가 본격적으로 사업을 시작하면서 화, 즉 합의와 공감의 경영철학을 중요시한 것도 이때의 경험에서 비롯됐다.

학교에선 이런 것들을 가르쳐주지 않는다. 정규 학교에서는 절대 배울 수 없는, 살아 있는 지식이었다. 만약 그가 유복한 집안에서 평탄하게 자랐다면 이런 지혜를 몸에 익힐 수 없었을 것이다.

가난했기 때문에 성공했다는 마쓰시타의 역설은 말장난이나 궤변이 아니라 그가 삶의 현장에서 느끼고 깨달은, 살아 있는 진리였다.

'때문에'를 '덕분에'로

마쓰시타의 두 번째 은혜는 못 배움의 역설이다.

마쓰시타의 정규 학력은 초등학교 4학년 중퇴가 전부다. 부친이 파산한 후 여덟 살의 나이에 학교를 그만두고 오사카의 화로 상점에 심부름꾼으로 취직해 직업 세계에 뛰어들었다. 이후 18세 때 야간 실업고에 잠시 다닌 적은 있지만 90 평생 동안 제대로 정규 교육의 혜택을 받지 못했다.

그러나 그는 20세기 일본의 어떤 경영인보다 지혜로운 현자(賢者)로 불렸다. 그가 직접 몸으로 체득한 기업경영론은 어떤 박학다식한 경영학자의 현란한 이론보다 높게 평가받는다. 일본의 경영자들은 그의 어록 한마디 한마디를 《성경》처럼 떠받들며 경영의 지침으로 삼았다.

그는 현장에서 뛰는 경영인이면서 동시에 걸출한 경영 이론가였다. 그는 현장에서 체득한 경영 노하우를 기초로 자기만의 실전적인 경영 이론을 체계화해 설파했다.

그가 직접 쓴 경영 서적만도 수십 권에 달한다. 일본 위키피디아에 수록된 그의 저서 판매 부수를 다 합산해보았더니 대충 계산해도 1,600여만 부에 달했다. 그중엔 무려 520만 부가 팔린 초대형 베스트셀러도 있다 (1968년에 출판된《마쓰시타 고노스케, 길을 열다》). 어떤 명문 대학의 경영학 박사가 이런 책을 쓸 수 있겠는가.

이것이 가능했던 것은 그가 끊임없이 배운다는 자세를 평생에 걸쳐 흐트러뜨리지 않았기 때문이었다. 못 배웠기 때문에 더욱 배우려는 욕구와 의지가 생겼다. 그는 학교에서 못 배운 자신의 불학(不學)을 사회에서 배우는 것으로 만회하려 했다.

마쓰시타는 못 배웠기 때문에 끊임없이 더 똑똑한 다른 사람의 지혜를 빌리고 연구했다. 혜안을 가진 사람이 있다면 천 리 길도 마다 않고 달려가곤 했다. 그래야 배움의 부족함이 채워질 수 있다고 생각했다.

뒤집어 말해 그가 학교를 제대로 나왔다면 교만에 빠져 이런 배움의 자세를 평생 지속하지 않았을지도 모른다. 그렇기 때문에 마쓰시타는 초등학교를 중퇴한 것이 하느님의 은혜라고 했던 것이다.

셋째, 허약의 역설이다.

마쓰시타는 어렸을 때부터 약골이었다.* 그래서 마쓰시타는 건강 관리에 남들보다 더 신경을 썼다. 꾸준히 운동을 하고 절제된 생활습관을 지켰다. 철저한 컨디션 관리와 음식 조절을 평생 게을리하지 않았다.

덕분에 마쓰시타는 큰 병치레 없이 건강한 삶을 누릴 수 있었다. 그는 자신이 건강 체질로 태어났다면 몸을 함부로 굴렸을 것이고 도리어 건강을 해쳤을 가능성이 컸을 것이라고 믿었다. 마쓰시타는 천수를 누리고 일

---

* 마쓰시타는 3남 5녀의 막내로, 위에 일곱 명의 형과 누나들이 있었다. 그런데 집이 망해 곤궁한 지경에 처하는 바람에 그를 제외한 형제자매들이 모두 결핵 등으로 일찍 사망했다. 마쓰시타가 허약하고 왜소한 것도 어렸을 때 제대로 먹지 못한 탓이 적지 않을 것이다.

본인의 평균 수명을 훨씬 뛰어넘는 95세의 나이로 세상을 떠났다.

마쓰시타가 말한 '세 가지 은혜'는 문제를 보는 관점이 얼마나 중요한 지에 대한 설파였다. 자신의 약점을 어떻게 보고 어떻게 접근하느냐에 따라 결과가 천양지차로 달라진다는 뜻이다. 그는 약점을 받아들이고 이것을 극복하려는 자세로 대했다. 마쓰시타가 위대한 인물이 된 것은 약점을 뒤집어 강점으로 반전시킨 덕분이었다.

약점 '때문에' 아무것도 못 한다고 생각하면 실제로 될 수 있는 것이 없다. 반대로 약점이 있어도 그것 '덕분에' 내가 발전할 수 있다는 관점을 갖는다면 정반대의 결과를 낼 수 있다.

'때문에'는 부정적인 자포자기의 관점, '덕분에'는 긍정적이고 건설적인 관점을 의미한다. '때문에'는 안 되는 평계를 대는 것이고, '덕분에'는 되게 하는 출발점으로 삼는 것이다.

무조건 노력만 하면 된다는 말이 아니다. 중요한 것은 인식이다. 자신의 약점을 받아들이고 반전의 기회로 삼는 의지가 중요하다는 얘기를 하고 있는 것이다.

'때문에' 심리를 '덕분에' 마인드로 바꾸는 것이 바로 성공하는 약자, 이기는 약자의 출발점이다.

3

바람직한 역경

> "검정고시인들은 혹독한 패자부활전을 치른 사람들이다. …
> '신은 다시 일어서는 법을 가르치려고 넘어뜨린다'는 말은
> 검정고시인들에게 꼭 맞다."
>
> —
>
> 문주현

약점과 역경은 어떤 관점과 전략으로 접근하느냐에 따라 달라진다. 약자의 약점은 약점이 아닌 경우가 종종 있으며, 오히려 약점 덕분에 더 탁월해질 수 있다. 약점이 핸디캡이 아니라 '자산'이 될 수 있는 것이다. 그래서 약자의 역설이 성립한다.

검정고시라는 학력 인증 제도가 있다. 집이 가난해서, 몸이 아파서, 혹은 정신적 방황 때문에 정규 학교를 가지 못한 사람들이 주로 선택하는 약자의 코스다. 검정고시 출신이라고 하면 소외와 좌절을 겪은 상처 입은 약자의 이미지가 떠오른다.

2017년 대통령 선거 과정에서 검정고시 출신이 새삼 주목을 받았다. 더불어민주당의 대권 주자 중 안희정, 이재명 두 후보가 검정고시 출신이었

기 때문이다.* 전남 화순 산골에서 화전민의 아들로 태어나 입법부 수장에 오른 정세균 국회의장 역시 검정고시로 중학교 과정을 이수했다. 검정고시가 입법·사법·행정의 3부 요인까지 배출한 것이다.

검정고시 출신들 단체인 전국검정고시총동문회의 문주현 총회장(1958~)은 한 인터뷰에서 이렇게 말했다.**

"검정고시인들은 혹독한 패자부활전을 치른 사람들이다. 예기치 않은 삶의 궤적 속에서 정규 교육을 받지 못한 소외감과 아픔이 있다. '신은 다시 일어서는 법을 가르치려고 넘어뜨린다'***는 말은 검정고시인들에게 꼭 맞다."

청소년 시절 좌절과 아픔을 겪은 약자들이지만 그 후의 사회적 성공은 오히려 정규 학교 졸업자들을 능가하고 있다. 서울대 합격자가 많을 때는 100명을 넘었고, 5급 이상 고위 공무원 중 검정고시 출신 숫자가 한때 10위권 안에 들기도 했다.**** 웬만한 명문고를 웃도는 성적이다. 이것은 무엇을 의미하는 것일까.

---

* 안희정 지사는 고교(남대전고) 시절 학생운동을 하다 제적당해 검정고시로 고교 졸업 자격을 얻어 고려대에 들어갔다. 이재명 시장은 집이 가난해 초등학교만 나왔고, 중·고교 과정을 모두 검정고시로 마쳤다.

** 인터뷰는 〈중앙일보〉 2017년 3월 3일자에 실렸다.

*** 영문학자 장영희(1952~2009) 서강대 교수가 남긴 말이다. 일생을 장애와 맞섰던 그녀의 삶 자체가 고통, 그리고 역경과의 사투였다. 그녀는 태어나자마자 소아마비에 걸려 평생 두 다리를 쓰지 못했고, 49세 때 유방암 선고를 받아 암과 싸웠다. 유방암과 척추암, 간암 등 세 차례 암이 발병했으나 세상을 뜨기 전까지 창작욕을 불태웠다. 자신을 걱정하는 지인들에게 "하느님은 다시 일어서는 법을 가르치기 위해 넘어뜨린다고 믿는다"고 했다.

**** 검정고시 출신 명사로는 정치권에서 백재현·박범계 의원, 관계에서는 진웅섭 금융감독원장, 권태오 민주평통 사무처장, 강운태 전 내무부 장관, 이상희 전 과학기술처 장관, 이채필 전 고용노동부 장관, 김기용 전 경찰청장 등이 있다. 법조계에서는 김용준 전 헌법재판소장, 재계에서는 조현정 비트컴퓨터 대표, 종교계에서는 김필수 구세군 대한본영 사령관, 최일도 목사, 문단에서는 이문열·이윤기, 연예계에서는 가수 보아, 김장훈 등이 유명하다.

성공으로 이끄는 결핍의 원리

올림픽 금메달리스트 박태환이 수영을 배운 것은 어릴 적 천식을 앓았기 때문이었다. 천식을 이기려 수영을 시작했고, 이것이 그를 수영 선수로 성공하는 길로 이끌었다. 약점을 극복하려 노력하다 보니 오히려 약점이 강점으로 바뀌더라 하는 식의 스토리와 에피소드는 넘쳐날 정도로 많다.

약자의 역설을 증명하려고 시도했던 사람 중 하나가 저명한 경영 사상가이자 저널리스트인 말콤 글래드웰이다.

그의 책《다윗과 골리앗》은 다윗으로 상징되는 약자들이 골리앗으로 상징되는 강자를 이기는 일이 예외적으로 벌어지는 사건이 아니라는 내용을 담고 있다. 글래드웰은 약점이 약자를 강자로 바꿔주는 현상을 설명하기 위해 '바람직한 역경'이란 개념을 사용했다.

그가 '바람직한 역경'의 근거로 제시한 것 중 하나가 심리학자 마빈 아이젠슈타트의 연구다. 1960년대 초 아이젠슈타트는 미국과 영국의 대표적인 명사 573명의 성장 배경을 조사했다. 그의 방법론은 이랬다.

우선 브리태니커와 아메리카나 백과사전에서 반 페이지 이상의 분량으로 기록된 사람들의 명단을 뽑았다. 백과사전에서 이 정도 분량을 차지하는 사람이라면 큰 성공을 거둔 걸출한 인물임에 틀림없다. 이들의 성공과 성장 배경 사이엔 어떤 인과관계가 존재할까.

아이젠슈타트는 이렇게 선정된 위대한 명사의 생애 정보를 10년에 걸쳐 추적했다. 그 결과 그중 4분의 1은 열 살이 되기 전에, 45퍼센트는 스무 살 이전에 부모 중 한 명이 사망한 것으로 나타났다.

청소년기에 부모를 여의는 것 이상으로 심각한 역경은 없다. 아무리 지금보다 기대수명이 낮았던 20세기 전반이라도 절반 가까운 명사가 10대에 부모 중 하나를 잃었다는 것은 당시 일반인의 평균을 훨씬 웃도는 것이었다.

이 연구조사 결과를 인용해 글래드웰은 이렇게 추론하고 있다. "어떤 상황에서는 결핍(즉 부모의 사망)에서 어떤 미덕(즉 사회적 성공)이 형성될 수 있음을 시사한다."

물론 이런 통계를 일반론적으로 확장하는 데는 무리가 따를 수 있다. 청소년기에 부모를 잃는 사람이 더 성공한다는 역(逆)의 가설이 언제나 성립한다는 보장은 없다. 20세기 전반 미국과 영국에서 사회 지도자급 지위에 오른 위대한 인물의 성공 배경엔 부모의 사망 말고도 다른 수많은 요인이 복합적으로 작용할 것이다.

그러나 역경이 더 바람직한 효과를 낳는 역설적인 상황이 분명히 존재한다. 이것을 글래드웰은 약자의 대명사인 다윗의 이름을 빌려 '다윗의 기회'라고 불렀다. 아마도 글래드웰은 약자가 역경에 처할수록 더욱 강력한 성공의 동기부여로 이어질 수 있다는 말을 하고 싶었을 것이다.

왜 약점이 강점으로 바뀔까

약자의 역설이 발휘되는 메커니즘은 무엇일까. 주어진 약점이 새로운 강점으로 바뀌는 반전의 경로는 세 가지로 정리될 수 있다.

첫째, 보완심리다. 결핍에는 사람에게 동기를 부여하는 힘이 있다. 사람들은 무언가 모자란 데가 있으면 그 부족한 부분을 메우려 더 노력하는 경향이 있다.

우리 몸의 오감, 즉 시각, 청각, 후각, 미각, 촉각 중 어느 하나가 장애를 입으면 다른 감각이 더욱 발달한다는 것은 잘 알려진 사실이다. 시각 장애인은 청각이 남들보다 훨씬 발달하게 된다. 귀가 안 들리는 청각 장애인은 후각이 예민하다고 한다.

휠체어에 앉아 생활하는 장애인은 팔힘이 세다. 두 팔이 없는 장애인이 발을 손처럼 자유자재로 쓰는 경우도 흔하다. 장애를 보완하기 위해 다른 신체 기관의 기능을 극대화하려 노력하기 때문이다.

이런 보완의 메커니즘은 신체장애뿐 아니라 후천적이거나 사회·경제적인 약점의 경우에도 마찬가지로 작동한다. 가난한 가정환경, 처지는 학벌, 부족한 재능을 만회하기 위해 더욱 노력하는 의식적, 무의식적 보완 심리가 작용하는 것이다.

앞서 나온 마쓰시타 고노스케가 바로 그랬다. 그는 세상을 살아가는 데 자신의 약점이 불리한 영향을 미칠 것을 알았다. 그래서 약점을 보완하기 위해 더욱 노력했고, 약점이 오히려 그를 성공으로 이끈 원동력이 된 것이다.

둘째, 예방주사 효과다. 약점을 갖고 있는 사람은 역경에 대해 내성(耐性) 혹은 면역력이 생긴다.

약자란 약점이 가져온 역경에 시달리고 거기에 적응한 경험을 갖고 있는 사람이다. 그래서 웬만한 역경과 고난이 닥쳐와도 충격이 덜하고 남들보다 쉽게 이겨낼 수 있다. 이미 내성이 생겼기 때문이다.

이는 예방주사와 같은 메커니즘이다. 예방주사는 약한 병균을 신체에 주입해 면역력을 만들어놓는 원리다. 약자에게 약점은 역경의 예방주사와도 같다.

좋은 환경에서 자라 승승장구를 거듭하던 사람이 어느 날 역경에 부닥 치면 의외로 무기력하게 무너지는 경우가 많다. 어려움을 모르고 성장했 기 때문에 어려움에 맞서 싸울 힘을 갖추지 못한 것이다.

반면 약점과 역경에 맞서 싸운 경험이 있는 약자는 더 큰 역경의 상황 에서 힘을 발휘한다. 순풍의 시기엔 약자의 장점이 돋보이지 않지만 역풍 이 불어닥치는 고난의 시기가 되면 잡초처럼 자란 약자가 더 끈질긴 생명 력을 발휘한다.

강요된 새로운 선택

셋째, 신천지(新天地) 원리다. 일반적인 기준으로 보면 약자는 가진 것이 적은 사람이다. 돈이나 학벌, 재능 면에서 강자에 뒤진다. 따라서 강자와 똑같이 싸우는 게임에 발을 들이밀면 승산이 높지 않다.

머리가 안 좋아 학벌이 형편없는 사람이 학자나 교수로 성공하겠다고 덤빈다면 백전백패일 것이다. 부잣집 자녀가 부모 돈으로 고급 레스토랑 을 열었다고 해서 돈이 없는 가난한 사람이 똑같이 할 수는 없는 노릇이 다. 강자가 가지 못하는 다른 길을 찾아야 한다.

이처럼 약자에겐 참여할 수 있는 게임의 범위에 제약이 있다. 강자가 보유한 자원이 절대적으로 유리하고 강자의 룰에 따라 승부가 결정되는 게임에는 약자가 끼어들 수 없다.

일반적으로 사회에서 성공 모델로 일컬어지는 것이 바로 강자의 게 임이다. 예컨대 좋은 대학을 나와 일류 대기업에 들어가 높은 연봉을 누 리며 편하게 사는 길이다. 혹은 해외유학을 다녀와 대학 교수가 되거나 판·검사, 관료가 되어 권력을 휘두르는 것이 전형적인 성공 공식으로 일컬어져왔다.

그런데 사회적으로 인정받는 이런 성공 루트에는 약자가 끼어들 여지가 적다. 명문대에 들어가기도 힘들고 로스쿨을 거쳐 법조인이 되기도 쉽지 않다. 약자의 진입이 사실상 제한돼 있는 셈이다.

그렇기 때문에 약자는 새로운 게임의 장(場)을 찾아 나서게 된다. 주어진 조건의 제약 때문에 기존의 성공 루트를 포기하고 새로운 길을 모색하는 것이 약자에겐 합리적 선택인 것이다.

어떤 의미에서 이는 '강요된 선택'이라고도 할 수 있다. 하지만 결과적으로 약자가 완전히 새로운 가능성의 분야에 도전하게 만들 수 있다. 경쟁으로 가득 찬 레드오션을 벗어나 새로운 블루오션*, 신천지를 찾도록 동기부여하기 때문이다.

미국을 건설한 것은 구대륙 유럽의 약자인 청교도들이었다. 억압받던 영국의 청교도들이 종교적 자유를 찾아 아메리카 대륙이라는 신천지를 선택했고 이것이 미국이라는 세계 최강국을 만들었다.

마쓰시타 고노스케가 기업인이 된 것도 어떤 의미에선 '강요된 선택'이 신천지를 만든 결과였다. 그의 부친이 파산하지 않았다면 마쓰시타는 정상적인 학교교육을 받고 평범한 인생을 살았을 것이다.

그러나 몰락한 가세 때문에 그는 본인의 의지와 무관하게 8세의 나이에 돈을 버는 세계로 뛰어들 수밖에 없었다. 이런 강요된 선택 덕에 그는

---

* 블루오션(blue ocean)은 잘 알려져 있지 않아 경쟁자가 없는 새로운 유망 시장, 레드오션(red ocean)은 이미 잘 알려져 있어 경쟁이 매우 치열한 시장을 말한다. 블루오션에서는 아직 게임의 룰이 정해지지 않았기 때문에 경쟁이 아니라 창조에 의해 시장이 창출되고 큰 성장의 기회가 존재한다.

'경영의 신'이 될 수 있었다.

약자의 신천지 원리는 기업인이나 운동선수, 연예인 같은 직업 분야에서 흔히 발견된다. 집이 가난해서 어쩔 수 없이 장사를 시작해 거부(巨富)가 된 경우라든지, 공부에 재능이 없어 운동을 시작했다는 스포츠 스타의 스토리가 우리 주변에 넘쳐날 정도로 흔하다. 바람직한 역경의 원리가 현실 세계에서 작동하는 것이다.

4

도전과 응전

> "고난과 시련이 없는 나라에서는 문명이 탄생하지 못한다.
> 반대로 고난과 시련에 부닥쳐 그것을 성공적으로 극복하는 과정에서
> 새로운 문명이 꽃피고 역사가 발전한다."
>
> —
>
> 아널드 토인비

약자가 의지와 전략이 있으면 강해질 수 있다. 약자는 약하게 태어나서가 아니라 의지와 전략이 없기 때문에 약자의 상황을 벗어나지 못한다는 것이 이 책이 말하려는 약자의 역설이자 약자의 법칙이다.

우리가 이 책에서 주로 다룰 것은 개인 차원에서 약자가 이기고 강해지기 위한 원리다. 하지만 그 대상을 국가나 기업, 팀이나 단체, 조직으로 확장해도 원리는 달라지지 않는다. 약자의 법칙을 본격적으로 파고들기에 앞서 국가 차원의 흥망성쇠 원리를 살펴보고 넘어가자.

역사학자 아널드 토인비*는 '도전과 응전'이라는 역사 발전의 법칙을

---

* 영국의 역사가이자 문명비평가. 전통 사학에 반기를 들고 역사의 기초를 문명에 두는 독창적인 문명사관(史觀)을 확립했다. 그는 문명을 하나의 유기체로 포착하고 문명의 생멸(生滅)이 바로 역사라고 했다. 그의 문명사관이 집대성된 필

제시했다. 도전(challenge)에 대해 성공적으로 응전(response)하는 과정에서 문명이 탄생하고 성장했다는 것이다. 통찰력 넘치는 역사관이다.

도전이란 자연재해나 전쟁 같은 역경과 고난, 시련, 위협 요인 등을 말한다. 이런 도전이 없으면 당연히 그에 맞서는 응전도 생기지 않는다. 따라서 발전도 없다.

고난과 시련이 없는 나라에서는 문명이 탄생하지 못한다. 반대로 고난과 시련에 부닥쳐 그것을 성공적으로 극복하는 과정에서 새로운 문명이 꽃피고 역사가 발전한다. 즉 역경이야말로 발전의 필수 조건이라는 얘기가 된다.

산유국의 역설

사람에게만 흙수저, 금수저가 있는 것이 아니다. 국가에도 선천적으로 혜택받은 나라와 혜택받지 못한 나라가 있다. 어떤 나라는 편하게 잘살 수 있는 조건을 갖추고 있는 반면 어떤 나라는 먹고살기조차 힘든 척박한 환경에 처해 있다.

지구상엔 200여 개의 국가가 존재한다고 한다. 이들 나라가 저마다 처해 있는 조건은 결코 공평하지 않다.

나라의 수저 색깔을 가르는 가장 대표적인 조건이 천연자원이다. 석유나 광물 같은 자원은 사람으로 치면 선대로부터 물려받은 거액의 유산이나 마찬가지다. 자기 노력과 관계없이 두둑한 지갑을 갖게 됐으니 금수저

생의 역작이 무려 28년에 걸쳐 집필했다는 명저 《역사의 연구(A Study of History)》다.

를 물고 태어났다는 말이 딱 어울린다.

반면 자원의 혜택에서 소외된 자원 빈국들도 많다. 이 기준에서 보면 대한민국은 외국에 내다 팔 변변한 자원도 없는 전형적인 흙수저 국가다. 하다못해 그리스나 태국 같은 나라도 관광 산업으로 달러를 벌어들이지만 우리는 관광자원조차 빈약하기만 하다.

나이 든 독자라면 1970년대 오일쇼크 때의 악몽 같은 기억이 생생할 것이다. 지금은 달라졌지만 과거 우리에게 악명 높은 이미지로 기억되는 OPEC(석유수출국기구)이 '몽니'라도 부려 유가가 오르면 온 나라 경제가 휘청하곤 했다. 그만큼 우리는 가진 것 없는 자원 흙수저 국가다.

자원 부국의 상징이 오일 머니를 벌어들이는 산유국들이다. 중동의 사우디아라비아·이란·이라크, 아프리카의 나이지리아·가나, 중남미의 브라질·베네수엘라 등이 대표적이다. 자원 빈국으로는 우리를 포함해 아시아에선 일본·타이완, 유럽에선 스위스·덴마크·네덜란드 등을 꼽을 수 있다.

그런데 이 국가들의 이름을 보고 떠오르는 것이 없는가. 그렇다. 역설적이게도 자원 부국의 혜택을 누리는 금수저 국가들보다 자원 빈국으로 꼽히는 나라들이 훨씬 더 잘살고 발전한 국가라는 사실이다.

중동이나 아프리카 산유국치고 선진국이 된 나라는 없다. 석유 수출로 돈은 벌지만 국민들은 못살고 민주주의는 꽃피지 못했으며 여전히 내전에 시달리는 나라들이 많다.

반대로 선진국은 대개 천연자원이 없는 나라들이다. 자원도 많고 잘사는 유일한 예외가 미국 정도일 것이다. 자원의 보유량과 국가의 발전 정도는 결코 비례하지 않는다. 비례하기는커녕 오히려 서로 반비례하는 역의 상관관계를 이루는 것처럼 보인다. 어째서 이런 역설적인 일이 벌어지는 것일까.

자원의 저주

토인비의 '도전과 응전'의 관점에서 보면 이상할 것도 없다. 자원 부국에겐 '극복해야 할 역경'이라는 발전의 조건이 적기 때문이다. 풍부한 자원이 오히려 나라의 발전을 막는 마이너스 요인으로 작용하는 것이다.

이것은 단순히 인상적으로 그렇게 보이는 것이 아니라 학문적으로도 입증된 사실이다. 1995년 하버드 대학의 제프리 삭스와 앤드루 워너 교수가 발표한 〈천연자원과 경제성장〉이라는 논문이 있다.*

두 교수는 세계 97개국을 대상으로 1971~89년의 자원 보유 상태와 경제발전의 상관관계를 분석했다. 그 결과 풍부한 천연자원을 보유한 나라보다 그렇지 못한 나라의 경제성장률이 높다는 결론에 도달했다.

두 교수에 따르면 1971~89년 성장률이 높은 상위 18개국 중 천연자원의 혜택을 받고 있다고 인정되는 나라는 말레이시아와 모리셔스 두 나라에 불과했다. 나머지 16개국은 모두 자원 풍요도가 낮은 자원 빈국이었다.

이런 현상은 흔히 '자원의 저주'**로 불린다. 풍부한 자원이 축복이기는

---

* Jeffrey D. Sachs and Andrew M. Warner, *Natural resource abundance and economic growth*, Cambridge MA: Havard University Press, 1995.

** 중동 산유국의 경우 분배가 제대로 이루어지지 않아 일부 계층만이 부를 독점하고, 석유에만 의존해 다른 산업은 제대로 발전시키지 못했기 때문에 '자원의 저주'에 빠졌다. 반면 브라질·러시아·인도·중국을 통칭하는 '브릭스' 국가들처럼 자원의 저주를 벗어나 성장하는 나라들도 있다.

커녕 경제성장을 가로막는 저주로 작용한다는 뜻이다. 반대로 자원이 없는 것이 긴 역사적 흐름에서는 축복이 된다. '도전과 응전'이 발전의 원동력이라는 토인비의 말대로다.

자원의 저주는 역사적으로 종종 발현되곤 했다. 17세기엔 소국이자 자원 빈국인 네덜란드가 식민지에서 금과 은을 가져오는 스페인을 앞섰다. 20세기 초 러·일 전쟁 때는 자원이 없는 일본이 자원 대국 러시아에 승리했다.

삭스와 워너 교수는 2차 대전 후 자원이 부족한 한국, 타이완, 홍콩, 싱가포르의 이른바 '아시아 4룡'은 고도성장을 한 반면, 산유국인 멕시코, 나이지리아, 베네수엘라는 침체된 것을 대표적인 사례로 꼽았다. 요컨대 국가 발전에선 금수저가 흙수저보다 불리하다는 뜻이다. 전형적인 약자의 역설이다.

나우루의 비극

남태평양에 나우루공화국이라는 작은 섬나라가 있다. 호주 동북방의 적도 남방에 위치한 영연방 국가로, 인구는 1만 3000여 명에 불과하다. 서울 여의도 면적의 7배 정도 크기인, 문자 그대로 소국이다.

이 나라는 금수저로 탄생한 국가가 왜 가난뱅이 국가로 전락하는지를 보여주는 극단적인 사례로 자주 인용되고 있다. 천연자원의 혜택을 받은 나라가 어떻게 쇠락하는지를 극명하게 보여주는 사례다.

원래 나우루는 소박한 섬나라였다. 수백 년간 원주민들이 목선을 타고 바다에 나가 물고기를 잡고 나무열매를 따 먹고 살았다. 자연경관 외엔 아무것도 볼 것 없던 이 나라에 엄청난 자원이 묻혀 있다는 사실이 알려진 것은 약 120년 전의 일이었다. 비료 생산에 필수적인 인광석이 대량으로 매장된 사실이 유럽 선박에 의해 밝혀진 것이다.

이후 나우루는 서구 열강의 침탈 대상이 됐다. 나우루를 둘러싸고 독일, 영국, 일본 등의 제국주의 패권 경쟁이 벌어졌다.

그런데 1968년 식민지에서 해방되면서 나우루의 운명은 또다시 바뀌었다. 제국주의 국가들이 쥐었던 인광석 채굴권을 돌려받게 된 것이다.

인광석은 갈매기와 앨버트로스 같은 바다 새의 배설물이 산호초 위에 수천 년간 퇴적되어 만들어진 희귀 광물이다. 농지 개간용으로 인광석 수요가 급증하면서 돈을 주고도 구하기 힘들 정도가 되자 국토가 온통 인광석으로 덮인 나우루는 돈방석에 오르게 됐다.

갑작스럽게 부를 움켜쥔 나우루 국민들의 삶은 완전히 바뀌었다. 인광석 개발권을 팔아 들어오는 돈을 주체하지 못할 지경이 됐다. 국가재정으로 모든 국민에게 풍족한 돈을 지급했고 나우루 국민은 일을 안 해도 호사스러운 생활을 누릴 수 있게 됐다.

각종 세금과 교육비, 의료비가 면제됐고 집도 무료로 제공됐다. 모든 노동은 수입한 외국인 노동자들이 대신해주었기 때문에 나우루 국민은 손 하나 까딱하지 않고 지낼 수 있었다. 거리엔 고급 외제차가 즐비하게 늘어섰고 사람들은 먹고 마시고 쓰고 소비하면서 시간을 보냈다. 지상 천국이 따로 없었다.

인광석은 나우루 국민의 체형마저 바꾸어놓았다. 노동을 하지 않고 몸을 움직이지 않다 보니 갈수록 뚱뚱해지고 각종 성인병에 시달리게 됐다. 1980년 나우루의 1인당 국민소득은 미국보다 2배 가까이 많았다. 타고난

자원 덕분에 가만히 앉아서도 세계에서 가장 잘사는 나라가 된 것이다.

하지만 흥청망청 파티는 오래가지 않았다. 영원할 줄로만 알았던 인광석이 1990년대 들어 바닥을 드러낸 것이다. 눈앞의 이익에 취해 계획 없이 채굴을 남발하다가 황금알을 낳는 거위의 배를 가른 셈이었다.

그러나 나우루 국민은 이미 근면성과 노동하는 법을 잊어버린 지 오래였다. 그들은 일하려 하는 대신 여전히 예전의 놀고먹는 생활을 계속하게 해줄 것을 국가에 요구했다. 하지만 부패와 무능에 젖은 위정자들에게 그런 능력이 있을 턱이 없었다.

게다가 무분별한 채굴로 인한 환경 파괴가 심각했다. 땅 위를 뒤덮은 인광석을 파내다 보니 땅의 높이가 낮아져 자칫 국토가 바다에 잠길 위기에 처한 것이다.

2003년 인광석은 완전히 고갈됐고 나라는 황폐해졌다. 국가재정은 파산 상태에 이르렀다. 거리는 기름이 없어 버려진 고급 차로 가득 찼다. 한때 세계에서 가장 잘살던 나우루는 최빈국 중 하나가 됐다.[*]

도전이 없으면 성공도 없다

만약 나우루가 인광석으로 벌어들인 부를 미래에 투자하고 축적했다면 이런 운명을 맞지는 않았을 것이다. 그러나 힘들게 노력해서 돈을 벌지 않은 사람은 돈의 가치를 제대로 알지 못하는 법이다.

이 때문에 금수저로 태어난 나라가 쉽게 가난의 수렁에 빠지는 역설이

---

[*] 나우루의 몰락 과정은 프랑스 저널리스트 뤽 폴리에가 쓴 《나우루공화국의 비극: 자본주의 문명은 세계에서 가장 부유한 나라를 어떻게 파괴했나》에 잘 그려져 있다.

생긴다. 자원의 축복이 저주로 바뀌는 이치다. 토인비의 말대로 도전(역경)이 없으면 발전하지 못하는 것이다. 자원 부국이 가난하고 자원 빈국이 번영하는 '자원의 역설'에 대해 토인비의 역사관보다 더 설득력 있는 설명법은 없다.

문명의 탄생 요건에 관한 종래의 통념은 자연환경이 유리한 곳에서 문명이 탄생한다는 것이었다. 토인비는 이런 고정관념을 뒤집었다. 오히려 불리한 자연환경이 문명의 탄생을 돕는다는 역사관을 내세웠던 것이다.

불리한 환경은 인간에 대한 도전이다. 인간이 이러한 도전에 응전해 극복해야만 비로소 문명이 태동한다. 자연환경이 풍족하면 사람들이 환경에 만족해 안주하기 때문에 문명이 탄생하지도, 성장하지도 않는다.

실제로 기원전 3000년경 고대 문명의 발상지인 4대 지역은 예외 없이 자연환경이 불리한 곳이었다.

4대 문명의 발상지는 모두 큰 강을 끼고 있다는 공통점을 지니고 있다. 이집트문명은 나일 강변에서 태동했고, 메소포타미아문명은 티그리스·유프라테스 강 유역, 인더스문명은 인더스 강 유역, 황허문명은 황허 유역에서 발상했다.

왜 하필 이 네 지역에서 고대 문명이 꽃피었을까. 과거 문명사가들은 이 지역의 자연환경이 문명 탄생에 유리하기 때문이라고 해석했다. 강을 이용한 교통이 편리하고, 관개농업에 필요한 물이 풍부하기 때문이라는 것이다.

하지만 토인비는 기존의 학설과는 정반대로 접근하는 문명사관을 제시했다. 4대 강 유역은 모두 범람의 위험이 크고 기후가 건조하거나 고온인 악조건 지역이라는 것이다.

이런 환경에서 살아남기 위해선 인간이 고도의 지혜를 발휘하고 협력해야 한다. 그렇게 나쁜 환경(도전)을 극복(응전)하는 과정에서 고대 문명이 비로소 탄생하게 되었다. 도전에 맞서려는 의지와 창의력이 있는 인간만이 도전을 이겨내고 문명을 탄생시킬 수 있다.

고대 문명만이 아니다. 17세기의 네덜란드, 19세기의 영국, 그리고 20세기의 독일과 스위스는 모두 자원 빈국이 부강해진 '도전과 응전'의 사례다. 20세기 후반 '아시아 4룡'으로 불리던 한국·타이완·싱가포르·홍콩의 부상도 마찬가지다.

이들 나라는 가진 것 없는 흙수저 국가였지만 역경에 도전해 그것을 극복하는 과정에서 성공을 거두었다. 불리한 환경 조건 아래에서 생존을 위해 치열하게 노력했기 때문에 부강해진 것이다.

'도전과 응전'의 역사관은 주어진 환경보다 인간의 의지와 열정이 역사 발전에 더 중요한 요건임을 실증해준다. 어디 국가의 흥망성쇠뿐이겠는가.

역경을 이겨내는 과정에서 발전이 이루어지는 것은 개인도 마찬가지다. 이런 관점에서 보면 약자의 약점은 성공으로 가기 위한 기초 조건이 될 수도 있다. 의지와 전략을 갖고 있는 약자는 약점을 성공의 조건으로 반전시켜 강한 약자가 된다.

CHAPTER 2

약자는 치열하다

2ROUND

변칙

"나를 죽이지 않는 역경은 나를 키운다."
– 프리드리히 빌헬름 니체

예상을 깬 알리의 선전에 관중은 열광했다. 그곳은 다름 아닌 아프리카였다. 이슬람교로 개종하고 흑인 인권운동에 앞장선 알리는 아프리카 흑인들의 영웅이었다. 알리는 1분간의 휴식 시간이 끝나기도 전에 코너에서 일어나 손을 흔들며 관중의 환호를 유도한다. 그것은 포먼에게 던지는 또 다른 도발이기도 했다.

2라운드 공이 울렸다. 포먼은 1라운드의 실패를 되풀이하지 않겠다고 작정한 듯하다. 공이 울리자마자 돌진하며 거칠게 밀어붙인다. 몸을 던지듯 날린 왼손 스트레이트가 알리의 턱에 깨끗하게 꽂힌다. 포먼의 저돌적인 공격에 경기의 흐름이 바뀐 듯 보인다.

포먼이 주도권을 잡고 알리를 맹렬히 공격한다. 알리가 코너에 갇힌다. 포먼은 복부와 안면에 강력한 훅을 연타로 날리지만 알리는 버텨낸다. 팔로 포먼을 잡아 타이밍을 빼앗고 교묘하게 클린치하며 포먼의 맹공을 무력화시킨다.

1라운드에서 의외의 전개에 놀랐던 사람들은 다시 원래의 질문으로 돌아온다. 알리가 과연 몇 라운드까지 버틸 수 있을까.

돌연 알리가 로프에 등을 기대더니 그 자세로 포먼과 맞선다. 로프에 몸을 싣고 상체를 좌우로 흔들며 포먼의 공격을 받아낸다. 탈출할 수 없는 상황은 아니다. 로프에 몰리면 좌우로 방향을 틀어 원을 그리듯 빠져나오는 것이 복싱 선수의 기본 기술이다. 하지만 알리는 자리를 고수하기로 작정한 듯했다.

알리는 몸을 젖혀 엉덩이와 등을 로프에 붙인 채 팔과 상체 반동으로 포먼의 편치를 막아낸다. 그 자세에서 간간이 좌우 잽을 던져 반격도 시도하지만 영락없이 수세에 몰린 모양새다. 스스로 고립을 자초하다니, 사람들은 알리의 의도를 이해할 수 없다.

TV중계석 해설자 자리에 앉은 복서 조 프레이저의 한탄이 흘러나온다. "알리는 움직여야 합니다. 도대체 왜 로프에 붙어 있는 거죠?"

그러나 이것은 알리가 장고 끝에 만들어낸 고심의 작전이었다. 알리의 주특기는 빠른 발이다. 경쾌한 풋워크로 외곽을 돌면서 치고 빠지는 아웃복서 스타일이다. 평소 알리는 자신의 현란한 발놀림을 '춤추기'라고 자랑했다. '나비처럼 날아서 벌처럼 쏜다'고 떠벌렸다.

알리의 빠른 발은 포먼 앞에서도 먹힐 만큼 훌륭했다. 문제는 체력이었다. '춤추기'는 체력 소모가 심하다. 알리의 나이 이미 32세였다. 징병 거부로 20대 전성기의 몇 년을 공백으로 보냈다. 아무래도 15라운드 내내 춤출 수는 없었다.

사람들은 이해하지 못했지만 알리의 작전은 명확했다. 로프에 기대 싸우며 포먼의 공격을 유도해 자기 힘은 비축하고 상대의 체력은 빨리 소진시킬 생각이었다. 그럴듯해 보이지만 아주 위험하기도 했다. 로프에 발이 묶인 상태에서 포먼의 가공할 화력이 집중적으로 쏟아질 경우 끔찍한 결과가 나올 수도 있었다.

어찌 됐거나 모든 것이 절대 열세인 알리로선 해볼 수밖에 없었다. 아무리 리스크가 커도 시도해볼 가치가 있었다. 복싱 역사상 최고의 도박이라 불리는 알리의 '로프 기대기' 작전은 이렇게 시작됐다.

1

'해적'이 되려 했던 스티브 잡스

"다르게 생각하라!(Think different!)"
"해적이 되자!(Let's be pirates!)"
—
스티브 잡스

신문사 기자 생활을 오래한 덕분에 필자는 많은 비즈니스 리더들을 접하고 관찰하는 행운을 누렸다. 직접 대면해 생생한 육성을 들었던 기업가도 있고, 만나진 못했지만 자료와 기록 등을 통해 간접적으로 인생 궤적을 엿보았던 경영자들도 있다.

어떤 분야든 마찬가지겠지만 탁월한 업적을 남긴 비즈니스 영웅에겐 특별한 무언가가 있다. 삶의 주제랄까. 그가 성취한 일이나 살아온 궤적에는 세상 사람들에게 영감을 주는, 그 사람만의 독특한 세계가 있다.

그중에서도 필자에게 가장 큰 영감을 준 인물이 스티브 잡스(1955~2011)다. 미국 전기 작가 월터 아이작슨의 벽돌 두께만 한 잡스의 전기가 있다.* 이 책을 접한 것은 잡스가 말기 암과 사투하다 세상을 떠난 직후였는데, 책을 읽은 뒤의 느낌은 어떻게 설명할 길이 없다.

뭐랄까, 좀 과장해서 말하면 전율 같은 충격이랄까. 전혀 듣지도 보지도 못한 낯선 생명체가 날것 그대로 나타나 내 머리끝을 땅 하고 내려치는 듯했다.

잡스의 독특한 가치관과 세상을 보는 관점은 충격적일 정도로 독창적이다. 여기에다 잡스에겐 반전에 반전을 거듭하는 드라마 같은 인생 역정까지 있다. 가장 화려하게 각광받는 최고 절정기에 세상을 떠났기에 사람들에게 더욱 강렬한 인상을 주었다. 비즈니스 세계에서 수없이 뜨고 진 그 어느 영웅보다 신선하고 흥미진진한 인물이 잡스다.

그러나 지금 여기서 잡스를 끄집어낸 것은 그가 잘났기 때문이 아니다. 잡스가 얼마나 훌륭하고 뛰어난 족적을 남겼는지 그의 인생을 길게 반추할 생각은 없다.

필자가 얘기하고 싶은 것은 약자의 관점에서 본 잡스란 인물이다. 잡스야말로 전형적인 약자의 삶을 살았던 인물이다. 약자로 태어나 약자의 철학으로 무장했고 약자의 전략으로 자기 분야에서 정상에 올랐다.

그의 삶이 돋보이는 것은 치열한 비주류 정신 때문이다. 그는 주류의 기득권 세계에 갇히길 거부하고 평생을 비주류로 일관했다. 사회적 맥락에서 비주류란 곧 약자를 의미한다. 잡스는 치열한 약자 정신으로 성공을 거둔 '약자의 혁명가'였다.

---

* 스티브 잡스에 관한 수많은 책 중 유일한 공식 전기다. 〈타임〉 편집장을 지낸 아이작슨이 잡스로부터 의뢰를 받고 사전에 원고를 보여주지 않는다는 조건으로 집필했다. 아이작슨은 2년간 잡스를 40여 차례 인터뷰했고, 그의 친구·가족·동료뿐 아니라 그에게 반감을 가진 인물이나 라이벌까지 수많은 사람을 취재해 잡스의 내면을 객관적이고도 생생하게 그려냈다.

이렇게 말하면 무슨 헛소리냐고 반문할지도 모르겠다. 잡스야말로 막강한 영향력을 휘두른 IT(정보기술)의 제왕이자 절대 지존인데 무슨 소리냐고 말이다. 아무튼 이 얘기는 조금 뒤에 본격적으로 다루고 약자의 법칙이란 관점에서 그의 삶을 더듬어보기로 하자.

화려하고 세련된 이미지

스티브 잡스를 한마디로 규정하는 것은 적절치 못하다. 애플의 창업자이고, 스마트폰의 아버지이며, 뛰어난 혁신가이자 창의적인 비즈니스 사상가다. IT 분야는 물론 20세기 모든 산업계를 통틀어 가장 위대한 인물 중한 사람으로 꼽히는 혁신의 아이콘이다.

몇 년 전 그가 세상을 떠났을 때 전 세계에서 추모 열풍이 불었던 것이 기억에 생생하다. 기업인이라기보다 세상의 추앙을 받는 어느 종교의 성인이 숨을 거둔 듯했다.

하긴 잡스는 '애플교(教)'의 교주나 다름없다. 애플의 사용자들은 잡스를 종교 지도자처럼 추종하는 잡스교의 신도에 비유되기도 한다. 그만큼 견고하고 무조건적인 충성심을 자랑한다. 이렇게 강력한 고객의 충성스러운 추종을 누리는 기업이 또 어디 있을까. 잡스는 일개 전자제품을 종교의 성물(聖物)로 바꾸는 기적을 행한 사람이다.[*]

그는 부모님 집 주차장에서 애플을 창업해 PC(개인 컴퓨터)를 대중화했

---

[*] 스티브 잡스와 애플을 무조건 추종하는 열광적인 팬 집단이 전 세계적으로 형성돼 있는데 한국에선 이들을 '애플빠'로 부른다. 이들은 애플은 물론, 애플 제품을 쓰는 자신들도 '쿨'하고 감성적이며 시대를 앞서간다는 문화적 우월감을 갖는다. 우월감이 지나쳐 광신적인 애플 팬들은 조롱기가 섞인 '앱등이'로 불리기도 한다.

으며, 아이폰 개발로 스마트폰이라는 새로운 시장과 새로운 라이프 스타일을 창조해냈다. 애플이 만든 아이팟은 음악 콘텐츠 산업을 근본적으로 바꾸어놓았고, 아이패드는 혁신적인 포스트PC 시대를 열었다.

그는 컴퓨터 애니메이션 제작사인 픽사를 인수해 〈토이 스토리〉, 〈니모를 찾아서〉, 〈벅스 라이프〉 같은 혁명적인 애니메이션 작품을 세상에 내놓았다. 그는 테크놀로지에 예술과 인문학적 가치를 접목시킨 독창적인 철학으로 완전히 새로운 스타일의 제품군과 기업문화를 만들어낸 경영 사상가이기도 했다.

잡스는 강자?

사람들은 잡스를 비즈니스 영웅의 화려한 모습으로 기억한다. 내놓는 제품마다 히트를 치고 손대는 분야마다 1등만 하는 절대 강자의 이미지다. '쿨'하고 날렵하고 도회적이고 현대적이다. 애플의 제품은 세련된 도시 귀족의 느낌을 준다.

사람들이 기억하는 잡스의 대표적인 이미지는 신제품 발표회 때의 모습일 것이다. 일본 디자이너 이세이 미야케가 디자인한 검은색 터틀넥 셔츠가 그의 트레이드마크다.*

검은 셔츠와 청바지에 운동화를 신고 프레젠테이션하는 그의 모습에서 사람들은 강렬한 카리스마를 느꼈다. IT산업의 최첨단을 달리는 트렌드

---

* 검은색 터틀넥 셔츠와 리바이스 501청바지, 뉴발란스 회색 운동화 차림은 잡스의 공식 유니폼이나 다름없었다. 1980년대까지만 해도 정장 수트에 넥타이까지 매던 잡스는 90년대 들어 늘 이 차림으로 공개석상에 나타났다. 기성질서에 도전하는, 반항적 비주류의 이미지를 보여주려는 잡스의 계산된 연출이라는 분석이 많다.

선도자의 느낌이 팍팍 풍겼다. 잡스교 교주가 위풍당당하게 연단에 올라 전 세계 수억 명의 열성 신도들에게 부흥회 설교를 하는 모습과 다를 바가 없었다.

그런데 사실 잡스는 약자의 대표 격인 인물이다. 태생과 성장 배경, 삶을 대하는 태도도 그랬고, 비즈니스도 그랬다. 그는 출생에 대한 열등감과 성격적인 콤플렉스를 지닌 사람이었다.

비즈니스의 전개 과정에서도 의도적으로 애플을 약자로 포지셔닝(자리매김)하는 전략을 취했다. 그는 애플의 구성원에게 기득권적인 기존 질서에 맞서 싸우는 반항아가 돼야 한다고 끊임없이 주문했다. 소비자들에게도 반(反)문화의 안티(anti) 이미지를 심어주기 위해 치밀하고 전략적인 홍보 계획을 짰다.

"다르게 생각하라"*는 그 유명한 광고 카피나 "해적이 되자"는 구호가 상징적인 실례다. 어떤 의미에서 잡스와 애플이 보여준 경이로운 혁신성은 바로 이런 약자의 전략에서 비롯된 것이었다. 약자가 거대한 기득권 질서와 맞서 싸우려면 창의성과 혁신으로 무장할 수밖에 없으니까 말이다.

출생 콤플렉스

스티브 잡스는 미혼모에게 태어나 출생 직후 버려진 불행한 사람이었다. 그의 생모인 조앤 시블은 미국 위스콘신 주 출신으로 엄격한 가톨릭 집안

---

* 이 구호는 워낙 유명해져서 우리 귀에도 쏙 들어올 만큼 친숙해졌지만 초기엔 문법적으로 오류라는 지적을 많이 받았다. 'Think'라는 동사 뒤엔 'different(다른)'라는 형용사가 아니라 'differently(다르게)'라는 부사가 오는 게 옳다는 것이다. 애플은 소비자에게 강한 임팩트를 주려고 일부러 문법적인 변형을 가했다고 한다. 문법을 비튼 이 조어(造語)에도 잡스의 반항적인 '해적 정신'이 풀풀 느껴진다.

에서 자라 위스콘신 대학 대학원에 다니던 시절 시리아 출신의 유학생 압둘파타 존 잔달리와 사랑에 빠졌다.

시블이 임신을 했지만 부녀의 인연을 끊겠다는 아버지의 완강한 반대에 부닥쳤다. 시블은 23세에 아들을 낳았고 다른 대안이 없는 상황에서 아이를 다른 가정에 입양시키기로 결심한다. 2차 대전의 전흔이 가시고 미국이 경제 번영을 질주하던 1955년에 태어난 이 아이가 바로 잡스다.

얄궂게도 잡스가 입양되고 몇 주일 뒤 시블의 아버지(즉 잡스의 외조부)가 세상을 떴다. 시블과 잔달리는 원하던 결혼식을 올릴 수 있었지만 잡스는 이미 다른 가정에 입양된 후였다. 잡스의 생부모는 나중에 딸, 그러니까 잡스의 여동생을 한 명 더 낳았고 두 남매는 각각 다른 성장 과정을 거쳐 20여 년 후에야 만나게 된다. 잡스는 생부에게는 냉정한 태도로 일관하며 끝까지 절연했지만 생부모 사이에서 태어난 여동생 모나 심슨과는 30세 때 처음 대면한 이후 죽을 때까지 가까운 관계를 이어갔다.

잡스는 샌프란시스코의 중산층 노동자 가정에 입양됐다. 양부는 2차 대전 중 해양경비대에서 근무했던 퇴역 군인으로, 중고차를 수리해 판매하는 세일즈맨이었다. 양부모의 배경 역시 그리 훌륭하지는 않았다. 양부는 고교 중퇴자였고 양모는 첫 남편이 전사한 뒤 재혼한 고졸 출신이었다.

양부모는 잡스가 어렸을 때부터 그가 입양됐다는 사실을 숨기지 않았다. 생부모로부터 버림받았다는 사실은 어린 시절부터 잡스에게 씻을 수 없는 심리적 상처를 남겼고 남은 인생 내내 그를 괴롭혔다.

그는 어른이 되고 사회적으로 성공한 뒤에도 생부모에 대해 극히 차가운 태도로 일관했다. 한 인터뷰에서 "그들(생부모)은 나의 정자와 난자 은행이지요. 무정한 게 아니라 사실이 그래요. 정자 은행일 뿐, 그 이상도 그 이하도 아니지요"라고 말한 적도 있다.

그만큼 버림받았다는 트라우마가 깊었다. 잡스는 평생 생부모를 만나지 않았다.

좋은 양부모를 만난 것은 잡스의 행운이었다. 잡스를 향한 양부모의 애정과 관심은 각별했다. 양부모는 잡스가 특별한 아이고 특별한 존재이기 때문에 그를 선택했다고 말하곤 했다. 이런 양부모의 사랑이 잡스 안에 잠재된 천재성을 끌어낸 것으로 보인다.

잡스의 자의식 속에는 부모에게 버림받았다는 상처와 자신이 특별하다는 우월감이 동시에 공존했다. 이 모순된 심리적 기제는 잡스의 괴팍한 기질과 정체성을 구성하는 본질적인 요소가 됐다.

생전의 잡스는 성격이 괴팍하기로 악명 높았다. 지독하게 자기중심적이고 남에게 모질게 구는 거친 성격이었다. 마음에 안 들면 부하 직원들에게 욕설을 퍼붓고 쓰레기라는 악담으로 모욕을 주고 상처 입히는 일을 서슴지 않았다.

심리학자들은 잡스의 성격적 결함이 출생의 트라우마에서 형성됐을 것이라고 분석한다. 심리적 약자의 증세라는 것이다. 잡스는 일과 비즈니스로는 걸출한 영웅이었지만 개인적으로는 마음 깊숙한 곳에 콤플렉스와 열등감을 간직한 태생적인 약자였다.

환각제에 빠진 히피 청년

학창 시절 잡스는 성실함과 담을 쌓은 학생이었다. 학교를 빼먹기 일쑤인 사고뭉치였고 고교 3학년 때부터 강력한 환각제인 LSD에 탐닉했다. 그는 LSD의 환각 작용이 영혼을 자유롭게 하고 정신을 깨어나게 해준다고 진지하게 믿었다.

사업을 시작한 후엔 마약을 끊었지만 그는 나이가 들어서도 LSD에 대한 환상을 버리지 않았다. 직원 채용 면접장이나 강연회에서 입사 지원자나 청중들에게 LSD를 해본 경험이 있는지를 물어보는 일도 종종 있었다.

그는 정상적인 고등교육을 받지 못한 대학 중퇴자다. 고향을 떠나 오리건 주에 있는 리드 대학에 들어갔지만 의미 없는 강의를 듣기 위해 양부모의 빈약한 지갑을 축내는 것에 죄의식을 느낀 나머지 1학년도 채 마치지 않고 자퇴했다.

자퇴한 후에도 그는 학교를 떠나지 않았다. 약간의 아르바이트로 굶어죽지 않을 만큼만 끼니를 때우고 친구들의 기숙사 방을 전전하며 흥미를 갖는 과목을 탐욕스럽게 청강했다. 당시 그가 가장 열성적으로 들었던 것이 캘리그래피(calligraphy) 강의였다. 캘리그래피란 글자체를 아름답게 꾸미는 서체(書體) 예술을 말한다.

세상에 아무 의미 없이 존재하는 것은 없다. 어린 시절이나 젊은 날에 별다른 의미 없이 했던 행동, 아무 생각 없이 벌였던 일도 세월이 흘러 뒤돌아보면 그 사람의 삶에 어떤 형태로든 의미 있는 흔적을 남기는 법이다.

당시 잡스가 캘리그래피 수업을 청강한 것은 그저 재미있어 보였기 때문이었다. 예술가 기질에 충만한 잡스에게는 황홀한 신세계였다. 그냥 좋았을 뿐, 이걸 배워 어떻게 써먹겠다는 식의 목적의식이라곤 없었다.

그런데 잡스가 이때 받았던 영감이 10여 년 뒤 전혀 뜻하지 않았던 곳에서 빛을 발하게 된다. 애플을 창업하고 매킨토시 컴퓨터를 개발할 때 캘리그래피의 경험을 바탕으로 다양한 컴퓨터 서체를 만든 것이다.

동양의 선(禪)불교에 심취했던 잡스는 불교의 인연과 업보(karma)의 개념을 믿었던 것 같다. 그는 자신의 대학 중퇴가 세상의 컴퓨터를 바꾼 중대한 결정이었다고 말하곤 했다.

잡스가 대학 중퇴를 결심하지 않았다면 캘리그래피 수업도 듣지 않았을 것이고, 그랬다면 매킨토시의 서체는 그저 단조롭고 무미건조한 모양에 그쳤을 것이다. 그랬다면 당연히 윈도도 마찬가지였을 것이다. 빌 게이츠는 매킨토시의 OS를 베껴 윈도를 만든 것이니까 말이다.

따라서 오늘날 컴퓨터 서체가 이렇게 다채롭고 아름다워진 것은 자신의 대학 중퇴 때문이라고 잡스는 농담 반, 진담 반으로 말하곤 했다. 아무 관계가 없어 보이던 일들이 나중에 예상치도 못했던 지점에서 만나 창조적 조합을 이루고 혁신의 열매를 맺은 것이다.

그의 청년 시절은 오늘날 우리가 '스펙'이라고 부르는 정상적인 경력 쌓기와는 거리가 멀었다. 그는 기성 질서를 거부하는 반문화의 실천자이자 히피족(族)이었다. 그는 선불교와 명상에 탐닉했고 7개월간 인도를 순례하며 힌두교의 구루를 찾아다니기도 했다.

그는 10대 후반부터 채식주의자가 됐고 평생 채식 식단을 고집했다. 그는 자신이 과일과 채소만 먹기 때문에 일주일에 한 번만 샤워를 해도 된다고 믿었다. 제대로 씻지 않는 그의 몸에선 악취가 풍겼고 그의 동료들은 그를 골칫덩어리로 여겼다.

면도를 하지 않아 덥수룩한 수염에다 종종 신발을 신지 않고 맨발로 사무실과 거리를 활보하기도 했다. 아마 노숙자의 모습 그 자체였을 것이다.

청년 시절 잡스의 사고방식은 주류나 엘리트의 그것과 거리가 멀었다. 그는 태생적으로 혹은 의식적으로 자신의 정체성을 기성 질서에 도전하는 반문화 히피로 설정했고, 그 정체성에 충실하게 사고하고 행동했다.

해군이 아닌 해적이 되라

잡스의 비주류 반항아 스타일은 애플을 차리고 IT업계에 뛰어들어 성공한 후에도 평생에 걸쳐 계속된다.

사업가로서 잡스는 자신과 애플을 거대한 악의 제국과 맞서는 저항군 세력으로 포지셔닝했다. 영화 〈스타워즈〉에서 광선 검을 휘두르며 어둠의 제왕 다스베이더와 싸우는 제다이 전사처럼 말이다.

1980년대 초 매킨토시 PC를 만들었을 때 그는 철저한 비주류 약자 마케팅으로 업계 1위인 IBM에 싸움을 건다. 조지 오웰의 소설 《1984》에 빗대 IBM은 모든 것을 통제하는 빅 브러더로, 애플은 IBM의 시장 독재에서 소비자를 구해줄 자유의 전사로 묘사한다.

당시 IBM은 IT업계를 지배하는 거대 기업이었다. IBM은 대형 컴퓨터를 만들었고 고객도 기업 고객이 대부분이었다.

반면 애플은 막 태어난 갓난아기에 불과했다. 자본력이나 조직력에서 절대 열세였던 애플이 IBM과 똑같은 방식으로 컴퓨터를 만들어 정면 대결하는 것은 달걀로 바위 치기나 다름 없었다.

잡스는 기업이나 소수 전문가가 아니라 일반 개인이 가정에서도 사용할 수 있는, 작고 쓰기 쉬운 PC를 목표로 삼았다. IBM과 일부 엘리트 사용자가 독점하고 있는 컴퓨터의 세상을, 어느 누구나 손쉽게 누릴 수 있게 해방시키겠다고 공언했다. 비즈니스 모델의 기본 콘셉트 자체를 IBM과는 다르게 차별화시킨 것이다.

'악의 제국 대 저항군'의 구도는 고도로 계산된 전략에 따라 짜여졌다. 전형적인 약자의 전략이었다.

잡스가 남긴 어록 중에 "해군이 되기보다 해적이 되라"는 유명한 말이 있다.

해군은 정규군이고 해적은 게릴라 도적떼다. 해군은 강한 화력과 우세한 병력, 월등한 장비를 갖추고 있으니 함포를 쏘고 함재기를 띄워 정규전을 치르면 된다. 해군의 전투 방식은 강자의 전술이다.

하지만 모든 것이 열세인 해적이 똑같이 정규전을 벌여서는 승산이 없다. 해적은 전력이 약한 대신 몸집이 가벼워 신속한 전개가 가능하다는 것이 장기다. 전술 교범에 얽매이지 않고 적이 예상하지 못하는 시점과 지점에서 신출귀몰하며 허를 찌르는 방식으로 공격하는 변칙에 능하다. 이것이 약자의 전술이다.[*]

잡스는 애플 조직이 기존 질서에 저항하고 게릴라처럼 동에 번쩍 서에 번쩍하는 반항아 정신으로 충만하기를 기대했다. 애플의 혁신적인 기업 문화의 원천에는 바로 이런 약자 정신이 자리 잡고 있다.

애플의 직원들도 잡스가 말하는 해적 정신이 무엇인지를 잘 이해했다. 잡스의 해적 발언을 접한 매킨토시 개발팀이 해골과 애플 로고를 합친 해적 깃발을 만들어 사무실 밖에 내다 걸었다는 것은 잘 알려진 일화다. 실리콘밸리의 세련된 IT기업 건물에 해골 깃발이 펄럭이는 장면이라니, 필시 흥미진진한 풍경이었을 것이다.

---

[*] 도덕적인 옳고 그름을 떠나 경쟁력의 관점에서 해적들이 어떻게 시스템의 혁신을 이루었는지는 알렉사 클레이와 키라 마야 필립스가 쓴 《또라이들의 시대》에 잘 묘사돼 있다. 저자들은 18세기 해적들이 기존의 시스템을 해체해 새롭게 재구성함으로써 혁신적인 경쟁력을 갖추었고, 그 덕분에 200년 이상 살아남을 수 있었다고 썼다. '해적 = 또라이 = 혁신'이라는 것이다.

이걸 보고 애플 안에서 매킨토시팀과 경쟁하던 다른 PC개발팀이 해적기를 탈취해갔고 매킨토시팀은 다시 상대팀 사무실을 급습해 빼앗긴 깃발을 되찾아가는 장난기 넘치는 사건도 벌어졌다고 한다.

배고파해라, 우직해져라

애플 하면 떠오르는 광고 카피가 "다르게 생각하라"다. 혁신의 열정이 풀풀 풍겨나는 멋진 구호다. 이것은 잡스가 애플에서 쫓겨났다가 12년 만에 복귀한 직후인 1997년 제작한 광고에 쓰였던 카피다.

"미친 자들에게 축배를(Here's to the crazy ones)"이란 도발적인 문구로 시작되는 이 60초짜리 TV광고에는 잡스가 평생의 철학으로 지녔던 약자 전략이 그대로 드러난다.

> "미친 자들에게 축배를. 부적응자들, 반항아들, 사고뭉치들, 네모난 구멍에 박힌 둥근 말뚝과도 같은 사람들, 세상을 다르게 보는 사람들…….
> (중략) 그들은 인류를 앞으로 나아가게 합니다. 어떤 이들은 그들을 보고 미쳤다고 하지만 우리는 그들을 천재로 봅니다. 자신이 세상을 바꿀 수 있다고 믿을 만큼 미친 자들……. 바로 그들이 세상을 바꾸기 때문입니다."

이 광고가 나갈 무렵 잡스는 42세였다. 수억 달러의 자산을 지닌 거부가 된 지 오래였다. 그는 20대 후반에 이미 사업적으로 큰 성공을 거둔 비즈니스 엘리트 반열에 올랐다. 객관적인 관점에서 보면 재력이나 사회적인 지위에서 최상위 클래스의 강자가 된 것이다.

하지만 잡스는 큰돈을 벌고 성공한 후에도 자신의 정체성을 바꾸지 않았다. 늘 자신을 기존 질서에 맞서는 반항아이자 반문화적인 인물로 위치시키기를 멈추지 않았다. 성공한 기업인이면서도 반기업적인 이미지를 부각시키기도 했다.

어떻게 보면 위선을 떠는 것 같지만 그랬기 때문에 그는 끊임없이 혁신을 계속할 수 있었다. 약자의 전략으로 일관했기에 죽는 순간까지 혁신의 아이콘이 될 수 있었던 것이다.*

그가 애플 사내나 대학 강연회에서 습관처럼 말했던 경구가 "배고파해라, 우직해져라(Stay hungry, stay foolish)"였다. 2002년 월드컵 때 첫 승을 거두고 16강에 오른 뒤에도 "나는 아직 배가 고프다"며 기염을 터뜨렸던 히딩크 감독을 연상시킨다.

한 번 성공을 거두었다고 해서 배가 부른 척하면 더 이상 발전이 없다. 배가 고파야 새로운 도전을 계속하고 새로운 혁신을 이룰 수 있다.

약자는 배가 고프다. 배고프지 않으면 약자가 아니다. 항상 배고프게 있으라는 잡스의 철학은 스스로를 약자로 포지셔닝하라는 약자의 전략에 다름 아니다.

치열함과 처절함, 더 물러설 곳이 없다는 절박감은 약자만이 가질 수 있는 무기다. 약자의 약점이 아니라 열정을 끌어낼 수 있는 강점이다.

---

* 같은 생부모 아래서 태어난 여동생 심슨은 잡스의 임종을 지켜본 몇 안 되는 사람이었다. 작가인 심슨은 2011년 10월 스탠퍼드 대학 메모리얼 교회에서 열린 잡스의 장례식에서 추도사를 통해 잡스가 세상을 떠난 마지막 순간을 감동적인 어투로 전했다. 심슨에 따르면 잡스가 남긴 마지막 말은 "오 와우! 오 와우! 오 와우!(Oh Wow! Oh Wow! Oh Wow!)"였다고 한다.

2

가난이라는 '위장된 축복'

"축복은 때때로 고통의 탈을 쓰고 찾아온다."

—

김동연

김동연(1957~) 경제부총리 겸 기획재정부 장관은 외모가 귀공자처럼 생겼다. 서글서글한 눈매에 어디 한 군데 구김살이라고는 찾아볼 수 없이 선한 이목구비다. 그를 처음 보는 사람이라면 그가 좋은 집안에서 순탄하게 자라 사회적으로도 성공을 거두었다고 생각할 것이 틀림없다.

외모뿐 아니다. 그의 이력을 보면 화려하기 그지없다. 그는 잘나가던 경제 관료 출신이다. 25세 때 그 어렵다는 행정고시에 합격했고 관청 중에서도 최고의 엘리트만 모인다는 옛 경제기획원(지금의 기획재정부)에 들어가 요직을 두루 거쳤다.

힘이 세기로는 모든 정부 직책 중 톱5에 꼽힌다는 기획재정부 예산실장을 지냈고, 청와대 경제금융비서관과 기획재정부 제2차관을 거쳐 장관

급인 총리실 국무조정실장에까지 올랐다. 관료의 최고봉인 부총리까지
됐으니 경제 관료로서 할 수 있는 것은 다 했다고 보면 된다.

게다가 관직을 그만둔 뒤에는 지성의 최고봉인 대학 총장으로 활약했
다. 우리 사회에서 최고의 엘리트 코스를 질주한 셈이다. 엘리트 집단에
서도 이렇게 화려한 관복(官福)을 자랑하는 사람은 그리 많지 않다.

판자촌에서 보낸 10대 시절

그런데 겉모습만으로는 상상도 못 할 반전이 있다. 그는 이른바 흙수저
출신이다. 흙수저도 보통 흙수저가 아니라 완전히 밑바닥 극빈층이다.
판자촌에서 자라 최고의 엘리트가 된 입지전적인 인물이 바로 김 부총리
이다.

그의 정규 학력은 고졸이 전부다. 청계천 판자촌에서 겨우 입에 풀칠을
하는 가난한 소년기를 보냈고 상업고등학교를 나와 홀어머니와 동생들을
먹여 살리는 가장 역할을 해야 했다. 김 부총리의 인생 역정을 보면 한 편
의 드라마 같다는 말 외에 달리 표현할 방법이 없다.

열한 살이 될 때까지 김 부총리의 가정은 유복한 편이었다고 한다. 그
의 부친은 고향인 충북 음성에서 서울로 올라와 신당동에서 쌀 도매상을
했다. 6.25전쟁이 막 끝나고 모두가 가난한 시절이었지만 김 부총리 가족
은 그런대로 먹고살 만했다고 한다.

그가 열한 살 때 부친이 심장마비로 돌아갔다. 그때부터 말로는 표현하
기 힘든 가난이 찾아왔다. 졸지에 과부가 된 어머니와 네 형제가 거처를
마련한 곳은 청계천 7가의 무허가 판자촌이었다. 널빤지로 얼기설기 벽

을 세워 겨우 비바람을 피하는 판잣집에서 하루하루를 연명하는 생활이었다.

어머니는 채석장에서 돌을 나르고 노상에서 좌판으로 장사를 하면서 자식 넷을 키웠다. 어머니가 일을 나가면 장남인 그가 동생들을 돌봐야 했다. 볼일을 보려면 동네에 하나뿐인 공중화장실 앞에서 30분간 줄서서 기다리는 것이 다반사였다.

그나마 몇 년 뒤 서울시의 도시개발 사업으로 판자촌이 헐리면서 청계천에서도 쫓겨나야 했다. 청계천 판자촌 주민들이 강제 이주당한 곳은 경기도 성남이었다. 김 부총리 일가는 허허벌판에다 천막을 치고 살았다. 강제 이주민들이 생존권 탄압에 항의해 폭동을 일으킬 만큼 험악한 분위기 속에서 김 부총리는 10대 청소년기를 보냈다.

김 부총리는 머리가 좋았고 공부를 잘했다. 그러나 하루하루 입에 겨우 풀칠이나 하는 집안 사정에 자기는 공부만 하겠다고 고집을 부릴 수도 없었다.

그는 충분히 명문고 입시에 합격할 실력이 됐지만 인문계를 포기하고 덕수상고(현재 덕수고등학교)에 진학했다. 당시 덕수상고는 머리는 좋지만 집이 가난한 학생들이 모여드는 곳이었다. 덕수상고에서도 대학 진학반 대신 취업반을 선택해야 했다.

상고 졸업 후 그는 가족의 생계를 책임지기 위해 은행에 취직했다. 17세 나이로 할머니와 홀어머니, 세 동생을 먹여 살리는 소년 가장이 된 것이다.

은행원 월급으로 가족을 부양하면서도 공부에 대한 갈증을 식힐 수 없던 그는 야간대학에 입학한다. 낮에는 은행에서 일하고 근무가 끝난 후엔 국제대학 법학부 야간 과정을 다니는, 말 그대로 주경야독(晝耕夜讀)의 생활이었다.

삶의 전환점

살아온 과정을 돌이켜보면 누구에게나 인생의 새로운 전기를 맞는 순간이 있다. 김 부총리에게 삶의 전환점은 정말 사소한 우연에서 시작됐다.

은행의 독신자 합숙소에 기거하며 은행에 출퇴근하던 어느 날이었다. 합숙소 휴지통에 버려진 몇 권의 책이 그의 눈에 들어왔다. 사법고시, 행정고시, 외무고시 등의 정보를 전달하는 고시 관련 잡지와 서적이었다.

책들을 보는 순간 그는 눈이 번쩍 뜨이는 느낌이 들었다. 당시 고시는 개천에서 곧바로 용이 될 수 있는 최고의 엘리트 코스였다. 돈이 없어도, 학벌이 나빠도 열심히 공부해서 시험에만 합격하면 곧바로 판·검사나 5급 사무관이 될 수 있었기 때문이다.

은행원으로 평탄하고 편안한 삶을 살 수도 있었을 것이다. 그러나 김 부총리는 현재에 안주하지 않겠다고 마음먹었다. 아무리 현실이 힘들어도 그는 단 한 번도 꿈을 잃지 않았다. 끊임없이 꿈을 꾸고, 그 꿈을 이루기 위해 자신을 채찍질했다.

그때부터 김 부총리의 주경야독은 더 치열해졌다. 낮에는 은행에서 일하고 밤에는 야간대학 수업을 듣고 학교에서 돌아오면 새벽까지 고시 공부를 하는 생활이 몇 년간 계속됐다. 하루 시간표를 15분 단위로 짜서 움직이는 생활이었다.

다른 고시생처럼 직장을 그만두고 고시에만 전념하고 싶었지만 가족들을 부양해야 했기에 그럴 수가 없었다. 온 식구의 생계가 그의 은행원 월

급에 달려 있었다.

결국 25세 되던 해 행정고시와 입법고시에 동시 합격했다. 그는 경제기획원 사무관으로 발령받아 첫 출근하기 바로 전날까지 은행에 나갔다. 그만큼 단 한 푼이라도 절박했던 것이다.

경제기획원에 들어간 이후 그는 핵심 업무를 두루 맡으면서 경제 관료로서 성공적인 길을 걸었다. 말은 쉽지만 사실 공직에서 성공한다는 것이 보통 어려운 일이 아니다. 공무원 사회는 다른 어떤 분야보다 학벌과 출신 지역, 그리고 이른바 '빽(배경)'이 중요한 곳이다.

아무리 똑똑해도 학연이나 지연, 정치권 네트워크의 도움을 받지 못하면 고위직에 올라갈 수 없는 곳이 공직 사회다. 그중에서도 경제기획원은 엘리트 중의 엘리트만 모인 최고의 경제 부처였다. 서울대 출신이 아니면 명함조차 내밀 수 없는 곳이었다.

그런 곳에서 고졸에다 충북 출신이고 '빽'이라곤 없는 그가 오로지 실력만으로 부총리에까지 올랐다는 것은 사실 기적과도 같은 일이다. 얼마나 힘들고 험난한 삶을 살았을지 상상이 가는가.

축복은 고통의 탈을 쓰고 찾아온다

그런데 김 부총리는 역설적인 말을 한다. 자신이 처했던 어려운 환경이 도리어 성공에 도움이 됐다는 것이다. 그의 표현에 따르면 자신의 어려웠던 시절은 성공을 동기부여하기 위한 '위장된 축복'이었다는 것이다.

그의 설명은 이렇다. 만약 그가 유복한 환경에서 자랐다면 현실에 안주해서 편안한 삶을 살았을 것이고 인생의 성취도 평범한 수준에 그쳤을 가능성이 크다. 하지만 어렵고 힘들었기 때문에 더 꿈을 꾸게 되고 그런 환경에서 탈피하고 싶다는 열망에 노력을 더 하게 되었다는 것이다.

김 부총리도 어렸을 때는 세상이 불공평해서 원망스럽다는 생각을 많이 했다고 한다. 사회에 갓 진출했을 때는 좋은 가정에서 자라 명문대를 나온 남들이 자기보다 저만큼 앞서 출발하는 것 같아 열등감도 많았다. 100미터 경주로 치면 남들은 50미터 지점에서 출발하는 느낌이었다.

그렇다고 주저앉을 수는 없다고 생각했다. 남들은 그 자리에 주저앉아도 보통의 평균적인 삶은 살아갈 수 있다. 하지만 가진 것 없는 흙수저 약자가 못 하겠다고 주저앉으면 그냥 낙오자가 될 뿐이다. 그래서 더욱 열심히 해야겠다는 의욕을 갖게 되었다는 것이다.

가난이 '위장된 축복'이라는 역설적인 표현은 이런 뜻에서 나왔다. 그는 "축복은 때때로 고통의 탈을 쓰고 찾아온다"라고 말한다.

고통스러운 현실의 탈을 깨고 나면 그게 축복이었음을 뒤늦게야 깨닫게 된다는 것이다. 자기 마음먹기에 따라, 스스로 하기에 따라 고통을 축복으로 바꾸는 것은 얼마든지 가능하다고 그는 말한다.

꿈을 꾸라, 황당할 만큼 큰 꿈을

현실의 벽에 가로막혀 힘들어하는 수많은 흙수저 청년들에겐 김 부총리의 코스가 너무 높은 곳에 있는 것처럼 느껴질지도 모르겠다. 신분 상승이 사실상 불가능해진 사회적 현실을 무시하고 모든 것을 개인 책임으로 돌리는 궤변이라고 말할 사람도 있을 것이다. 또 '노오력' 타령이냐고 말이다.

확실히 김 부총리가 자라고 성공을 거두었던 1970~80년대와 지금은 사회구조가 달라졌다. 고시 합격 한 방으로 신분 상승의 사다리를 올라탈 수 있었던 과거의 성공 공식을 지금 사회에 그대로 대입할 수 없는 것 또한 사실이다. 이런 현실을 부정하자는 말이 아니다.

그러나 역경이 사람을 더 강하게 해주고 삶을 더 치열하게 살도록 동기 부여해주는 것 또한 틀림없는 사실이다. 주변을 한번 돌아보라. 사회적으로 성공을 거두었다고 평가받는 사람치고 평탄한 삶의 궤적을 걸었던 사람은 오히려 드물다.

그것이 가난이든, 결손 가정의 핸디캡이든, 신체장애든, 대개는 어려운 고난과 맞붙어 싸워 이겨낸 사람들이 세상을 감동시키는 성공을 이룬다. 유복한 환경에서 자란 사람이 작은 성공을 거둘 수는 있겠지만 큰 성공을 거두는 경우는 오히려 많지 않다.

물론 사회경제적 약자가 나쁜 환경을 극복하기 위해선 남보다 몇 배의 노력과 열정을 기울여야 한다. 남들과 똑같이 해서는 성공할 수 없다. 결코 쉬운 일이 아니다.

하지만 어려운 여건에 굴복하지 않고 환경적 한계를 돌파하겠다는 의지만 확고하다면 반드시 성공할 수 있고, 그렇게 이뤄낸 성공이 평탄한 성공보다 훨씬 더 가치 있다는 것이 김 부총리가 하고 싶은 말이다.

김 부총리는 자기처럼 열악한 환경에 신음하는 약자들에게 "끊임없이 꿈을 꾸라"고 주문한다. 그는 고졸 은행원일 때 대학생의 꿈을 키웠고 야간대학에 다니면서 고시 합격의 꿈을 키웠다. 하나를 이루면 언제나 다음 단계의 꿈을 꾸었다.

꿈이 지금 현실에선 불가능해 보여도 좋다. 황당할 정도로 큰 꿈이라도 좋다. 약자라도 꿈을 키우는 사람은 성공한다. 꿈을 갖고 도전하는 사람은 당할 재간이 없다.

명문대를 나와 고위직에 오르고 장관까지 지낸 공직자는 많다. 하지만 김 부총리처럼 역경을 이겨낸, 마치 신화 같은 스토리를 지닌 사람은 없다. 그렇기 때문에 그의 성공이 더욱 빛난다.

그는 과거의 어려움이 없었다면 지금의 자신도 없었을 것이라고 말한다. 어려운 환경을 이겨내고 성공한 사람들 중에 그런 비슷한 말을 하는 사람들이 적지 않다. 가난은 '위장된 축복'이라는 말은 결코 위선이 아니다.

위대한 약자 칭기즈칸

"적은 밖에 있는 것이 아니라 내 안에 있었다.
나는 내게 거추장스러운 것은 깡그리 쓸어버렸다.
나를 극복하는 그 순간 나는 칭기즈칸이 되었다."*

―

칭기즈칸

지난 1000년 동안의 인류 역사에서 가장 중요한 역할을 했던 사람, 즉 '밀레니엄맨'**은 누굴까.

이 질문을 앞에 놓고 우리가 참고할 만한 자료가 있다. 밀레니엄의 끝을 5년 앞둔 1995년 미국의 유력 신문 〈워싱턴포스트〉는 11세기에서 20세기까지 1000년의 인류 역사에서 가장 중요한 인물을 선정해 발표했다. 그

---

* 여현덕, 《나를 뛰어넘는 도전》, 중앙북스, 2001.
** 영어사전에서 밀레니엄맨(millennium man)을 찾아보면 '태도가 매우 현대적인 남자', '첨단적인 인간'이란 뜻풀이가 나온다. 그런데 이 단어에 지난 1000년을 대표하는 가장 중요한 인물이란 의미를 부여해 칭기즈칸을 밀레니엄맨으로 지칭한 사람이 김종래 〈조선일보〉 전 출판국장이다. 그는 《밀레니엄맨》《CEO칭기즈칸》《밀레니엄맨 칭기즈칸》 등 일련의 저작을 통해 칭기즈칸이란 인물로 상징되는 유목민의 이동 패러다임을 제시해 일대 반향을 일으켰다. 가공할 속도와 정보를 장악하고, 영토를 고정된 성(城)이 아니라 왕래하는 길로 간주한 칭기즈칸의 역동적인 이동 마인드를 갈 길 잃은 한국 사회가 나아가야 할 새로운 패러다임으로 유행시켰다.

주인공은 다름 아닌 몽골제국의 건설자 칭기즈칸(1167?~1227)이었다.

〈워싱턴포스트〉의 논리는 이랬다. 지난 1000년간 인류의 삶을 특징짓는 가장 중요한 현상은 '지구의 축소'다. 전 세계가 서로 연결되고 통합돼 지리적으로, 시간적으로 좁아졌다. 인간과 기술이 지표면을 가로질러 이동하게 됐고, 그래서 전 지구에 인간이 지배력을 행사할 수 있게 됐다. 쉽게 말해 글로벌화됐다. 그렇다면 지구를 좁아지게 만든 사람이야말로 1000년의 역사에서 가장 중요한 역할을 한 인물이다. 그게 누굴까? 아메리카를 '발견'한 콜럼버스도 유력한 후보지만 그보다 훨씬 강력하게 지구를 축소시킨 주인공이 바로 칭기즈칸이다.

칭기즈칸은 13세기 초 극동아시아에서 동유럽을 아우르는 진정한 세계제국을 건설했다. 그가 확장한 영토는 로마제국, 알렉산드로스 대왕, 이슬람제국, 나폴레옹, 히틀러, 그리고 옛 소련을 훨씬 능가했다.

그러나 칭기즈칸이 얼마나 넓은 영토를 가졌는지 그의 업적을 따지는 것이 우리의 목적은 아니다. 칭기즈칸이 어떻게 그토록 강했는지, 어떻게 수많은 나라를 상대로 무수한 전쟁을 이겼는지, 어떻게 위대한 대제국을 건설했는지 그의 근원을 파헤치는 것이 우리의 목적이다.

칭기즈칸은 어떻게 밀레니엄의 인물이 되었을까. 그것은 그가 약자의 입장에서 치열하게 약자의 전략을 펼쳤기 때문에 가능했다. 더 이상 물러설 곳이 없다는 치열함과 물러서면 살아남을 수 없다는 처절함 같은 약자의 생존 본능이 그를 그토록 강하게 만들었다.

약했기에 강해졌다

칭기즈칸이 위대한 것은 그가 정복한 영토의 크기 때문이 아니다. 칭기즈칸은 지구 위에 새로운 세계를 세운 주인공이다. 그는 국경과 지리의 장벽을 허물고 유라시아 대륙에 광대한 연방 국가를 건설했다. 동과 서의 문명이 연결되는 일종의 자유무역 지대를 구축했다.

칭기즈칸의 대제국을 통해 지구의 절반을 잇는 교통망과 통신망이 가동됐다. 이 네트워크를 통해 아시아와 유럽은 문물과 지식을 교류했고, 이것이 유럽의 산업혁명을 낳는 토양이 됐다. 의도하지 않았겠지만 칭기즈칸이야말로 오늘날 진보되고 통합된 지구촌을 만든 주인공이었던 것이다.

칭기즈칸은 강함의 대명사다. 그의 군대는 흉폭하고 잔인하며 야만적이었다. 그에게 침략당했던 유럽인이나 한족에게 칭기즈칸의 군대는 지옥의 사자와도 같았다. 항복하지 않고 저항하는 부족은 어른 아이 할 것 없이 말 그대로 도륙당했다.

칭기즈칸은 수많은 전쟁에서 져본 일이 거의 없다. 10만 명의 소수 병력으로 수십만, 수백만 군대와 전쟁을 치러냈다. 싸움만 하면 이겼다. 그의 '푸른 군대'가 말굽에 먼지를 날리며 모습을 나타내기만 해도 상대방은 공포에 떨었다. 어떻게 그토록 강할 수 있었을까.

그것은 칭기즈칸과 몽골 군대가 약자의 조건에 처해 있었기 때문이었다. 자신의 열악한 환경과 조건을 극복하는 과정이 칭기즈칸을 강하게 만들었다. 지독한 모순처럼 들리지만 약자였기 때문에 강해진 것이다. 이른바 '약자의 역설'이다.

칭기즈칸이 활약했던 13세기 초, 몽골은 변방 중에서도 변방이었다. 세계 문명의 중심지는 이슬람과 중국, 유럽이었다. 몽골은 야만의 땅이었다. 문명을 이루기는커녕 제대로 된 국가 체계조차 형성하지 못했다. 그때까지 몽골 유목민은 어떤 형태로든 두각을 나타내거나 세계사에서 주목받을 만한 일을 하지 못했다.

몽골 고원은 척박한 곳이다. 1년 중 8~9개월 동안 이어지는 혹독한 겨울을 버텨야 한다. 농사를 지을 수도 없다. 가축 떼를 몰고 이동하며 살아가는 몽골 유목민들에게 삶은 고되기 짝이 없었다.

그들에게 문명이란 배부른 사치였다. 몽골 유목민에게 가장 중요한 목표는 생존이었다. 척박한 몽골 고원에 편안한 삶이란 존재하지 않았다. 어떻게 굶어 죽지 않고 살아남느냐가 매일매일의 절박한 과제였다.

늘 배를 곯는 몽골 사람들은 사냥으로 먹을 것을 구했다. 사냥은 그들이 태어나면서부터 익혀야 할 기본적인 생존술이었다. 누구나 신체의 일부처럼 말을 다룰 줄 알고 능란하게 활을 쏘았다. 말을 못 타고 활을 못 쏘면 먹고살 수가 없었다.

살아남기 위해 몽골 남자들은 누구나 전사가 돼야 했다. 열악하고 척박한 생존 환경, 그런 조건에서 살아남아야 한다는 절박감이 그들을 타고난 기마병으로 만들어주었다. 몽골 기마부대가 중국과 이슬람 문명권의 거대 군대를 초토화시킬 수 있었던 강인함의 뿌리가 바로 거기에 있었다.

비주류 스타일

칭기즈칸의 군대는 당시 존재하던 세계 어떤 왕국이나 제국의 군대와도 달랐다. 우선 출신 성분에 따른 서열이 없었다. 유능하고 싸움만 잘하면 누구라도 지휘관이 될 수 있었다.

이민족 차별도 없었다. 칭기즈칸이 절대적으로 신임하고 중용한 최측근 중에는 천민이나 이민족 출신이 적지 않았다. 신분 대신 능력을 중시하는 실력주의 원리가 지배했다.

이것은 당시 문명권 주류의 질서와는 반대되는 비주류 스타일이었다. 선진 문명국이던 중국도 이슬람도 엄격한 신분제에 따른 상명하복의 문화였다. 한곳에 머무르는 정착 문명권에서는 배타적이고 수직적인 신분제 질서를 통해 사회를 안정적으로 유지하는 것을 중시했다. 이것이 강자의 가치이고 주류의 질서였다.

반면 유목민 사회에서 수직적인 상명하복 질서에 얽매였다가는 생존 자체가 불가능하다. 영원한 주인이 없는 초원에선 늘 부족한 식량을 놓고 끊임없이 충돌이 벌어진다. 이기는 자는 살고 지는 자는 죽는다. 신분도 서열도 소용없다. 오직 실력으로 말하는 냉혹한 세계다. 실력주의가 번성하지 않을 수 없다.

칭기즈칸의 군대가 수평적 실력주의로 무장한 것은 약자의 어쩔 수 없는 환경 탓이었다. 살아남기 위해 실력을 중시하지 않을 수 없는 유목민의 열악한 생존 조건 때문이었다. 그런 약자의 불가피했던 선택이 역설적으로 칭기즈칸의 군대를 세계 최강으로 만들었다.

강해야 살아남는다는 절박감

문명 세계를 공포에 떨게 한 정복왕이었지만 칭기즈칸이 태어나 성인이 되기까지의 시기는 험난하고 불우했다.

그가 속한 씨족은 몽골 유목민 사회에서도 천대받는 비주류였다. 그의 어머니는 적에게 납치돼 적의 아이까지 낳았다. 그래서 칭기즈칸은 아비가 누구인지조차 불분명한 존재로 의심받았다.

칭기즈칸이 12세 되던 해에 그의 아버지가 적의 공격으로 죽었다. 칭기즈칸은 호수에 뛰어들어 속 빈 갈대로 숨을 쉬면서 겨우 살아남았다. 아버지가 죽자 고향의 친척들은 그의 가족들을 외면했다. 친척들은 칭기즈칸의 가족이 겨울을 보낼 식량조차 남겨주지 않았다.

도와줄 동지도 없고 우군도 없는 몽골 초원의 무한경쟁 생존터에서 그는 생과 사를 넘나드는 우여곡절을 겪으면서 자랐다. 굶어 죽지 않기 위해 들쥐를 잡고 풀뿌리를 캐 먹었다. 그가 장성해 몽골 초원의 전쟁판에 끼어든 후엔 적에게 패퇴해 흙탕물로 연명하면서 겨우 목숨을 부지한 일도 있다.

몽골이 변방 중의 변방이었다면 칭기즈칸은 그런 몽골에서도 비주류 중의 비주류였다. 칭기즈칸은 죽을 고비를 수없이 넘겼다. 다른 부족에게 사로잡혀 노예살이도 했고, 굳게 믿었던 친구와 양아버지의 배신으로 살해당할 위기에 처하기도 했다.

그가 강자가 될 수 있는 조건과 환경은 아무것도 없었다. 그에겐 부하도 없고 지원 세력도 없었다. 그가 활용할 수 있는 인적 자원, 물적 자원이라곤 존재하지 않았다. 심지어 그는 글자조차 읽지 못하는 까막눈이었다. 그러나 이런 모든 환경이 역설적으로 그를 강하게 만들었다.

그는 생사를 넘나드는 열악한 환경 속에서 생존의 법칙을 스스로 터득했다. 죽지 않고 살아남기 위해선 강해질 수밖에 없었다. 그런 생존 본능이 이어지고 경험과 지혜가 축적되면서 그는 지구의 절반을 지배하는 절대 강자가 되었다.

4

돈 버는 것밖에 할 게 없었다

"저는 모든 게 부족한 사람이었습니다.
공부도 못하고, 특별한 재주도 없었죠.
어차피 취직도 못 할 테니까 돈 버는 걸로 승부를 볼 수밖에 없었습니다."

—

최병오

패션 그룹 형지의 최병오(1953~) 회장은 비즈니스 업계에서 입지전적인
인물이다. 맨주먹으로 시작해 온갖 실패 끝에 매출 1조 원대의 대기업을
일구는 기업 신화를 만들어냈다.

그는 중학교 1학년 때 아버지를 여의고 고등학교를 졸업하자마자 장사
에 나섰다. 그리고 20대에 무작정 상경하여 동대문의 한 평(3.3제곱미터)짜
리 옷 점포로 시작해 대형 패션 유통 그룹을 세웠다. 형지는 '크로커다일
레이디', '샤트렌', '올리비아하슬러'를 비롯한 20개 의류 브랜드를 보유
하고 있다.

최 회장이 사업가로서 성공한 것은 역설적으로 그가 약자였기 때문이었
다. 그는 역경이 자신을 더욱 강하게 해주었다고 말한다.

집안 배경도, 학벌도, 특출한 재능도 없는 이른바 '흙수저'였기 때문에 오로지 돈 버는 것으로 남들과 차별화하겠다는 생각을 갖게 됐다. 어쩔 수 없이 자신을 몰아붙여야 했던 환경이 그의 열정을 자극했고 그는 '장사의 신'이 됐다.

만약 자신이 남들처럼 가진 것 많은 강자였다면 결코 사업으로 성공할 수 없었을 것이라고 그는 말한다. 약자였기 때문에 살아남기 위해 남들과 다른 열정을 쏟아냈고, 그 약자의 치열함으로 대성공을 거두었다.

삐딱하게 간다

부산에서 태어난 최 회장은 횟가루 공장을 운영하던 아버지 덕에 유복한 환경에서 마도로스의 꿈을 키우며 소년 시절을 보냈다. 하지만 갑작스러운 아버지의 죽음으로 가세가 기울자 학업을 포기한 채 직업전선에 뛰어들었다.

19세 때는 페인트 공장을 운영하던 외삼촌이 지병으로 세상을 떠나면서 공장을 맡게 됐다. 준비되지 않은 상황에서 갑작스럽게 사업가의 길을 시작한 것이었다. 그러나 페인트 공장은 7년 만에 망했고 첫 도전은 참담한 실패로 끝났다.

100만 원을 들고 무작정 상경한 그는 동서의 도움을 받아 서울 반포에 제과점을 차렸다. 상권은 좋았지만 주변에 대형 제과점 체인들이 즐비해 경쟁이 치열했다. 똑같이 해선 도저히 상대가 되지 않았다.

그는 즉석 빵으로 차별화하기로 했다. 다른 제과점이 빵공장에서 배달되어온 차가운 빵을 파는 동안 그는 가게에서 하루 세 번씩 식빵을 구웠다. 갓 구운 따끈따끈한 식빵을 내놓는 집이란 소문이 돌자 손님들이 몰려들었다.

약자가 강자와 똑같은 방식으로 싸운다면 이길 수 없다. 강자와는 다른 것을 들고 나와 자신의 무기로 삼아야 승산이 있다. 최 회장은 이런 약자의 생존술을 본능적으로 알고 있었다. 그의 성공 비결은 강자가 정한 시장 질서를 거부한 것이었다. 만약 옆 가게를 그냥 따라 했다면 최 회장은 결코 성공하지 못했을 것이다.

서른 살이 되던 해 그는 동대문 광장시장에 옷 도매 점포를 냈다. 보증금이 빠듯한 탓에 시장 중심부에서 떨어진 한적한 골목에 가게를 구할 수밖에 없었다. 목이 나빠 손님이 들지 않았다. 마냥 앉아서 기다릴 수만은 없었다.

그는 가게를 부인에게 맡겨둔 채 옷 자루를 어깨에 들쳐 메고 주요 시장을 발로 뛰었다. 아무도 옷 도매상이 옷을 팔러 다닌다는 발상을 하지 않던 시절이었다. 서울 천호의류공판장, 명동의류상가, 부산진시장과 국제시장 의류 점포를 뛰어다니며 옷을 팔았다.

강자였다면 고객이 오기를 기다리는 수비형으로 족하다. 하지만 약자인 최 회장으로선 이쪽에서 고객을 찾아가는 공격의 장사를 해야 승산이 있었다.

그는 이런 약자의 전술로 평생의 사업을 일궜고 성공을 거두었다. 그가 좌우명처럼 새기는 사업 철학은 '반 발짝만 삐딱하게 가자'는 것이다. 자신은 남들처럼 가진 것이 많지 않으니 남들과 다르게 하지 않으면 이길 수 없다는 것이다. 이것은 강자가 정한 시장의 룰을 거스르고 자기 방식대로 싸우는 약자의 승리술이다.

공부 콤플렉스

동대문 옷 도매상으로 그는 적지 않은 돈을 벌었다. 그러나 어음 관리를 잘못하는 바람에 부도를 맞았다. 그의 나이 마흔 살 되던 해였다. 쫄딱 망했다는 사실에 기가 막혔지만 좌절을 못 이겨 쓰러지거나 하진 않았다. 어린 시절부터 그를 따라다닌 역경이 그를 강하게 단련시켜준 덕이었다.

밑바닥에서부터 다시 시작해야 했다. 동대문 평화시장의 지하 쪽방에서 재기의 발판을 다지면서 주부를 타깃으로 하는 브랜드 의류 아이템을 구상했다.

1990년대 당시만 해도 유명 브랜드라고 하면 고가의 백화점 브랜드나 10~20대를 겨냥한 영 캐주얼 브랜드 일색이었다. 이 시장에 뛰어들어 같이 경쟁했다가는 승산이 없었다. 반 발짝만 삐딱하게 보자는 그의 약자 전술이 또 한 번 번득이며 빛을 발했다.

그는 고객 타깃 층을 30~50대 주부로 설정하고, 3050세대가 편하게 입을 수 있는 성인 캐주얼 브랜드에 승부를 건다는 전략을 세웠다. 소득 수준이 높아지면서 젊은 엄마들과 멋 내고 싶은 중년 여성들이 옷에 신경 쓸 거란 예측이었다.

물색 끝에 '라코스테'의 악어 로고와 비슷한 싱가포르 브랜드 '크로커다일'의 여성복 브랜드 '크로커다일레이디'를 한국에 들어왔다. 기존에 모호하게 나뉘어 있던 중년 여성복의 사이즈를 구체적으로 쪼개고 당시로선 파격적으로 중년 여성을 피팅 모델로 기용한 광고 전략을 썼다. '미스'가 아닌 '미시(세련된 감각의 기혼녀)' 시장을 새로 만든 것이었다.

크로커다일레이디는 2007년 국내 단일 브랜드 최초로 매출 3000억 원을 넘겼다. 이를 발판으로 샤트렌(2005), 올리비아하슬러(2007), 아날도바시니(2009) 등 브랜드를 잇따라 론칭해 성공시켰다.

그에겐 공부 콤플렉스가 있다. 중·고교 시절에도 싸움만 하느라 공부하고는 거리가 멀었다. 마도로스의 꿈을 이루기 위해 부산해양고에 응시했으나 떨어지고 부산고등기술학교 전자과를 졸업했다. 공부하고는 적성이 안 맞았다.

부유한 집안 출신도 아니고, 머리가 좋아 공부를 잘하지도 못했다. 그야말로 가진 자산이라고는 하나도 없는 약자 중의 약자였다. 그러나 거꾸로 가진 게 없다는 것이 그를 사업가로 성공시킨 원동력이 됐다. '약자의 역설'인 셈인데, 이것은 필자의 해석이 아니라 최 회장 본인이 하는 말이다.

"저는 모든 게 부족한 사람이었습니다. 공부도 못하고, 특별한 재주도 없었죠. 어차피 취직도 못 할 테니까 돈 버는 걸로 승부를 볼 수밖에 없었습니다. 돈 버는 일로 남들과 차별화하자는 생각을 갖게 된 겁니다."

만약 그가 유복한 집안에서 자랐다면 오늘날의 최병오 신화는 없었을 것이다. 아마 최 회장은 평범한 직장에 취직해 평범한 인생을 살았을 가능성이 크다.

최 회장은 다른 선택의 여지가 없었기에 사업가의 길을 걸었다. 남들과 똑같이 해선 먹고살기 힘들다는 절박감이 그를 치열하게 만들었고 성공의 길로 이끌었다.*

---

* 2017년 3월 최 회장은 고향인 부산 사하구에 17층짜리 대형 소핑몰을 세워 100만 원을 들고 상경한 지 38년 만에 금의환향했다. 어린 시절 아버지가 횟가루 공장을 했던 바로 그 장소였다.

CHAPTER 3

약자는 스마트하다

3ROUND

교란

"인간은 뛰어넘은 역경의 숫자만큼 강해진다.
그 숫자가 많으면 많을수록, 어떠한 상황에서도 지지 않는 강한 사람이 된다."
– 기타가와 야스시

알리의 로프 기대기 작전이 본격화됐다. 링 중앙에서 선제 펀치를 날린 뒤 일부러 뒷걸음쳐서 로프에 기대는 패턴이 반복적으로 이어진다.

알리는 양 주먹으로 안면을 가리고 팔꿈치로 복부를 방어한다. 상체에 전후좌우로 반동을 주며 쏟아지는 포먼의 펀치를 교묘하게 피한다. 팔로 포먼의 목을 감싸고 머리를 눌러 내리며 포먼의 화력을 비켜나간다. 목을 잡지 말라는 레퍼리의 주의가 계속되지만 알리는 아랑곳하지 않는다.

포먼은 이게 웬 떡이냐는 심정이다. 로프에서 기다리는 알리에게 샌드백을 치듯 마음껏 펀치를 퍼붓는다. 찍어 치듯 알리의 복부를 파고드는 육중한 혹과 어퍼컷이 위력적이다. 저돌적인 포먼의 돌진에 알리의 상체가 뒤로 젖혀져 거의 링 밖으로 튕겨나갈 지경이다.

사람들은 이제 알리가 몇 라운드나 더 서 있을 수 있을지를 진지하게 따지기 시작했다. 포먼의 가공할 펀치가 작렬하기 시작했다. 게임이 끝나는 것은 시간문제처럼 보였다.

알리의 계산은 달랐다. 그는 로프의 반동력을 이용해 충격을 분산시키는 중이었다. 쏟아지는 펀치의 파괴력이 출렁이는 로프로 전달되게 하는 것이다. 충격은 알리의 몸을 통과해 로프를 거쳐 사방으로 퍼져나갔다.

알리는 포먼과의 경기에 대비해 오랫동안 이런 연습을 해왔다. 알리로선 로프 기대기가 승산 있다는 계산서를 뽑아든 채 링에 오른 참이었다. 알리는 버틸 만했다. 포먼에게도 통한다는 판단이 서자 알리의 작전은 분명해졌다. 그는 거실의 소파라도 되는 양 로프에 깊숙이 몸을 파묻었다.

알리의 작전은 포먼이 헛심을 쓰게 하는 것이었다. 알리의 승리 가능성은 얼마나 빨리 포먼의 힘을 소진시키느냐에 달려 있었다. 알리는 포먼이 주먹을 휘두르고 마구 돌진하도록 유도했다. 로프에 기대 포먼을 달려들게 하고 도발적인 말로 포먼의 분노를 자극했다.

포먼은 여전히 알리의 의도를 이해하지 못했다. 그는 자신의 주먹을 믿었다. 지금까지 포먼의 강력한 혹을 맞고 버텨낸 상대는 없었다. 알리도 다르지 않을 것이었다. 포먼은 알리가 기대고 선 로프가 충격을 흡수한다는 사실을 알지 못했다. 포먼으로선 강자의 작전을 바꿀 이유가 없었다. 오직 공격 또 공격뿐이었다.

1

느림으로 빠름을 누르다

"스피드를 높이기 위해 많은 노력을 했지만 소용없었다.
구속에 대한 미련을 버리고 제구력을 키우기로 했다."
—
유희관

사람의 사회든 동물의 세계든, 빠름이 강한 것이고 느림은 약한 것이다. 아프리카 사바나에서 치타보다 느린 가젤은 잡아먹히고 가젤보다 느린 치타는 굶어 죽는다.

약육강식의 생존 경쟁에서 남보다 느리면 경쟁에서 뒤처지는 것이 당연하다. 느리다는 것은 약자가 지닌 약함의 속성이다. 그래서 사람이든 동물이든 누구나 빨라지려고 노력한다. 이 세상 모든 강자는 빠르고 강자의 게임에선 빠른 플레이어가 이긴다.

그런데 느리다는 약점을 오히려 강점으로 바꿔 자신만의 생존술로 활용하는 동물이 있다. 바로 나무늘보*다. 중남미의 열대우림에서 주로 서식하는 나무늘보는 게으름뱅이의 대명사와도 같은 동물이다. 세상에서 제일 느리고 게으른 동물이라고 부르기에 손색이 없다.

얼마나 느리냐면 1분에 움직이는 거리가 대략 20센티미터라고 한다. 시속 12미터인 셈이니 말 다했다. 나무늘보가 이동해도 인내심을 갖고 한참 동안 자세히 보지 않으면 움직임을 알아채지 못할 정도다. 한마디로 나무늘보는 하루 종일 나무줄기에 매달려 잠자는 게 일인, 게으름뱅이의 상징과도 같은 동물이다.

이렇게 느려빠진 동물이 잡아먹히지 않고 살아가는 게 신기하다. 약육강식의 법칙으로 보면 벌써 오래전에 멸종됐어야 옳다. 그러나 멸종은커녕 지금도 중남미의 밀림 속에서 건재하다. 빠르고 강한 동물들이 멸종 위기에 처한 가운데에도 나무늘보가 여전히 굳건한 생명력을 과시하는 비결이 뭘까.

느려서 살아난 나무늘보

사실 나무늘보의 느림과 게으름이야말로 나무늘보가 생존할 수 있는 비결이다. 나무늘보의 천적은 재규어, 스라소니, 독수리, 아나콘다 등이다. 이 중에서도 중남미 밀림의 대표적인 포식자인 재규어가 가장 큰 천적이다.

---

* 나무늘보는 이름부터 느리다는 느낌이 팍 풍긴다. 나무늘보의 한국어 이름은 나무와 느림보가 합쳐진 것이다. 나무에 사는 느림보란 뜻이다. 영어로는 나태·태만이라는 뜻을 가진 '슬로스(sloth)'다. 일본어로는 게으름뱅이를 의미하는 '나마케모노(なまけもの)'이고, 프랑스어·독일어·스페인어에서도 마찬가지로 나태함이란 뜻의 이름이 붙어 있다.

재규어는 빠르기도 하지만 나무도 잘 타서 나무 위로 도망가는 먹잇감도 추적해 사냥할 수 있는 능력을 지녔다. 웬만큼 빠르지 않고서는 재규어의 추격에서 벗어나기란 불가능하다.

그런데 절대 강자인 재규어에게도 약점은 있다. 대부분의 육식동물은 시력이 뛰어나서 움직이는 먹잇감은 쉽게 발견하지만 움직이지 않고 멈춰 있는 것은 잘 식별하지 못한다. 재규어나 스라소니 같은 나무늘보의 천적들도 마찬가지다.

태초 이래 항상 천적의 위협에 쫓기던 나무늘보의 유전자는 아마 어느 날 이렇게 결단을 내렸을 것이다. 재규어보다 빠를 수 없다면 차라리 철저하게 느려지자고 말이다. 나무늘보가 1분에 20센티미터만 움직이며 숲 속에 죽은 듯이 숨어 있으면 제아무리 시력이 좋은 재규어도 찾아내기가 힘들다.

게다가 하도 움직이지 않으니 나무늘보의 털에는 이끼가 끼기 일쑤다. 나무늘보는 털 속의 조건이 이끼가 자라나기에 알맞아 금방 이끼가 털을 녹색으로 덮게 된다. 이렇게 이끼까지 뒤집어쓴 채 나무에 매달려 있으면 어느 천적도 찾아내지 못하는 완벽한 위장술이 된다.

그러나 이렇게 천적에 대한 방어막을 확보하더라도 문제는 남는다. 느리기 때문에 먹이 경쟁에서 불리하다는 점이다. 몸이 느리니 맛있고 신선한 식물이나 열매를 차지할 수 없고, 좋은 먹이를 다른 초식동물들에게 빼앗길 수밖에 없다. 이래선 천적은 피할지 몰라도 굶어 죽기 딱 좋다.

그래서 나무늘보는 식성도 느림의 특성에 맞게 진화시켰다. 나무늘보의 주식은 유칼립투스 잎이다. 영양분이 부족하고 소화도 잘 안 돼서 다른 동물들은 쳐다보지도 않는 질 나쁜 잎을 주식으로 삼았다.

독성이 있는 거친 나뭇잎을 소화시키기 위해 나무늘보는 여러 구획으로 나뉜 위를 갖고 있다. 일단 배 속에 넣은 뒤 오랜 시간, 어떨 때는 한 달에 걸쳐 소화시킨다. 포식한 나무늘보는 전체 몸무게의 3분의 2가 배 속에 있는 음식물이라는 분석이 나올 정도다.

게다가 움직임이 적기 때문에 에너지 소모량도 적다. 나무늘보는 신진대사율이 매우 낮다. 체온도 섭씨 30~34도 정도의 낮은 수준으로 유지한다. 모든 신체 조건을 느린 삶에 유리하도록 최적화한 것이다.

나무늘보의 느림은 대단히 전략적인 선택이다. 만약 나무늘보가 재규어의 스피드를 이기려고 속도 경쟁에 나섰다면 오래전에 멸종했을 것이다. 재규어가 바라는 속도의 게임을 거부하고 느린 쪽으로 진화한 결과 나무늘보는 살아남았다.

느려서 강해진 투수

야구에서 각광받는 투수는 뭐니 뭐니 해도 빠른 볼을 구사하는 강속구 투수다. 호쾌하게 빠른 직구를 팡팡 꽂아 넣는 강속구 투수야말로 모든 야구팬들이 열광하고 프로야구 구단이 애타게 찾는 선망의 대상이다.

야구에서 구속(공의 속도)이 중요한 것은 당연하다. 빨라야 타자가 치기 힘들기 때문이다. 마운드에 선 투수가 시속 140킬로미터의 공을 던져서 포수 미트에 꽂는 데는 약 0.474초의 시간이 걸린다고 한다. 이 시간 안에 타자는 구질을 파악하고 공이 오는 방향을 예측해서 배트를 휘둘러야 한다.

공이 빠르면 빠를수록 타자에게 주어진 시간은 짧아지고 결국 공을 맞히기가 힘들어진다. 야구에서 10승대를 올리는 투수는 거의 예외 없이 빠른 공을 갖고 있다. 공이 빠르지 않다면 투수로서 살아남기 힘들다. 야구에서 빠른 공은 강자의 무기이고, 공이 빠를수록 강한 것으로 간주된다.

미국 프로야구 메이저리그에선 시속 90마일(약 145킬로미터) 이상 던지는 투수가 수두룩해서 빠른 투수 축에도 못 든다. 95마일(약 153킬로미터) 이상 던져야 A⁺급의 강속구 투수 대접을 받을 수 있다. 160킬로미터를 넘는 투수도 있다. 한국 프로야구에서도 시속 150킬로미터 이상 던지는 투수가 적지 않다. 공이 느리면 제대로 살아남기 힘든 것이 야구의 세계다.

그러나 예외도 있다. 프로야구팀 두산의 투수 유희관(1986~)이다.

유희관은 명실상부한 두산의 좌완 에이스다. 2015년 시즌에 30게임에 출장해 18승 5패를 올렸다. 두산에서는 최다승, 전 구단을 통틀어서는 에릭 해커(NC)에 1승 부족한 다승 2위이자 국내파 토종 투수들 중에선 다승 1위였다. 누가 보아도 최고의 투수라는 말에 토를 달 수 없는 눈부신 성적이었다.

그런데 흥미로운 것은 유희관의 성공 방정식이 강자의 법칙을 따르지 않는다는 점이다. 그는 느린 공 투수의 대명사다. 2015년 시즌 그가 던진 직구의 평균 스피드는 시속 127.2킬로미터였다. 한국 프로야구(KBO)리그 평균인 시속 141.3킬로미터보다 시속 14킬로미터나 늦다. 타자들에게 얻어맞기 딱 알맞은 스피드다. 시속 70~80킬로미터짜리 변화구, 속칭 '아리랑볼'도 던진다.

그런데도 유희관이 다른 투수들을 압도하는 성공을 거둔 비결은 무얼까. 그것은 다른 분야에서 성공한 많은 '강한 약자'들의 비결과 크게 다르지 않다. 강자의 법칙을 거부하고 자신이 강점을 갖는 새로운 게임의 룰로 승부했기 때문이다.

유희관은 구속은 느리지만 대신 제구력, 즉 공을 마음먹은 자리에 정확하게 던지는 능력이 뛰어나다. 구속이 느려도 까다로운 코스로 구석구석 꽂아 넣으면 타자들이 공략하기가 쉽지 않다.

유희관은 공의 속도 경쟁, 즉 강자의 게임을 포기하고 제구력을 극대화하는 쪽으로 자신의 무기를 특화했다. 만약 그가 남들과 똑같이 구속을 높이는 데 연연했다면 지금처럼 성공하지 못했을 것이다.

약점을 강점으로 반전시키다

장충고 야구부 시절부터 유희관은 직구 구속이 낮다는 점이 흠으로 꼽혔다. 그래서 프로야구단의 지명을 받지 못하고 중앙대로 진학했다.

대학 시절 그는 훌륭한 경기력을 보여주었다. 4년간 통산 18승과 13번의 완투 경기를 달성했고 대학리그 우승을 이끌어 최우수선수(MVP)로 선발되기도 했다. 야구월드컵 등의 국가대표로 선발돼 태극마크도 달았다.

하지만 프로의 벽은 높았다. 그렇게 좋은 성적을 거두었지만 2009년 드래프트에서는 하위권으로 밀려 2차 6라운드 전체 42순위로 지명받는 데 그쳤다. 역시 공이 느린 점이 그의 발목을 잡았다. 그보다 성적이 나빠도 빠른 공을 던지는 투수들은 상위 라운드 지명을 받았다.

두산에 입단한 뒤에도 2년여 동안 별다른 기회를 잡지 못한 채 1군과 2군을 오가는 후보 신세를 면치 못했다. 춥고 서글픈 무명 시절이 계속됐다.

기회는 예기치 않게 찾아왔다. 2013년 5월 4일 잠실구장이었다.

이날은 두산의 외국인 용병 에이스인 니퍼트의 선발 등판이 예정돼 있었다. 그런데 갑자기 니퍼트가 감기 몸살로 몸져눕는 바람에 유희관이 대타로 투입됐다. 그가 마운드에 오르자 두산 팬들 사이에선 실망하는 소리가 터져 나왔다.

그런데 그 경기에서 유희관은 무실점으로 승리 투수가 됐다. 느리지만 구석구석 찔러대는 절묘한 제구력과 볼 배합에 상대팀 LG 타자들은 속수무책으로 당했다. 프로 데뷔 5년 만에 거둔 첫 승이었다.

무명 투수의 돌연한 활약에 다들 놀랐지만 우연은 아니었다. 이후 그는 물 만난 고기처럼 펄펄 날았다. 3년 연속 두 자릿수 승리를 따내며 두산의 확고한 에이스로 자리 잡았다. 2015년 시즌엔 18승 5패로 다승 2위, 2016년 시즌엔 15승 6패로 3위에 올랐다. 두산의 팀 출범 이후 최고의 좌완 투수라는 찬사까지 듣게 됐다.

유희관은 자신의 성공 비결에 대해 한 언론 인터뷰에서 이렇게 말했다. "스피드를 높이기 위해 많은 노력을 했지만 소용없었다. 구속에 대한 미련을 버리고 제구력을 키우기로 했다."

그는 고교에 가서야 자신의 공이 느리다는 걸 알았다고 했다. 볼 스피드를 높이기 위해 체중을 늘리고 웨이트 트레이닝을 하는 등 별별 노력을 다했지만 구속은 좀처럼 올라가지 않았다. "난 왜 이렇게 볼이 느릴까" 하며 좌절하기도 했다.

여기서 그는 야구 선수로서의 성패를 가를 중요한 결정을 내린다. 스피드를 과감하게 포기하고 자신의 장점인 제구력에 집중하기로 한 것이다. 강자의 룰을 거스르는 약자의 승리 법칙을 따른 것이었다.

그는 제구력을 높이기 위해 캐치볼 때 글러브에 공을 던져 넣는 연습을 반복해서 했다. 캐치볼 파트너가 들고 있는 글러브 속에 정확히 공을 집어넣을 정도로 제구력을 키우는 연습이었다. 유희관은 연습을 하면 할수록 하느님은 공평하다는 진리를 깨닫게 됐다. 구속을 빼앗는 대신 볼 컨트롤 능력을 주셨구나 하고 감사했다.

유희관은 느린 볼이 오히려 더 강점으로 작용했다고 말한다. 모든 투수들이 온통 빠른 공만 던지는 프로야구 판에서 남들과 달리 느리게 던지니까 타자들이 타이밍을 못 맞추더라는 것이다. 그래서 일부러 더 느리게 던지기도 했다.

그는 공의 완급 조절과 제구력으로 타자의 타이밍을 뺏는 투구를 한다. 그의 직구 구속은 평균 시속 130킬로미터지만 변화구는 평균 시속 90킬로미터로 더 느리다. 구속 차이가 시속 30~40킬로미터는 나기 때문에 타자의 시야가 흐트러지고 타이밍이 무너지기 일쑤다.*

그는 "구속을 높이려는 연습을 했다면 지금의 나는 없었을 것"이라고 말한다. 구속과 제구력이라는 두 마리 토끼를 다 잡으려고 했다면 모두 놓쳤을 것이다. 약자의 약점도 어떻게 전략적으로 활용하느냐에 따라 훌륭한 강점으로 반전시킬 수 있다.

---

* 언론 인터뷰에서 유희관은 자신의 생애 최고 구속이 시속 138킬로미터라고 밝힌 적이 있다. 중앙대 시절과 프로에 들어와서 한 번씩, 모두 두 차례 시속 138킬로미터를 기록했다고 한다. 그는 "정말 마음 놓고 세게 던졌는데 시속 138킬로미터가 나오더라. 하지만 죽어도 시속 140킬로미터는 못 넘기겠다"고 했다. (《스포츠조선》 2013년 10월 20일자)

2

강자에 올라타는 짝퉁 전략

"소를 판 돈으로 앨범을 냈지만 쫄딱 망했다.
그러다 나훈아 모창 대회에서 금상을 받은 것을 계기로
모창 가수의 길로 접어들었다."

—

김갑순

곤충 생태계에서 벌은 강자에 속한다. 벌이 지닌 강력한 독침은 위력적이어서 곤충의 천적인 새조차도 벌을 사냥하길 꺼린다. 그래서 벌도 몸을 위장해 숨기기보다는 자신을 최대한 드러내 천적의 공격을 막는 전략을 취한다. 다른 곤충으로 오인·공격받지 않기 위해 대놓고 "나는 벌이다"라고 떠벌리는 것이다.

대부분의 곤충들이 나무나 풀 같은 주변 환경과 유사한 은폐 보호색을 갖도록 진화한 것과 대조적으로 벌은 노랑과 검정의 줄무늬 색깔을 취하고 있다. 이렇게 주변 환경에 녹아들지 않고 돌출되는 색을 경계색이라고 한다. 눈에 확 띄는 경계색으로 스스로의 정체성을 한껏 과시하며 천적을 겁주는 강자의 전략인 셈이다.

그런데 이런 벌의 전략에 편승해 살아가는 약한 곤충들이 있다. 하늘솟과에 속하는 호랑하늘소 역시 노랑과 검정 줄무늬로 몸을 감싸 외관상으로는 영락없는 벌처럼 보인다. 이 곤충은 벌과는 종류가 다르고 독침도 없지만 자신을 벌로 오인하게 하는 방어 전략을 구사하고 있다.

강자인 척한다

포도유리나방 역시 벌의 일종인 뱀허물쌍살벌을 본떠서 몸을 치장하고 있다. 나는 독침을 가진 벌이니 건드리지 말라고 겁을 주는 것이다. 허세도 이만저만이 아니다.

벌과 마찬가지로 무당벌레도 몸속에 독성 물질을 지니고 있어 새가 기피하는 곤충이다. 무당벌레 역시 빨강과 검정의 점무늬로 스스로를 드러내는 전략을 취한다. 여기에 편승해 무당벌레 흉내를 내는 곤충들도 생겼다. 독이 없는데도 빨강과 검정 점무늬로 몸을 치장해 천적이 무당벌레로 오인토록 하려는 것이다.

힘 없는 피식종(被食種)이 다른 종을 외형적으로 흉내 내 천적을 속이는 것을 생물학에서는 '베이츠 의태(Batesian mimicry)'라고 한다. 영국의 곤충학자 헨리 베이츠(1825~1892)가 나비 종류를 연구하다가 발견한 현상으로, 강자의 외양과 무늬를 본뜨거나 행동과 습성을 흉내 내며 살아가는 의태(擬態, 흉내 내기) 방법을 일컫는다.

예를 들어 박각시의 애벌레는 부화할 때 독뱀의 머리 흉내를 낸다. 뱀처럼 쉬익 소리를 내며 머리를 앞뒤로 흔든다. 캘리포니아왕뱀은 독이 없는 평범한 뱀이지만 독사인 산호뱀의 화려한 무늬를 그대로 카피하고 있다.

애물결나비는 올빼미나 뱀의 눈을 연상시키는 무늬를 날개에 달았다. 그리고 새가 공격하려 하면 날개를 펼쳐 뱀처럼 보이게 하는 전략을 쓴다. 아틀라스나방도 날개 끝부분에 뱀 얼굴을 새겨 넣어 천적들을 겁준다. 곤충뿐 아니라 바다에서는 톱쥐치가 독을 품은 까치복을 따라 하며 위장 전술로 살아가고 있다.

강자를 흉내 내 강자의 위력에 편승하는 생존술은 동물 생태계에서 자주 볼 수 있는 약자의 전략이다. 힘도 없고 무기도 없는 약한 동물 입장에서는 남이 자신을 강자로 착각해준다면 생존에 얼마나 유리하겠는가.*

보기에는 흥미롭지만 사실 강자 의태 전략은 약한 동물들의 생존을 위한 처절한 몸부림이 담긴 진화의 결과물이다. 수억 년의 세월을 거치면서 약한 동물들은 온갖 방법으로 생존의 실험을 시도했을 것이다. 어떤 개체는 독을 품는 시도를 했을 것이고 어떤 개체는 덩치와 힘을 키우는 쪽으로 진화를 모색했을 것이다.

그런데 결국 강자를 흉내 내는 전략을 취한 개체들이 살아남아 후손을 남기는 데 성공을 거두었다. 독침이나 살상 무기 없이도 흉내만으로 수억 년의 세월을 이겨냈으니 진화의 관점에서 강자를 흉내 내는 짝퉁 전략은 대단히 성공적인 모델이라고 할 수 있다.

'너훈아'가 된 가수

2014년 1월 어느 날, 서울 순천향대학병원 장례식장에 세 명의 '나훈아'

———

* 강자를 흉내 내 생존력을 극대화하는 약자의 의태 전술은 일본의 농학자 이나가키 히데히로의 저서 《이토록 아름다운 약자들》에 세밀하게 묘사돼 있다. 동물 세계의 약자 전략을 알고 싶은 분에게 강력 추천한다.

가 모였다. 니훈아, 나운아, 이훈아 등의 예명으로 활약하는 나훈아 모방 가수들이었다.*

그냥 목소리와 창법만 비슷하게 따라 하는 것은 모창이라고 하지만 이들은 창법은 물론 외모와 행동까지 철저하게 나훈아를 흉내 내기 때문에 모창이 아닌 모방 가수로 불린다.

이들은 고인의 영정 앞에서 나지막한 소리로 나훈아의 히트송 〈잡초〉와 〈사랑은 눈물의 씨앗〉을 불렀다. 돌아간 사람을 기리는 이들만의 방식이었다.

빈소에 걸린 영정의 주인공은 나훈아의 모방 가수 중 가장 유명했던 너훈아(당시 57세)였다. 이날 거의 모든 언론 매체에 너훈아의 사망을 알리는 기사가 실렸다. 공중파 TV와 제도권 방송에서 푸대접받는 모방 가수의 부음 기사치고는 상당히 비중 있게 다뤄졌다.

너훈아는 모방 가수 세계에서 대부로 통하던 1세대 원조였다. 제도권 미디어에선 제대로 대접을 못 받았지만 나이트클럽이나 밤무대에서 그의 인기는 웬만한 톱스타 못지않았다.

너훈아의 본명은 김갑순이다. 충남 논산에서 고등학교를 졸업하고 어머니가 소를 팔아 마련해준 돈을 들고 서울로 올라왔다. 평생 소원인 가수가 되기 위해서였다.

31세 때 그렇게도 소망했던 앨범이 김갑순이란 이름으로 나왔고 가수 데뷔의 꿈도 이루어졌다. 그러나 부풀었던 김 씨의 희망은 오래가지 못했

---

* 트로트의 황제 나훈아를 흉내 내는 모방 가수가 많은 것은 나훈아가 독특한 스타성을 갖고 있기 때문일 것이다. 음반 취입곡이 2600곡에 이르는 데다 개성 있는 외모와 음색, 카리스마 넘치는 무대 매너 덕에 모방 가수들로 하여금 따라 하려는 모방의 충동을 느끼게 했을 것이다.

다. 그의 앨범은 별다른 주목조차 받지 못했고 그는 여전히 무명 가수의 신세를 벗어나지 못한 것이다.

배경도 없고, 그렇다고 가수로서 특출 난 재능이 있는 것도 아닌 농촌 출신의 그가 가요계에서 성공하기란 하늘의 별 따기 같았다.

그는 먹고살기 위해 일용직 노동을 하고 노숙 생활을 전전하기도 했다. 가수로서 그의 삶은 참담한 실패였다. 도저히 꿈을 이룰 수 없다는 절망감에 숱하게 좌절했다.

기회는 예상치도 않은 곳에서 찾아왔다. 우연한 기회에 참가한 '나훈아 모창 대회'에서 금상을 받았고 이를 계기로 본격적인 모방 가수의 길을 걷게 됐다. '가수 김갑순'을 버리고 '모방 가수 너훈아'로 새로운 인생을 살게 된 것이었다.

너훈아는 진짜보다 더 '진짜 같은 나훈아'가 되기 위해 치열한 노력을 기울였다. 테이프가 너덜너덜해질 때까지 나훈아 원곡 노래를 듣고 또 들으며 따라 했다. 나훈아의 표정과 말투, 팔 동작과 걸음걸이까지 샅샅이 연구해 자기 것으로 만들었다. 얼굴 성형까지 했다.

오리지널 가수 김갑순은 존재감이 없었지만 모방 가수 너훈아가 되면서 그의 삶은 달라졌다. 지방 축제와 밤무대 등에서 출연 요청이 쇄도하면서 그는 그 바닥에서 최고의 인기 스타가 됐다. 전성기에는 하루 서너 곳의 무대에 오르기도 했다.

강자를 모방하고 의태함으로써 새로운 경쟁력을 지닌 또 다른 강자가 된 것이다. 동물 세계의 강자 의태 생존술은 인간 사회에서도 훌륭하게 통용되는 약자의 전략이다.

조용필, 현찰, 태쥐나가 사는 법

모방 가수들은 오리지널 가수를 사칭하지 않는다. 오리지널 가수인 척하지 않고 모방 가수임을 드러내놓고 활동한다는 뜻이다. 즉 팬이나 소비자는 이들이 '짝퉁'이란 사실을 인지한 상태에서 이들의 음악과 공연을 소비한다.*

너훈아를 비롯한 모방 가수들이 경쟁력을 갖는 것은 단순히 흉내를 잘 내기 때문이 아니다. 강자를 그대로 베끼기만 한다면 그것은 단순한 복사품에 불과하다. 강자를 의태하되 강자와는 다른 존재 가치를 창출하고 강자와는 차별화되는 위치를 포지셔닝했기 때문에 비로소 의미를 갖게 되는 것이다.

모방 가수들의 경쟁력은 새로운 활동 공간을 창출한 점에 있다. 오리지널 가수가 제도권 방송, 즉 1부 리그에서 활약한다면 모방 가수들은 이들이 참여하지 않는 2부 리그를 자신들의 무대로 만들어 장악했다.

그것은 이런 원리다. 대중은 유명 가수의 공연을 직접 듣기를 바란다. 술을 마시면서 조용필과 나훈아의 노래를 듣고 싶어 하는 사람들은 셀 수 없이 많을 것이다. 즉 소비자 쪽의 수요는 충분히 존재한다.

반면 공급은 적다. 오리지널 가수들은 출연료가 비싸고 기본적으로 밤 무대를 뛰지 않는 경우가 많다. 조용필 같은 톱 가수들은 공연도 거의 하지 않는다. 공연 무대가 열린다 해도 관람료가 비싸서 티켓을 사기엔 부

---

* 그러나 모방 연예인임을 제대로 밝히지 않고 활동해 문제가 된 사건도 있다. 2008년 가수 박상민 씨와 유사한 외모로 꾸미고 나이트클럽 등에서 노래를 부른 임모(당시 41세) 씨가 항소심에서 벌금 700만 원을 선고받았다. 재판부는 임 씨가 밤무대에서 '박상민'으로 소개되는 것을 알면서도 정정하지 않은 것 등을 지적해 임 씨에게 사칭 의도가 있다고 판결했다.

담이 된다.

모방 가수들은 이렇게 공급이 수요를 따라가지 못하는 틈새시장을 파고들었다. 오리지널 가수와 비슷한 수준의 가치를 제공하면서도 출연료는 10분의 1이하로 낮춘 것이다. 또한 모방 가수들은 오리지널 가수와 달리 언제 어느 무대에든 선다는 것이 강력한 경쟁력이다.

즉 소비자 입장에서는 오리지널에 거의 근접한 상품을 10분의 1이하 가격에 언제 어디서든 쉽게 즐길 수 있게 된 것이다. 100퍼센트가 아니더라도 오리지널의 80~90퍼센트 수준이라면 소비자가 만족하고 구매하는 시장이 존재한다.

모방 가수들은 이런 2부 시장을 창출해 자신들의 무대로 장악했다. 단순한 흉내 내기가 아니라 모방을 통해 새로운 시장과 가치를 만들어낸 것이다.

현재 활약 중인 모방 가수는 주로 트로트나 발라드 가수를 흉내 낸 사람들이 많다. 나훈아를 흉내 낸 모방 가수로는 2014년 작고한 너훈아를 비롯해 나운하, 니훈아, 나운아, 이훈아 등이 있고 조용필 모방 가수로는 주용필, 조형필, 조용팔 등이 있다.

현찰(현철 패러디), 태쥐나(태진아), 밤실이·방쉬리(방실이), 패튀김(패티김), 현숙이(현숙) 등도 현역에서 활약 중이다. 가수가 아닌 모방 배우·개그맨으로는 이엉자(이영자), 김슈로(김수로) 등이 있다.

누가 이들을 짝퉁이라고 손가락질할 텐가. 얼마나 절묘한 약자의 생존술인가.

3

약자 프리미엄

> "앞에 닥친 기회를 어렵게 만드는 사람이 비관주의자,
> 닥친 어려움을 기회로 만드는 사람이 낙관주의자다."[*]
>
> —
>
> 해리 트루먼

세상을 살아가는 데 있어서 약자라는 지위가 늘 불리한 것만은 아니다. 특히 선거처럼 불특정 다수의 대중을 상대로 한 게임에서는 약자라는 위치가 오히려 유리하게 작용하는 경우가 종종 있다. 대중이 약한 편에게 동료 의식을 느끼고 지지를 보내는 경향이 있기 때문이다.

많은 사람의 지지를 얻어야 하는 인기투표 게임에선 스스로를 약자로 포지셔닝해서 약자의 처지를 전면에 내세워야 전략적으로 어필할 수 있다. 선거나 스포츠 경기, 일반인이 참여하는 인기투표·경연대회, 대중이 소비하는 트렌디한 상품의 마케팅 등이 대표적인 분야다.

---

[*] 정승호, 《트루먼, 진실한 대통령 진정한 리더십》, 인간사랑, 2015

전략적 게임이론에 등장하는 용어 중에 '언더독(underdog) 효과'라는 것이 있다. 언더독이란 개싸움에서 밑에 깔리는 개를 지칭하는 용어다. 탑독(topdog)이 강자라면 언더독은 약한 입장에 있는 당사자다.

개싸움이나 복싱 경기에서 한쪽이 너무 강해 다른 쪽이 일방적으로 당하고 있다면 당신은 누구를 응원하겠는가. 아마 십중팔구 약한 편을 응원할 것이다. 대부분의 사람들이 약자 편에 선다.

대중은 약자를 지지한다

1991년 미국 오하이오 주의 볼링그린 주립대 연구팀이 이런 실험을 했다. 대학생들을 관중석에 앉혀놓고 농구 경기를 관람시켰다. 두 농구팀은 실력 격차가 심해서 한 팀이 일방적으로 이기는 경기 양상이었다.

이걸 보던 대학생들은 일방적으로 약한 쪽을 응원하기 시작했다. 연구팀 집계로는 대학생의 81퍼센트가 자기와 아무 상관이 없는데도 열세인 쪽을 응원하더라는 것이다.

어느 한쪽의 실력이 일방적으로 기울어진 비대칭 게임에선 관람객이 약한 편을 응원하는 경향이 있다. 이처럼 경쟁에서 처지는 약자를 동정하며 지지를 보내는 현상을 언더독 효과라고 한다.

언더독 효과가 발현된 사례로 종종 인용되는 것이 1948년 미국 대통령 선거다. 당시 언더독은 민주당 트루먼(대통령 재임 1945~53년) 후보였다.

트루먼은 모든 여론조사에서 일관되게 공화당 듀이 후보에게 뒤지는 것으로 나왔고, 승부는 굳어졌음을 누구도 의심하지 않았다. 〈시카고 데일리 트리뷴〉지는 "듀이가 트루먼을 무찌르다"라는 기사를 미리 작성해 인쇄까지 해놓았다.

그런데 막상 투표함을 열어보니 트루먼이 4.4퍼센트포인트 차이로 승리하는 의외의 결과가 나왔다. 시종 열세였던 트루먼에게 예상 외의 동정표가 몰린 것이다. 지지 후보를 정하지 못했던 부동층이 약자의 포지션에 있던 트루먼에게 쏠린 결과였다. 이 역전극을 설명하기 위해 전문가들이 만들어낸 용어가 바로 언더독 효과다.

대중이 언더독, 즉 약자를 응원하는 것은 일반 대중 대부분이 스스로를 약자로 인식하기 때문이다. 즉 약한 편과 자신을 동일시하는 것이다.

나아가 강한 편이 예상대로의 승리를 거두는 것보다 약한 편이 열세를 극복하고 이기는 경우가 대중에겐 더 큰 감동을 준다. 스포츠 경기에서 객관적 전력이 약한 선수나 약체 팀이 이기기를 기대하며 응원하는 것은 이 때문이다.

다만 언더독 효과가 발현되려면 전제 조건이 있다. 관찰하는 대중의 이해관계가 없어야 한다는 것이다. 국가대표나 프로야구처럼 연고가 있는 팀의 경기에선 자기 나라나 자기 지역의 팀을 응원하기 때문에 언더독 효과가 나타나지 않는다. 즉 아무리 상대가 약자라 해도 상대편을 응원하지는 않는다.

언더독 우위론

미국의 경영 컨설턴트인 데이비드 모레이와 스콧 밀러는 20여 년간 경영 자문을 해주면서 성공하는 기업과 실패하는 기업을 분석한 결과 어떤 규칙성을 찾아냈다.

그것은 스스로를 언더독으로 포지셔닝하고 끊임없이 언더독 스피릿(정신)을 강조하는 기업이 성공을 거두는 경향이 있더라는 것이다. 반면 정상에 오른 기업이 기득권에 안주해 오만해질 때 쇠락하는 경우가 많았다.

두 사람은 2004년 이런 내용을《언더독 우위(Underdog Advantage)》라는 책으로 엮어냈다. 이 책에 따르면 비즈니스 경쟁의 무대에서는 언더독(정확하게는 언더독 전략을 취하는 기업)이 경쟁 우위에 설 가능성이 높다고 한다. 즉 언더독은 리스크나 약점(콤플렉스)이 아니라 이점(어드밴티지)이자 프리미엄이라는 것이다.

업계의 정상에 오른 기득권 기업들은 오만해지고 현실에 안주하기 쉽다. 반면 언더독 스피릿의 기업은 빠르고 민첩하며, 변화를 겁내지 않고, 변칙적·공격적인 게릴라 스타일을 선호하기 때문에 경쟁에서 이길 수 있다는 것이다.

요컨대 비즈니스 세계에서 언더독, 즉 약자라는 의식을 갖는 것이 승리의 조건이 된다. 언더독이라는 조건이 불리한 것처럼 보이지만 실은 열세가 아니라 우위를 점할 수 있는 프리미엄이라고 두 사람은 결론 내렸다.

이들은 언더독 프리미엄을 활용해 공격적인 경쟁을 펼치라고 조언한다. 구체적으로는 다음과 같은 전략이 필요하다고 제시했다.

첫째, 언더독이라는 입장을 더 빠르고 민첩하게 움직이고 변화할 기회로 활용하라.

둘째, 방어 대신 공격적인 마케팅 정책을 따르고 경쟁을 회피하는 대신 경쟁을 촉진하는 전략을 취하라.

셋째, 예측이 힘든 변칙적이고 변화무쌍한 게릴라 방식으로 경쟁을 유리하게 몰고 가라.

약자 정신으로 무장하라

모레이와 밀러의 제안처럼 언더독 효과를 의도적이고 계획적으로 활용해서 승리를 이끌어내는 것이 '언더독 전략'이다. 스스로를 약자로 포지셔닝하며 지지를 호소하는 것이다. 특히 선거나 기업 마케팅 분야에서 언더독 전략을 구사하는 사례가 잦다.

예컨대 2002년 대통령 선거에서 노무현 후보는 비주류 약자임을 강조하는 언더독 전략으로 역전승을 이끌어냈다. 2016년 미국 대선에서 도널드 트럼프 후보나 필리핀 대선에서 두테르테 후보 역시 자신을 정치 기득권과 무관한 비주류로 포지셔닝하는 언더독 전략을 펼쳐 승리를 거두었다.

2016년 4월 20대 총선*에선 여당인 새누리당(지금의 자유한국당)과 제1야당인 더불어민주당이 동시에 이 전략을 들고 나왔다. 두 당 모두 예상 의석수를 적게 제시하면서 자기 당이 고전하고 있다는 점을 어필했다. 지지층의 결집을 노린 것이었다.

결과는 엇갈렸다. 더불어민주당은 의석수를 크게 늘려 제1당이 된 반면 새누리당은 참패했다. 물론 야당의 선전이 전적으로 언더독 전략 덕분이라고 말하긴 힘들다.

비즈니스 세계에서 언더독 전략을 취해서 성공한 대표적인 경우가 애플이었다.

---

* 20대 국회의원 선거는 당초 예상과 다른 결과로 사람들을 놀라게 했다. 당초 여론조사 등에서는 여당인 새누리당이 과반에 가까운 승리를 거둘 것이란 예상이 많았다. 하지만 새누리당은 친박(친박근혜)과 비박 간의 낯 뜨거운 공천 갈등으로 자중지란에 빠졌고 여론도 차갑게 돌아섰다. 비상이 걸린 새누리당은 선거 막판에 잘못을 용서해달라고 읍소하며 약자의 작전을 펼쳤으나 결국 참패하며 원내 제2당으로 전락하고 말았다.

앞 장에서도 소개했지만 애플의 창업자 스티브 잡스는 애플의 이미지를 절대 강자인 IBM에 맞선 이단아이자 비주류로 포지셔닝했다. 애플은 1984년 매킨토시 PC를 출시하면서 자유의 전사가 '빅 브러더' IBM을 쳐부수는 TV광고를 내보냈다.

잡스는 "해적이 되자"거나 "배고파해라, 우직해져라" 같은 구호로 비주류 정신을 강조하면서 반기득권 편에 서겠다는 일관된 입장을 취했다. 애플이 실리콘밸리의 거대 기업으로 성장해 기득권자가 된 이후에도 잡스는 고집스럽게 언더독 포지셔닝을 계속했다.

애플의 언더독 전략을 소비자들은 끊임없이 도전하고 변화하고 혁신하겠다는 의미로 받아들였다. 애플 브랜드는 혁신 그 자체였다. 애플은 현대 비즈니스 역사에서 어느 기업도 따라올 수 없을 만큼 강력한 '쿨 이미지'를 만드는 데 성공했다.

스스로를 약자라고 하는데도 강자보다 더 트렌디하고 세련되며 첨단을 달리는 이미지가 된 것이다. 애플은 언더독 전략을 통해 속칭 '애플빠'라고 불리는 충성스러운 고객군을 형성할 수 있었다. 약자를 자처함으로써 강자가 되다니, 실로 기묘하지 않은가.

4

약자임을 내세워라

"우리는 2등입니다. 그래서 더 열심히 합니다."
—
에이비스

그저 말로만 약자로 포지셔닝한다고 해서 다 통하는 것은 아니다. 언더독 전략이 성공을 거두기 위해 불가결한 요소가 스토리, 즉 대중에게 어필하는 이야깃거리다. 약자임을 내세우더라도 대중에게 감동을 주는 스토리가 없으면 아무런 소용이 없다. 그저 '루저(패자)'이자 '찌질이'일 뿐이다.

비즈니스라면 소비자, 선거라면 유권자, 스포츠라면 팬의 공감을 사고 마음을 움직일 수 있는 감동적 스토리를 만들어내야 한다는 얘기다.

역경을 이겨내는 치열함이나 자기만의 가치를 지키려는 고집도 스토리가 될 수 있다. 어떤 형태든 대중을 열광시킬 스토리 요소를 갖추는 것이 언더독 전략의 핵심이다.

언더아머(Under Armour)*라는 미국의 스포츠 브랜드가 있다. 스포츠웨어와 경기용품 분야에서 가장 빨리 성장하는 브랜드다. 대학 미식축구 선수이던 케빈 플랭크(1972~)가 1996년 1만 7000달러의 자본금으로 창업한 것이 38억 달러(2015)의 매출을 올리는 거대 기업으로 부상했다.

20년도 채 안 되는 기간에 미국 스포츠웨어 시장에서 아디다스를 제치고 나이키에 이어 2위로 올라섰으니 그야말로 경이로운 성장세다. 2014년 이재용 삼성그룹 부회장이 언더아머 티셔츠를 입고 실리콘밸리에 출장 간 사진이 국내 신문에 실려 화제가 되기도 했다.

안티 나이키 전략

언더아머의 성공 비결로는 여러 가지를 꼽을 수 있다. 땀을 잘 흡수하고 몸에 달라붙지 않는 소재를 개발해 기능성 스포츠웨어 시장을 개척한 것이 첫 번째 비결로 꼽힌다. 창업자인 플랭크가 미식축구 선수 시절 끈적거리는 유니폼 때문에 불편을 느꼈던 점에 착안해 새로운 소비자 수요를 창출해낸 것이다.

그러나 언더아머가 위대한 기업으로 꼽히는 진정한 이유는 다른 데 있다. 언더아머는 언더독 전략으로 소비자를 감동시킨 대표적인 사례다. 스스로를 1등이 아닌 '언더독 브랜드'로 포지셔닝하고 그런 전략을 통해 도전적이고 개성 가득한 독특한 브랜드 이미지를 만들어낸 것이다.

---

* 미국 메릴랜드주 볼티모어시에 본사를 둔 스포츠용품 회사. 창업자 플랭크가 메릴랜드 대학 미식축구팀에서 활약하던 시절 우연히 입어본 압축셔츠(쫄폴이티)가 땀을 잘 흡수한다는 것을 체험하고 수분 흡수 작용이 탁월한 합성 섬유로 운동 셔츠를 개발, 23세 때 회사를 차렸다. 기능성 스포츠웨어라는 새로운 시장을 창출한 혁신 기업으로 경영학 교과서에 올라 있다.

누구나 인정하는 스포츠용품의 절대 강자는 나이키다. 언더아머는 처음부터 나이키에 대항하는 '안티 나이키' 마케팅으로 승부를 걸었다. 나이키의 방식과는 정반대의 길을 걷는다는 전략이었다.

이를테면 이런 식이다. 나이키는 광고 모델로 그 분야 정상에 오른 최고의 스타를 기용하는 것으로 유명하다. 농구의 마이클 조던이나 골프의 타이거 우즈, 종합격투기 UFC의 존 존스 등이 나이키 모델이다. 이런 톱스타를 등장시켜 나이키가 최강의 브랜드임을 어필한다.

반면 언더아머는 톱스타보다는 톱에 오르기 위해 치열하게 열정을 불사르는 사람을 모델로 내세우곤 한다. 꼭 스포츠 스타만 모델로 쓰는 것도 아니다.

스토리가 있어야 '언더독 스타'

2014년 8월에 론칭한 "아이 윌 왓 아이 원트(I Will What I Want, 내가 원하는 것을 할 거야)" 캠페인에는 미스티 코플랜드라는 흑인 발레리나가 등장한다. 광고 동영상은 미스티 코플랜드의 내레이션으로 시작한다. 그녀는 자신이 오랫동안 발레 아카데미에서 받았던 부정적인 평가들을 담담히 들려준다.

"안타깝게도 불합격임을 알려드립니다……. 발레 하기에는 좋지 않은 몸입니다……. 열세 살은 발레를 시작하기에는 너무 늦은 나이니 고려하시기 바랍니다……."

하지만 그녀는 여기에 굴하지 않는 불굴의 노력으로 결국 아메리칸 발레 시어터의 수석 발레리나가 됐다. 이 발레 극장의 75년 역사상 흑인으로는 첫 번째 수석 발레리나였다. 톱에 오르기 위해 열정을 불태우는 과정을 광고 테마로 삼은 것이었다.

언더아머의 또 다른 광고 캠페인은 슈퍼모델 지젤 번천을 주인공으로 내세운다. 모델로서 지젤 번천은 세계 톱이지만 광고에서 그녀는 모델이 아니라 체육복을 입고 비지땀을 흘리며 운동하는 모습으로 나온다. 슈퍼모델의 화려한 겉모습이 아니라 그 자리에 오르기 위해 열정을 불사르고 노력하는 과정을 부각시킨 것이다.

나이키의 광고는 결과 중심이다. 톱스타를 내세우면서 "저스트 두 잇(Just Do It, 그냥 해버려)"이라고 한다. 노력하면 최고가 될 수 있다는 메시지지만 시작과 결과만 있다. 어떻게 하면 그런 결과에 이를 수 있는지의 중간 과정은 생략돼 있다.

반면 언더아머는 목표를 이루기 위해 노력하고 땀 흘리는 과정을 보여주는 것에 광고의 초점을 맞춘다. 언더아머의 슬로건도 "아이 윌 왓 아이 원트"다. 그냥 하면 톱스타처럼 된다는 것이 아니라 자신이 원하는 것을 위해 열정을 바치라는 과정의 메시지를 담았다.

자신의 목표를 이루기 위해 땀 흘리며 노력하는 사람들의 열정과 언더아머의 브랜드 이미지를 동일화한 것이다. 이렇게 마케팅에 열정이라는 스토리를 얹음으로써 언더아머는 쿨하고 세련된 브랜드가 됐다. 약자의 포지션을 전략적으로 활용해 강자가 된 것이다.

"우리는 2등입니다"

필자가 근무하는 서울 광화문에는 '서울에서 두 번째로 맛있는 집'이라고

써 붙인 삼계탕집이 있다. 늘 손님이 몰리는 집이다. 모든 음식점이 자기가 최고라고 주장하는데 두 번째라고 하다니, 음식점 주인이 겸손한 걸까.

그런데 의외로 '2등 마케팅'이 효과를 거두는 경우가 종종 있다. 자기가 2등임을 내세운다는 것은 1등이 되려고 노력한다는 뜻을 담고 있기 때문이다. 즉 노력하는 약자의 이미지를 어필해 소비자의 공감을 사려는 또 다른 형태의 언더독 전략이다.

1962년 에이비스(AVIS)라는 렌터카 업체가 이색적인 신문 광고를 냈다. 광고 카피는 "우리는 2등입니다. 그래서 더 열심히 합니다"였다. 아마도 광고 역사상 처음으로 등장한 2등 광고일 것이다.

당시 렌터카 시장을 독주하는 절대 강자는 허츠(Hertz)였다. 에이비스는 점유율 10퍼센트대로, 적자에 허덕이고 있었다. 에이비스로선 이래도 안 되고 저래도 안 되니까 역발상을 한 셈이었다.

그런데 의외로 에이비스의 광고가 소비자들에게 먹혀 들어갔다. 10퍼센트 수준이던 에이비스의 시장 점유율은 4년 만에 30퍼센트대로 뛰어올랐다. 대중이 약자에게 공감하는 이른바 언더독 효과가 나타난 것이었다.

소비자는 에이비스의 2등 광고에서 두 가지 이미지를 떠올렸을 것이다. 첫째, 2등임을 실토하다니 에이비스란 기업은 진실하고 진정성이 있을 것이라는 이미지다.

둘째, 저렇게 진정성 있는 기업이 더 노력한다고 하니 서비스도 틀림없이 좋을 것이라는 이미지다. 이런 인식이 소비자의 머릿속에 각인되면서 1등이 아니기 때문에 구매를 꺼리기는커녕 도리어 더 잘 팔리는 역설적인 효과가 나타났다.

한국에서도 2등 마케팅 전략이 종종 등장했다. 2003년 대한생명이 "지금은 2등이다"라는 광고로 삼성생명에 뒤처졌음을 내세우는 광고를 선보였다. 대선주조의 2등 소주 광고도 있었다.

진라면은 TV광고에서 배우 차승원에게 "이렇게 맛있으면 언젠가는 1등이 되지 않겠어"라고 말하게 했다. 역시 농심 신라면에 뒤진 2등임을 역으로 어필한 언더독 전략이었다.

CHAPTER 4

약자는 게릴라다

4ROUND

우회

"역경은 사람을 강하게 만든다.
역경에 굴복하면 고난은 눈덩이처럼 커진다."

– 콜린 파월

알리의 로프 기대기는 계속됐다. 지리한 소모전이 이어졌다. 알리는 로프에 기댄 채 포먼의 펀치를 받아내다가 공격이 뜸하다 싶으면 속사포 펀치를 날려 반격하곤 한다. 나의 반격을 피하고 싶으면 계속 공격하라는 메시지처럼 보였다.

포먼의 펀치 몇 방이 알리에게 적중한다. 이때를 놓칠세라 포먼은 더욱 저돌적으로 알리를 밀어붙인다. 한 방을 노린 포먼의 펀치 궤도가 점점 더 커진다. 그럴수록 포먼의 주먹은 알리에게서 더 멀리 비켜 간다.

몸싸움을 벌이면서도 알리의 입은 쉬지 않는다. 포먼의 목을 붙잡을 때마다 도발의 말을 포먼의 귀에 쏟아붓는다. "제대로 칠 수 없나", "덤벼, 조지, 뭔가 보여달라고", "좀 더 화끈하게 싸울 수 없나. 별거 아니군." 끓어오르는 포먼의 분노는 임계점을 향해 치닫는다.

알리의 승리는 포먼의 힘을 얼마나 빨리 소진시키느냐에 달려 있다. 포먼의 힘이 빠질 때까지 버틸 수만 있다면 이길 수 있다. 포먼을 탈진시키려면 더 많이 펀치를 휘두르게 해야 한다. 포먼을 흥분시켜 이성을 잃게 만들어야 한다.

알리는 두 주먹뿐 아니라 입으로도 싸우고 있다. 도발적인 말로 포먼을 자극해 포먼이 효율성 낮은 공격에 더 많은 힘을 쓰게 만들어야 한다. 장외에서 그랬듯이 링에 올라서도 알리는 심리전을 계속하고 있다.

알리의 작전은 성공을 거두는 중이다. 흥분한 포먼은 앞뒤 가리지 않고 오로지 돌진을 계속하고 있다. 그러나 그의 공격은 성공률이 낮다. 마구 휘두르는 큰 펀치는 대부분 빗나가 헛손질이 이어지고 있다.

게임은 알리가 세팅한 알리의 룰에 따라 진행되고 있다. 알리는 로프에 기대어 힘을 비축하며 포먼의 체력이 바닥나기를 기다리고 있다. 투우사가 작은 칼을 꽂아 넣으며 투우의 힘이 다하기를 기다리는 것처럼.

1

약소국이 강대국을 이기는 방법

> "적들이 원하는 시간에 싸우지 않았고,
> 그들이 싸우고 싶어 하는 장소에서 전투를 치르지 않았으며,
> 그들이 생각하지 못한 방법으로 싸웠다."[*]
>
> —
> 보응우옌잡

국가 간 전쟁은 국력의 싸움이다. 인구가 많고 경제력이 크고 군사력이 우세한 나라가 이기는 것이 논리적으로 맞다. 대국과 소국 간에 싸움이 벌어지면 당연히 대국이 이긴다고 생각하는 것이 상식이다.

그런데 실제 인류사에서 벌어진 전쟁의 역사를 더듬어보면 꼭 그렇지는 않다. 한민족의 역사를 보아도 약한 우리가 강한 외적을 물리친 경우가 종종 있었다.

멀게는 고구려가 당시 지구 최강국이던 수나라와 당나라의 침입을 수차례나 격퇴했다. 수의 100만 대군을 지금의 청천강에서 궤멸시킨 을지

---

[*] 이병주, 《3불전략》, 가디언, 2010.

문덕의 살수대첩(612)*이나 당 태종의 야욕을 분쇄한 양만춘의 안시성 전투(644)도 객관적인 전력을 놓고 보면 도저히 이길 수 없는 싸움을 승리로 이끈 경우였다.

전체 전쟁을 이겼다고는 할 수 없지만 16세기말 임진왜란 때 이순신과 조선 수군의 활약도 약자가 강자를 이긴 사례로 꼽을 수 있다. 조선 수군은 적은 수의 군선(軍船)과 병력으로 압도적으로 전력이 강한 왜군을 격파했다.

현대사에선 베트남이 미국을 이긴 베트남전쟁(1960~75)**이나 아프가니스탄이 소련을 물리친 아프가니스탄전쟁(1979~89)이 대표적인 약소국의 승리 사례다. 어째서 이런 일이 벌어지는 것일까.

약소국의 승률은 55퍼센트

정치학자인 이반 아레귄-토프트 보스턴 대학 교수가 내놓은 흥미진진한 분석이 있다. 그가 1800년부터 1998년까지 강대국과 약소국 사이에 벌어졌던 비대칭 전쟁 197개의 승패를 분석했더니 강대국이 이긴 경우가 70.8

---

* 당시 아시아 최강의 수나라 대군을 맞아 을지문덕은 전형적인 약자의 변칙 전술을 펼쳤다. 을지문덕은 항복하는 척 적진에 들어가 상황을 살펴보고는 수나라 군대가 피로에 싸여 있고 사기도 떨어져 있음을 간파했다. 그는 수나라 군대를 상대로 하루 동안 일곱 번 싸워 일곱 번 저주는 척 후퇴하면서 적을 평양 인근까지 깊숙이 끌어들였다. 피로를 더욱 가중시키려는 유인책이었다. 이윽고 굶주림에 지친 수군이 군대를 돌리려 하자 추격전을 펼쳐 살수 인근에서 궤멸시켰다. 30여 만 명의 군대 중 살아 돌아간 병력이 불과 2700명뿐이었다니 어마어마한 대승이었던 셈이다. 귀주대첩(1018), 한산도대첩(1592), 행주대첩(1593)과 함께 한민족의 4대 대첩으로 꼽힌다.

** 공산혁명을 추진한 남베트남민족해방전선(NLF)이 북베트남 공산당 정부의 지원 아래 남베트남 정부와 미국 등을 상대로 벌인 전쟁이다. 초기엔 베트남 내부의 내전 성격이었으나 인도차이나 반도의 공산화를 우려한 미국이 1964년 개입한 이후 국제전으로 확대됐다. 전쟁은 제공권을 장악한 미군이 네이팜탄 같은 대량살상 무기를 사용해 폭격과 공습을 퍼붓는 동안 NFL과 북베트남은 지형을 활용한 게릴라전과 베트남 인민의 지지에 기초한 심리전으로 맞서는 양상으로 진행됐다. 1975년 남베트남의 수도 사이공이 함락되면서 15년간 계속된 전쟁이 끝나고 남북 베트남은 공산 베트남으로 통일됐다.

퍼센트에 그쳤다. 즉 열 번에 세 번은 약소국이 이겼다는 것이다.*

아레귄-토프트 교수가 분석한 비대칭 전쟁은 군사력과 인구를 포함한 국력의 차이가 10대 1이상 벌어지는 경우였다. 1809~16년의 스페인-페루 전쟁부터 1994~6년의 러시아-체첸 전쟁까지 총 197개의 전쟁이 분석 대상에 올랐다.

약소국이 강대국 국력의 10분의 1이하로 싸운 점을 감안하면 이론적으로는 강대국이 거의 100퍼센트 이겨야 상식에 맞다. 사람으로 비유하면 몸무게 10킬로그램의 어린아이와 100킬로그램의 거인이 싸운 셈이니 승부는 보나마나다.

하지만 현실은 달랐다. 실제로는 강대국이 열 번 중 세 번을 졌으니 놀랄 만한 일이다. 10대 1의 국력 차이를 극복한 약소국의 30퍼센트 승률은 상식을 뒤엎을 만큼 높은 것이다.

더 흥미로운 것은 현대에 들어올수록 약소국의 승률이 높아지더라는 것이다.

아레귄-토프트 교수가 50년 단위로 쪼개서 분석했더니 1800~49년에 약소국이 이긴 경우는 11.8퍼센트였다. 이것이 1850~99년엔 20.5퍼센트, 1900~49년에는 34.9퍼센트로 올라가더니 1950~98년엔 무려 55.0퍼센트의 전쟁에서 약소국이 이겼다. 즉 현대전에선 약소국이 강대국을 이긴 경우가 오히려 더 많았던 것이다.

어떻게 이런 일이 가능한 것일까.

첫 번째는 국가 의지의 차이로 설명하는 방법이다. 강대국과 약소국의

---

* Ivan Arreguin-Toft, *How the Weak Win Wars*, International Security, Summer, 2001.

전쟁은 강대국이 자신의 목적을 강요하기 위해 약소국을 침공해서 벌어지는 경우가 대부분이다. 약소국이 먼저 강대국에 쳐들어가는 경우는 극히 드물다. 즉 강대국이 공격, 약소국이 방어하는 입장에 서게 된다.

이런 싸움에서 전쟁의 승패에 걸린 이해관계는 강대국보다 약소국 쪽이 훨씬 클 수밖에 없다. 즉 강대국은 전쟁에 지더라도 부분적인 손실만 입고 잃을 것이 적지만 약소국은 자칫 나라 전체가 망할 수도 있는 상황에 처한다.

그렇기 때문에 약소국은 생존을 걸고 사생결단으로 싸우게 된다. 독 안의 쥐가 죽을힘을 다해 저항하는 것과 같은 이치다.

약소국 입장에선 객관적인 전력 열세를 비군사적이고 정신적인 요소로 뒤집을 수 있다. 따라서 아무리 힘의 우위에 서 있는 강대국이라도 쉽게 약소국을 굴복시키지 못하고 패배하는 경우가 생기는 것이다.

장기전이 약소국에게 유리

둘째, 시간 요소다. 비대칭 전쟁에서 시간은 약소국 편이다. 전쟁이 진행되는 기간이 길면 길수록 약소국이 유리해진다.

이것은 앞서 설명한 국가 의지와도 관련이 있다. 강대국 입장에서 비대칭 전쟁은 국가의 존망이 갈릴 만큼 절실한 문제가 아니다. 이기면 좋지만 설사 져도 나라가 망할 만큼 심대한 손실을 입지는 않는다.

게다가 압도적인 전력 우위에 있는 만큼 강대국은 쉽게 이길 것이라는 전제 아래 전쟁을 시작하는 경우가 많다. 강대국이 그리는 전쟁의 시나리오는 초전에 약소국의 전쟁 능력을 파괴해 목적을 달성하는 단기전의 시나리오일 수밖에 없다.

그런데 약소국이 어떻게든 초반 공격을 버텨냈다고 치자. 약소국이 전쟁을 장기전으로 끌고 가는 데 성공한다면 강대국의 계산은 빗나가게 된다. 병력 피해와 전쟁 부담 등의 마이너스 요인이 부각되면서 강대국 국내에서 전쟁에 반대하는 여론이 비등하게 된다.

강대국의 전쟁은 국가 존망이 걸릴 만큼 심각한 것이 아니기 때문에 어떤 비용과 피해를 감수하고라도 끝까지 전쟁을 하겠다는 의지가 강하지 않다. 따라서 이런 진흙탕 전쟁을 꼭 계속해야 하느냐는 여론의 압박을 받게 된다. 민주국가라면 국민 여론이, 독재국가나 권위주의 국가라면 통치 엘리트들이 전쟁을 그만 끝내자는 쪽으로 압박을 가할 가능성이 크다.

반대로 약소국의 입장에서는 전쟁에 지는 순간 나라가 결딴나기 때문에 어떤 피해를 입더라도 끝까지 전쟁을 수행하려는 의지가 강하다. 적에게 굴복해 전쟁을 빨리 끝내자는 국내 여론이 커질 개연성이 강대국에 비해 적다.

이것을 국제정치학에선 정치적 취약성(political vulnerability)이라고 한다.* 전쟁 상황에서 정치적 취약성은 국력에 비례한다. 즉 강대국의 정치적 취약성이 약소국보다 크다. 강대국의 정치적 취약성은 또한 전쟁 기간에 비례해 커지는 속성을 갖는다.

따라서 전쟁이 길어지면 길어질수록 강대국은 전쟁 종결의 압박에 시달리게 되고 약소국이 우위에 서는 현상이 벌어진다. 베트남전쟁 때 미국이 거센 반전(反戰) 여론에 직면했던 것이 대표적인 예다.

———

* 한 나라의 정책과 국가 의지가 정치 변수에 의해 영향받는 것을 뜻한다. 정치적 이유로 국가 정책이 휘둘리거나 좌우될 경우 정치적으로 취약하다고 한다.

비대칭 전략

약소국이 강대국에 승리하는 세 번째이자 가장 중요한 이유, 특히 1950년 이후 현대전에서 약소국의 승률이 50퍼센트를 넘긴 비결은 약소국이 취한 전략의 우위다. 즉 약소국이 현명하고 스마트한 전략을 취했기 때문이다.

약소국이라고 해서 마냥 발가벗은 상태로 강대국의 공격에 속수무책 당하는 것은 아니다. 오히려 강대국보다 약소국에 유리할 수밖에 없는 전략이 존재한다. 약소국을 위한 필승 전략인 셈이다.

그것은 바로 비대칭 전략이다. 강대국과 약소국의 힘이 비대칭이면 전략도 비대칭이라야 한다. 즉 강대국의 전략과는 다른 차원의 전략을 짜라는 것이다.

전쟁의 역사가 축적되면서 약소국도 승리 가능성을 극대화할 수 있는 전략이 있음을 알게 됐고 이것을 적극적으로 구사하게 됐다. 시간이 흐를수록 약소국의 승률이 높아져서 20세기 후반엔 55퍼센트까지 올라간 중요한 이유 중 하나다.

세상 모든 강자와 약자 간의 경쟁이 그렇듯이 국가 간의 전쟁에서도 약소국이 강대국과 같은 방식, 같은 전략으로 싸워선 이길 수 없다. 약소국에게 가장 중요한 전략적 결정은 강대국이 원하는 전쟁의 룰을 거부하는 것이다. 약소국이 스스로 프레임을 짜서 싸워야 승리 가능성을 높일 수 있다.

강대국이 원하는 전쟁의 방식은 당연히 정규전이다. 총과 대포로 무장한 군대가 정면으로 맞붙어 승부를 내기를 원한다.

정규전의 정면 승부는 백이면 백, 강자에게 유리하다. 무기와 병력에서 우세한 강대국이 이기는 것은 당연하다. 다른 변수가 끼어들 여지란 많지 않다. 정규전은 강대국에게 유리하고 약소국에겐 불리한 게임이다.

그래서 약소국은 정규전을 피하고 비정규전으로 맞서야 한다. 강대국이 익숙하지 않은 변칙적이고 불확실성을 고도화하는 전략으로 전쟁의 양상을 복잡하게 이끌어가야 승리의 실마리를 잡을 수 있다.

시간은 약소국 편

비정규전이란 정규 군사력의 정면 승부가 아니라 기습, 습격, 야습, 우회 공격, 심리전 같은 변칙적인 수법을 구사하는 전략을 말한다.

군인뿐 아니라 민간인도 참여하는 경우가 많으며 군인과 민간인의 경계 자체가 모호해지는 경우가 많다. 이런 것들을 총체적으로 망라한 대표적인 것이 게릴라전술 혹은 유격전술이다.

앞서 소개한 아레귄-토프트 교수도 강대국과 약소국 간의 비대칭 전쟁에서 승패를 결정짓는 가장 중요한 요인은 전략 변수라고 결론 내리고 있다. 약소국이 강대국과 차별화된 전략을 취하느냐의 여부에 따라 승률은 크게 달라지더라는 것이다.

그가 분석했던 1800~1998년 기간 중 강대국과 약소국 간의 비대칭 전쟁에서 약소국이 강대국과 같은 전략(대칭 전략)을 취한 경우 승률은 24퍼센트에 그쳤다. 반면 약소국이 강대국과 다른 전략(비대칭 전략)을 취한 경우 약소국이 무려 63퍼센트의 전쟁을 승리로 이끌었던 것으로 나타났다.

왜 비대칭 전략을 취할 때 약소국의 승리 확률이 획기적으로 뛰어오를

까. 아레귄-토프트 교수는 역시 시간이 가장 중요한 변수였다고 분석했다. 비대칭 전략일수록 전쟁 기간이 길어지고 이것이 약소국에게 유리하게 작용한다는 것이다.

아레귄-토프트 교수가 분석 대상으로 삼은 197개의 전쟁 중 약소국이 강대국과 같은 전략, 즉 대칭 전략을 취했을 경우의 전쟁 지속 기간은 평균 2.69년이었다.

반면 약소국이 강대국과 다른 전략, 즉 비대칭 전략을 취했을 경우엔 평균 4.86년 동안 전쟁이 벌어졌다. 약소국이 정면 승부를 피하고 게릴라전이나 유격전을 펼치면 장기전 양상으로 바뀌는 경우가 많기 때문이다. 미국-베트남 전쟁은 10년 이상 지속됐고, 소련의 침공으로 시작된 아프가니스탄전쟁도 10년을 끌었다.

앞서 설명한 대로 시간은 약소국의 편이다. 전쟁 기간이 길어질수록 강대국 내에선 전쟁 반대 여론과 종전 압력이 커진다. 이와 비례해 약소국의 승리 가능성도 높아지는 것이다.

강자의 전쟁 방식을 거부하고 다른 방식으로 대항하라는 약소국의 승리 법칙은 나라 간의 전쟁에만 적용되지 않는다. 개인을 포함한 이 세상 모든 약자들에게 적용되는 공통의 법칙이다.

2

마오쩌둥의 게릴라전술

"무기는 중요한 전쟁 요건이기는 하지만
인민전쟁에서 결정적 의의를 갖는 것은
무기가 아니라 인민의 투쟁이다."[*]

—

마오쩌둥

현대전에서 약자가 절대적인 전력 차이를 뒤집고 승리로 반전시킨 대표
적인 사례를 들라면 마오쩌둥(1893~1976)[**]과 장제스(1887~1975)[***]의 국공
내전을 빼놓을 수 없다.

---

[*] 채명신, 《베트남전쟁과 나》, 팔복원, 2014.

[**] 중국 공산당을 창건해 중국 대륙을 공산화시킨 현대 중국의 설계자다. 1949년 중화인민공화국을 수립해 주석에 올
랐으며 83세로 사망할 때까지 27년간 절대 권력을 휘둘렀다. 집권 후엔 비이성적이고 과격한 원리주의자의 면모를 보
여 부정적인 이미지가 강하다. 그가 내세운 대약진 운동과 문화대혁명은 중국 사회를 집단광기로 몰아가 2500만 명을
희생시켰다. 특히 우리 입장에서는 6.25 전쟁 때 미국에 대항해 북한을 돕는다는 '항미원조(抗美援朝)'를 명분으로 내걸
고 참전해 남북통일을 막은 방해꾼으로 각인돼 있다.

[***] 중화민국(타이완)의 건설자. 쑨원(1866~1925)의 뒤를 이어 국민당 정부를 이끌며 일본과의 전쟁을 승리로 끝냈으
나 공산당 홍군과의 절대적으로 유리했던 내전에서 패배한 뒤 타이완으로 도주해 중화민국을 수립, 총통 등을 지내며
1975년 사망할 때까지 장기 집권했다. 제국주의 일본과 맞선 항일 지도자라는 면과 함께 무능하고 부패하다는 양면적
인 이미지를 갖고 있다.

국공 내전은 공산 중국의 국가주석이 된 마오쩌둥의 홍군(紅軍, 인민해방군)과 타이완 총통이 된 장제스의 국민혁명군이 중국의 패권을 놓고 겨뤘던 전쟁이다. 중국 대륙을 무대로 펼쳐진 전쟁의 스케일도 거대하지만 숨가쁜 전개 양상과 극적인 반전이 마치 한 편의 대하 드라마를 보는 것과 같다.

결과는 우리가 다 아는 대로다. 제1차 국공 내전(1926~7)과 대장정(大長征, 1834~5)*을 거치면서 궤멸 위기에 놓였던 홍군이 전세를 뒤집어 제2차 국공 내전(1946~9)에서 기적과도 같은 승리를 거두었다. 장제스의 국민당은 타이완으로 쫓겨 갔으며 현대 중국은 승자인 마오쩌둥이 기획한 대로 공산화의 길을 걷게 된다.

여기서 중국 공산화의 국제정치학적인 의미를 따지자는 것은 아니다. 마오쩌둥의 철학이나 중국공산당의 이념을 미화할 생각도 없다. 우리가 관심을 가질 대목은 오로지 마오쩌둥이 어떤 약자의 전략을 구사해서 승리를 거두었는가다.

마오쩌둥의 공산당은 절대 열세에 있었다. 국민당과 공산당이 대결한 대부분의 기간 중 대륙의 지배권은 장제스와 국민당이 쥐고 있었고 공산당은 항상 쫓겨 다니기만 하는 변방 세력에 불과했다.

그런데 마오쩌둥은 어떻게 그토록 현격한 전력 차이를 뒤집을 수 있었을까. 우선 당시 중국의 역사적 상황을 훑어보고 넘어가자.

----

* 마오쩌둥이 지휘하는 중국공산당 홍군이 국민당군의 추격을 피해 368일 동안 9600킬로미터를 걸어서 옌안으로 탈출한 사건이다. 군사적으로는 병력의 90퍼센트를 잃는 처참한 패배였으나 정치적으로는 중국 전역에 공산혁명 이념을 확산시켜 중국 공산화의 토양이 됐다. 홍군은 도주하면서도 침략자 일본과 맞서 싸우러 간다는 항일 원정으로 포장했으며, 지주의 토지를 몰수해 농민에게 분배하겠다는 토지개혁 정책을 선전해 농민들의 환심을 샀다. 대장정을 통해 마오쩌둥은 확실한 지도자 위치를 굳혔고 홍군의 전력도 농촌을 무대로 한 게릴라전으로 전환되었다. 중국공산당은 자신의 정통성을 대장정에서 찾을 만큼 현대 중국에 헤아릴 수 없이 큰 영향력을 미쳤다.

현대전에서 가장 극적인 역전극

1925년 쑨원의 사망으로 국민당의 총사령관이 된 장제스는 공산당에 대한 대대적인 토벌 작전을 벌였다. 이 작전으로 공산당은 주요 근거지의 해방구(소비에트)를 잃고 거의 궤멸 위기에 처하게 됐다.

1934년 홍군의 1방면군 주력 8만여 명이 주둔해 있는 중국 남부 장시 성의 소비에트가 국민당군에 의해 포위당했다. 장제스의 국민당군은 70만 대군으로 소비에트 주변에 철조망과 시멘트 요새를 설치해 물 샐 틈 없는 포위망을 구축했다.

마오쩌둥이 이끄는 홍군은 탈출을 시도했다. 어디로 갈지도 정하지 못한 상태에서 포위망 가운데 가장 취약한 서남쪽을 뚫는 데 성공했다. 홍군은 계속 서쪽으로 나아갔다. 우세한 장비와 무기로 무장하고 집요하게 추격해오는 국민당군을 피해 첩첩산중을 돌파했으며 늪지대와 호수를 건넜다.

더위와 굶주림으로 행군 중 수많은 군인이 죽어갔다. 죽음의 장정은 대륙을 시계 방향으로 크게 돌아 산시 성의 옌안에 도착할 때까지 꼬박 368일간 계속됐다. 이들이 행군한 거리는 9600킬로미터에 달했다.

8만 명이던 홍군은 옌안에 도착했을 때 7000명으로 줄어 있었다. 병력의 90퍼센트 이상을 상실해 숨통이 끊어지기 직전이었다. 중국 공산혁명사의 기념비적 사건으로 불리는 대장정의 실상은 이렇게 참담했다.

공산당에는 행운이 따랐다. 제국주의 일본의 침공으로 국공 합작이 이루어지면서 다시 숨통이 트였던 것이다. 일본이라는 외적과 싸우면서 마오쩌둥의 홍군은 세력을 키워가며 국민당과의 최종 결전을 준비했다.

1945년 일본이 항복하자 장제스의 목표는 다시 공산당 쪽을 향했다. 1946년 국민당군은 공산당 지구를 침범하면서 전면적인 내전에 돌입했다. 제2차 국공 내전이었다.

공산당이 힘을 비축했다고는 하지만 국민당에 비해 절대 열세인 것은 여전했다. 1946년 6월 개전 때 국민당은 중국 대륙의 4분의 3을 지배하고 있었다. 국민당 군대의 병력은 430만 명에 달한 반면 홍군은 120만 명에 불과했다. 국민당군은 패배한 일본군으로부터 접수한 최신 무기로 무장했고, 미국의 지원도 받았다.

장제스는 쉽게 승리할 것으로 예상했다. 실제로 개전 초기엔 병력이나 장비, 보급 면에서 우세한 국민당군이 전쟁을 유리하게 끌어갔다.

그러나 1948년을 고비로 전세는 역전됐다. 시간이 지날수록 국민당군은 병력이 이탈해 줄어드는 반면 홍군은 병력이 늘어갔다.

1949년 1월 홍군은 베이징에 입성했고, 파죽지세로 국민당군을 밀어붙여 4월엔 국민당 정부의 수도인 난징을, 5월엔 중국 최대 도시인 상하이를 함락시켰다. 그리고 10월 마오쩌둥은 베이징에서 중화인민공화국의 수립을 선포하고 국가주석에 취임했다.

그해 말 장제스와 국민당이 타이완으로 쫓겨감으로써 공산당과 국민당의 20년 전쟁은 막을 내렸다. 현대사에서 가장 치열하게 전개되고 가장 극적인 결말로 매듭지어진 역전 드라마였다.

기습과 매복과 야습

마오쩌둥 홍군의 승리 비결은 무엇일까. 그것은 어느 한두 가지가 아닌 수많은 요인과 변수가 복합적으로 작용한 결과였다.

우선 봉건 왕조 체제를 끝낸 이후 혼돈에 빠졌던 당시 중국의 내부 사정과 일본을 필두로 한 제국주의 침탈에 대한 한민족의 저항심이라는 시대 상황이 공산당에 유리하게 작용했다. 서구 제국주의에 대한 반작용으로 마르크스-레닌주의와 프롤레타리아 공산혁명론이 유행하던 시대이기도 했다.

우리가 관심을 가질 것은 그런 국제정치학의 논리가 아니다. 전략적인 측면에서 약자이자 비주류인 마오쩌둥이 어떻게 절대 강자인 장제스를 꺾을 수 있었나 하는 점이다. 마오쩌둥이 구사한 약자의 승리 비결은 무엇인가. 그것은 철저하게 강자와 반대의 길, 차별화된 노선을 취한 것이었다.

많은 병력과 풍부한 물자, 우세한 무기를 가진 장제스의 국민당군은 당연히 정규전을 벌여 정면 승부를 보려는 전략을 폈다. 체계적으로 양성한 직업 군인 중심으로 군대를 편성했고 강력한 진지를 구축한 뒤 압도적인 화력을 앞세워 홍군을 공격했다. 정규군을 내세운 강자의 게임을 펼친 것이다.

모든 전력이 열세인 홍군이 국민당군과 같은 전략으로 맞서서는 승산이 없었다. 실제로 한때 마오쩌둥을 밀어내고 공산당의 당권을 장악했던 소련 유학파 간부들이 정규전으로 맞선 일이 있었지만 엄청난 병력 손실을 입고 말았다.

소련 유학파들을 몰아내고 다시 권력을 잡은 마오쩌둥은 이후 철저한 비대칭 전략으로 일관하며 국민당의 아성을 파고 들어갔다. 야음과 매복, 우회와 치고 빠지기를 특기로 하는 게릴라전술이었다.

마오쩌둥은 자신의 게릴라전술을 16자(字)의 한자로 집약했다. 그 유명한 '16자 전법(戰法)'이다. 내용은 이렇다.

적진아퇴(敵進我退) : 적이 진군하면 아군은 물러나고

적주아요(敵駐我擾) : 적이 주둔하면 아군은 교란한다.

적피아타(敵疲我打) : 적이 피로하면 아군은 타격하고

적퇴아추(敵退我追) : 적이 물러나면 아군은 추격한다.

요컨대 정면 승부를 피하고 적의 상황에 맞춰 유연하고 기민하게 치고 빠지라는 것이었다. 적이 강할 때는 피하고 끊임없이 적을 괴롭혀서 피로하게 만든 다음 적이 약해졌을 때 일격을 가하라는 것이 마오쩌둥이 주창한 게릴라 유격전의 요체다.

게릴라전술이 성공하기 위해서는 두 가지 환경적 요건이 필요하다. 첫 번째는 비정규 게릴라 부대가 정규군의 공격을 피해 작전을 펼칠 수 있는 활동 공간이다. 산악지대나 밀림처럼 적의 직접적 공격이 미치지 못하는 공간을 확보해야 한다.

둘째, 무엇보다 중요한 것은 배후에 우호적인 주민들을 확보해야 한다는 것이다. 게릴라 부대는 후방의 지원을 기대하기 어려운 환경에서 활동해야 한다. 물자와 식량 보급, 병력 보충, 정보 취득을 고립된 지역에서 자체적으로 해결해야 한다. 현지 주민들이 협조해주지 않으면 게릴라전술은 성립 자체가 불가능하다.

마오쩌둥은 이것을 인민전술로 풀어나갔다. 그는 노동자 중심의 소련식 도시 혁명 전략은 중국 실정에 맞지 않는다고 보았다. 대신 당시 중국

인구의 절대적 비중을 차지했던 농민을 혁명의 숙주(宿主)로 삼는다는 전략을 세웠다. 농촌을 혁명 기지 삼아 도시를 포위한다는 전략이었다.

인민의 바다

마오쩌둥은 공산 게릴라군과 농민의 관계를 '수어지교(水魚之交)'로 묘사했다. 물고기가 물을 떠나서 살 수 없듯이 농민의 절대적인 지지와 신뢰를 얻어야 한다는 뜻이었다.

강자인 장제스의 국민당군은 부패와 민중 착취로 일반 대중의 민심을 잃고 있었다. 마오쩌둥은 장제스와 반대로 농민과 일반 대중을 우군으로 끌어들이는 데 전략의 초점을 맞추었다.

그는 적을 '인민의 바다'에 빠뜨려 수장(水葬)시킨다는 표현을 썼다. 적이 쳐들어오면 인민의 바다에 숨고, 인민의 힘으로 적을 에워싸 소멸시키겠다는 뜻이었다.

그러기 위해선 인민, 특히 농민의 지지가 절대적으로 필요했다. 당시 국민당이건 군벌이건 중국의 군대는 중무장한 도적떼나 다름없었다. 이들 군대가 한번 휩쓸고 지나가면 온 마을이 약탈당하고 군인에 의한 강간, 살인 등의 범죄가 난무했다. 그래서 중국 인민들은 군대라고 하면 치를 떨었다.

마오쩌둥은 자신이 이끄는 홍군이 절대 민폐를 끼치지 못하게 엄격한 군율을 만들었다. 군율을 어기면 무조건 총살형에 처할 정도로 예외 없이 가혹했다.

마오쩌둥이 세운 엄격한 기율의 원칙은 실제로 홍군 군인들에 의해 잘 지켜졌다. 여담이지만 마오쩌둥이 중국을 공산화한 뒤 6.25전쟁 때 한반도에 파견한 중공군도 군기가 엄격했다는 증언이 많다. 당시 중공군과 맞서 싸웠던 백선엽 장군은 회고록에서 이렇게 증언했다.

"중공군은 (한국인) 주민들에게 피해를 끼치지 않도록 많은 주의를 기울였다. 그들은 가능하면 민가에서 숙영하는 일을 피했다. 어쩔 수 없이 머물더라도 깨끗이 정리하고 반드시 화장실까지 청소한 뒤 떠났다."(《백선엽의 6.25전쟁 징비록》 중에서)

민심을 얻음으로써 마오쩌둥은 중국 대륙을 '인민의 바다'로 만들 수 있었다. 홍군이 국민당군의 추격을 뿌리치고 대장정에 성공한 것도 인민의 협조가 없었다면 애초에 불가능했다.

중국 인민은 홍군의 비정규군이 되어 홍군에게 정보를 주고 은신처와 물자를 제공했으며 병력 충원 풀(pool)까지 되어주었다.

인민의 바다에 숨어 기습과 매복, 우회와 야습의 변칙 전술로 승부하라는 마오쩌둥의 게릴라전술은 이후 지구상 온갖 분쟁 지역의 게릴라 세력들이 추종하는 전범(典範)이 됐다. 전쟁뿐 아니라 열세에 놓인 개인이나 기업의 전략으로도 자주 활용되고 있다.

3

다수를 우군으로 삼는다

"내가 가진 것이 많지는 않지만,
어쩌면 그것조차도 이 일을 겪고 나서 잃을지 모르겠지만,
그래도 그 이후에 나의 존엄함은 내가 지킬 수 있을 것이다."
—
박창진

기업이든 정부 기관이든, 아니면 사회단체든 조직 앞에서 개인은 절대
약자다. 대의(大義)를 내세워 소리(小利)를 희생할 것을 요구하는 조직
논리 앞에서 조직에 속한 개인은 철저하게 약하고 무력한 입장이 될 수
밖에 없다.

그래서 과거엔 조직으로부터 부당한 압력과 불이익을 당하더라도 참고
넘어가는 것이 조직원의 미덕으로 통했다. 거대 권력인 조직 안에서 약자
가 살아가려면 조직의 논리에 순순히 따르고 순응하는 것이 유일한 생존
법으로 통했다.

그러나 무력한 줄로만 알았던 개인이 거대한 조직의 부당한 처사에 맞
서 싸움을 벌이고 승리하는 경우가 자주 벌어지고 있다. 개인이라는 약한

다윗이 조직이라는 거대한 골리앗을 이기는 것이다.

개인이 조직과 맞서 약자의 전쟁을 벌이려면 게릴라전을 펼쳐야 한다. 비대칭 전쟁이 아니면 이길 수 없다. 이럴 때 가장 효율적인 약자의 전술이 여론전이다.

앞서 말한 대로 마오쩌둥은 게릴라전술의 전제로 '인민의 바다'라는 개념을 제시했다. 다수의 대중을 같은 편으로 만들어 지지를 이끌어내라는 것이다.

현대적 의미에서 대중의 지지는 곧 여론이다. 여론의 공감을 얻고 여론을 우군으로 끌어들이면 약한 개인이라도 이기는 경우가 많다.

이것이 가능해진 것은 디지털 기술의 발전으로 개인에게도 거대 조직과 맞서 싸울 수 있는 무기가 생겼기 때문이다. 혁명적인 속도로 발전한 IT와 커뮤니케이션 기술은 모든 개개인의 손에 성능 좋은 무기를 쥐여주었다. 카카오톡이나 페이스북 같은 SNS(사회적 관계망 서비스)라는 무기다.

10대 재벌 두산의 굴욕

2015년 12월 대한민국을 달군 사건 중에 20대 희망퇴직* 이슈가 있었다. 재계 순위 13위(2017년 기준) 두산그룹의 주력 계열사인 두산인프라코어가 인원 감축을 위해 희망퇴직자를 모집하면서 입사한 지 1~2년밖에 되지 않은 20대 중반의 신입 사원까지 대상에 포함시켜 논란이 된 사건이었다.

---

* 기업에 따라 희망퇴직으로 불리기도 하는 명예퇴직은 회사가 경비 절감을 위해 퇴직금에 웃돈을 얹어 직원을 정리하는 제도다. 1990년대 말 외환위기 이후 본격화됐다. 형식적으로는 직원의 자발적 사직이지만 사실상 반강제적인 해고 성격을 띠고 있다.

이 문제는 한 온라인 커뮤니티에 두산인프라코어 직원이라고 밝힌 사람이 "29세에 명퇴당하는 경험을 다 해보네요"라는 글을 올리면서 불거졌다. 다른 동료 직원들도 "29세 여기 추가요", "여사원 중에 23세 최연소 명퇴도 있다고 알고 있습니다"라는 댓글을 다는 등 파장이 급속하게 확산됐다.

글의 진위 여부를 두고 갑론을박이 계속되자 드디어 실명을 공개하며 실상을 폭로하는 증언이 나왔다. 두산인프라코어의 5년 차 사원이라는 26세 A씨는 자신도 회사로부터 희망퇴직을 권고받았다면서 "협박조로 (희망퇴직 대상인) 사람들을 (그만두도록) 압박해서 모두가 못 견디고 나가고 있는 실정"이라고 주장했다.

말만 희망퇴직이지 회사가 사실상 강제적으로 20대 신입 사원까지 내보내려 한다는 A씨의 증언은 사람들을 분노시키기에 충분했다. 그는 "안 나가겠다고 하니까 회사에서 멀리 떨어진 곳으로 교육을 보내버리더라. 휴대전화를 제출하게 해서 휴대전화 사용을 금지시키고 화장실에도 못 가게 했다. 회사 출입문 카드까지 전부 통제해서 회사에 못 들어가게 만들었다"고도 말했다.

A씨의 증언은 페이스북이나 트위터, 카카오톡 같은 SNS를 통해 급속도로 확산됐다. 이 소식을 접한 사람들은 두 가지 점에서 충격받고 분노했다. 회사에 갓 들어온 20대 신입 사원까지 자르려 했다는 점과 회사가 찍은 희망퇴직 대상은 나가지 않으면 못 견디도록 온갖 방법으로 괴롭힘을 당한다는 점이었다.

두산그룹에 대한 비난 여론이 높아지고 두산을 비아냥거리는 패러디가 쏟아졌다. 두산그룹이 이미지 광고에서 "사람이 미래다"란 구호를 쓰고 있는 것을 빗대 "부도가 미래다", "명퇴가 미래다"라는 등의 조롱이 SNS에서 유행처럼 번졌다.

논란이 확산되자 박용만 당시 두산그룹 회장은 "신입 사원은 희망퇴직 대상에서 제외하겠다"고 발표했다. 쏟아지는 여론의 뭇매를 못 견디고 두 손 들고 항복한 것이었다.

대기 발령자에 대한 정리 해고 계획도 전면 철회했다. 두산인프라코어는 희망퇴직을 거부하고 대기 발령 조치를 받은 기술직 직원 21명과 사무직 직원 26명을 전원 복귀 조치하겠다고 발표했다.

29세의 두산인프라코어 직원이 처음 온라인 커뮤니티에 글을 올린 지 채 한 달도 되지 않아 희망퇴직 대상자들의 완벽한 승리로 싸움이 끝났다. 거대 재벌인 두산의 완벽한 패배였다.

회사 측의 희망퇴직 대상자 명단에 오른 두산 직원들의 승리 비결은 여론을 등에 업은 것이었다. 과거에도 희망퇴직이나 명예퇴직 절차는 사실상 강제 해고처럼 반강제적으로 진행됐지만 대상자들이 저항하는 일은 없었다. 그저 문제가 안 생기도록 순순히 따를 수밖에 없었다.

하지만 SNS라는 신무기를 손에 쥔 지금의 개인은 다르다. 아무리 콩알처럼 작은 개인이라도 IT기술을 기반으로 한 커뮤니케이션 수단을 통해 대중 여론에 직접 호소할 수 있는 길이 생겼다. 그렇게 여론을 우군으로 잡기만 하면 약자와 강자의 입장이 뒤바뀌는 일이 비일비재하게 생긴다.

재벌가 딸을 구속시킨 사건

"비행기 당장 세워. 나 이 비행기 안 띄울 거야."

2014년 12월 5일 미국 뉴욕 JFK 공항에서 인천으로 출발하려던 대한항공 KE086기의 일등석에서 고성이 터져 나왔다. 고함의 주인공은 대한항공 오너인 조양호 회장의 장녀 조현아 당시 대한항공 부사장이었다. 이 한마디에 비행기는 방향을 틀어 탑승구로 되돌아갔고 박창진 사무장이 내린 뒤에야 다시 활주로로 향했다.

나중에 검찰 수사 등을 통해 확인된 당시 상황을 보면 조 전 부사장은 여승무원이 견과류를 봉지째 서비스한 것을 두고 매뉴얼을 위반했다며 화를 냈다고 한다. 여승무원과 박 사무장의 무릎을 꿇리고 파일철로 손등을 내리치거나 어깨를 밀치기도 했다.

이 사건이 알려진 것은 직장인들이 익명으로 고충을 토로하는 블라인드 앱을 통해서였다. 당시 상황을 목격한 누군가가 올린 사건의 전말이 인터넷을 통해 빠르게 퍼졌고 며칠 뒤 언론에도 보도됐다.

재벌 오너 딸의 슈퍼 갑질에 여론이 들끓었지만 대한항공은 "책임 임원으로 승무원의 서비스 문제를 지적한 것은 당연한 일"이라는 해명을 내놓아 끓어오르는 여론에 기름을 부었다. 사건 초기 문제의 심각성을 제대로 알지 못한 대한항공은 미온적인 대응과 물타기로 사태를 더욱 악화시켰다. 박창진 사무장과 여승무원을 회유하려다 실패하기도 했다.

이 사건은 재계 순위 14위(2017년 기준)의 재벌 한진그룹과 피해 승무원들의 싸움이었지만 곧 한진 대 여론의 대결 양상으로 바뀌어 진행됐다.

대한항공과 한진그룹은 홍보 라인 중심으로 임직원들을 대거 투입해 총력전을 폈지만 여론의 역풍 앞에선 역부족이었다. 거대 재벌 앞에서 피해 승무원들은 그야말로 미약한 약자였지만 여론의 힘을 등에 업은 순간 역학관계는 반전됐다.

결국 조현아 부사장은 항공보안법 등의 위반 혐의로 기소돼 1심에서 징역 1년 형을 선고받고 실형을 살아야 했다. 조 부사장은 모든 직책을 내놓았고 항소심에서 집행유예를 선고받고서야 구속 143일 만에 풀려날 수 있었다.* 대한항공은 기업 이미지가 실추되고 오너 패밀리의 민낯이 까발려지는 등 회복하기 힘든 막대한 피해를 입고 말았다.

70년 기업 몽고식품의 백기투항

간장, 고추장 등 장류 식품 브랜드로 유명한 몽고식품**은 해방되던 해 창립해 탄탄하게 성장해온 중소 식품 업체다. 경남 창원에 본사를 두고 있다.

2015년 12월 이 회사 김만식 명예회장의 운전기사로 일하다 해고된 B씨(당시 45세)는 김 명예회장으로부터 상습적으로 폭행당했다고 언론에 폭로했다. 정강이와 허벅지를 걷어차이고 수시로 폭언을 들었다는 것이었다. B씨는 이렇게 증언했다.

"김 명예회장으로부터 구둣발로 낭심을 걷어차였다. 아랫배 통증이 계속된 탓에 병원 치료를 받은 일주일 동안 집에서 쉬었다. 김 명예회장은 기분이 나쁘거나 하면 거의 습관처럼 폭행과 욕설을 했다. 행선지로 가는 길이 자신이 알던 길과 다르거나 주차할 곳이 없으면 욕을 일삼았다. 나

---

* 조양호 한진그룹 회장의 1남2녀 중 장녀인 조현아 전 부사장은 이 사건이 터지기 전까지 한진그룹의 유력한 후계자 후보였다. 그러나 2014년 하와이에서 원정 출산을 했다는 논란에 휩싸이며 평판에 금이 간 데다 사상 최악의 '슈퍼 갑질'로 불리는 땅콩회항 사건마저 터지면서 후계 구도에서 사실상 밀려났다.

** 경남 창원(옛 마산)을 본거지로 하는 몽고식품은 기업의 역사가 짧은 우리나라에서 몇 안 되는 백년 기업 중 하나다. 1905년 일본인이 세운 회사가 모태다. 간장의 경우 식당 등 업소용 시장에서 70퍼센트에 가까운 점유율을 갖고 있는 강소(强小)기업이다.

는 인간이 아니었다."

이 사실이 알려지자마자 여론이 들끓었다. 모든 언론매체가 김 명예회장의 갑질을 비판하는 기사를 싣고 네티즌들은 이 기사를 실어 나르며 불매운동에 나섰다. 자칫 기업의 존속 자체가 위협받을 수도 있는 사건으로 커져버렸다.

결국 사건이 불거진 지 엿새 만에 몽고식품은 대국민 사과문을 내고 B씨의 복직을 약속하는 등 백기 투항했다. 과거였다면 지방 기업에서 벌어진 작은 해프닝으로 끝났을 일이 여론의 도마 위에 오른 순간 전국적인 이슈로 비화됐고, 불과 며칠 만에 한 개인의 승리로 끝났다.

대리점에 굴복한 남양유업

2015년 12월 국회 본회의에서 '대리점 거래 공정화법'이 통과됐다.

통칭 '남양유업법'으로 불리는 이 법은 본사가 우월적 지위를 남용해 대리점에 물량 밀어내기, 일방적 영업비용 전가 등의 불공정 거래 행위를 하는 것을 방지하기 위한 법률이다. 대리점에 손해를 입힌 경우 배상책임을 규정하고 손해 금액의 최대 3배까지 배상토록 함으로써 대리점을 보호한다는 취지다.

그런데 이 법이 '남양유업법'으로 불리게 된 까닭이 있다. 남양유업의 영업사원이 대리점 주인에게 욕설을 퍼부으며 제품 구매를 강요한 이른바 '남양유업 갑질 사건'에서 비롯됐기 때문이다.

"망해. 그러면 망하라고요. 이 ×××야."

2013년 5월, 남양유업의 30대 영업사원이 50대 대리점주에게 막말을 퍼붓는 음성 파일이 동영상 전문 SNS인 유튜브에 공개됐다. 남양유업 영업사원이 팔리지 않는 유제품을 대리점에 떠넘기는 속칭 '밀어내기' 영업을 거부하는 대리점주에게 전화로 욕설과 폭언을 퍼부은 것이다.

녹음된 음성 파일엔 영업사원이 대리점주에게 "죽기 싫으면 물건을 받으라고요. 물건이 못 들어간다는 그 따위 소리 말고!"라고 협박하는 내용도 들어 있었다. 30대 영업사원이 50대 대리점 주인에게 한 말이라고는 믿기지 않는 협박성 폭언이었다.

음성 파일은 남양유업의 대리점 쥐어짜기에 대해 항의 시위를 벌이던 대리점주 한 명이 녹음해서 유튜브에 올린 것이었다. 음성 파일이 올라가기 4개월여 전부터 대리점주들은 남양유업 본사 앞에서 날마다 항의 집회를 열었지만 아무런 반향이 없었다. 세상 사람들은 아무도 관심을 갖지 않았고 남양유업은 꿈쩍도 하지 않았다.

하지만 본사의 갑질이 생생하게 담긴 음성 파일이 공개되자 상황은 180도 달라졌다. 여론의 분노가 폭발하고 불매운동이 벌어지는 등 온 나라가 들끓었다. 검찰이 남양유업을 압수 수색하면서 수사에 착수했고 공정거래위원회도 조사에 나섰다.

남양유업은 대표이사를 교체하는 등 사태 수습에 나섰지만 실추된 이미지를 만회하는 데는 역부족이었다. 매출이 뚝 떨어지고 20년 만에 적자를 기록하는 등 엄청난 후유증에 시달렸다. 힘없는 대리점주 한 사람이 대기업을 초토화시킨 것이었다.

남양유업 사태에서 강자인 대기업이 무릎을 꿇은 것은 생생한 갑질의 행태를 직접 대중에게 폭로해 여론의 공분을 불러일으킨 덕분이었다. 음성 파일이 없었다면 여론도 그 정도로 분노하진 않았을 것이다.

약자는 자신의 주장에 스토리를 덧붙여야 여론의 호응을 얻을 수 있다. 남양유업 본사 앞에서 시위를 벌였지만 아무 효과를 못 보았던 대리점주들이 여론의 폭발적 호응을 끌어낼 수 있었던 것은 음성 파일을 통해 욕설과 폭언이 난무하는 갑질의 생생한 스토리를 제공했기 때문이었다.

전화 통화 내용을 상대방의 동의 없이 녹음하는 것은 비신사적 행위이고 그것을 공개하는 것은 법 위반의 소지마저 있다. 그러나 약자가 점잖게 신사적인 방식만 고수해선 절대 이길 수 없다. 불법을 저지르라는 소리가 아니다. 가능한 모든 수단을 다 동원하겠다는 전면전의 의지가 없으면 약자에겐 승산이 없다는 말이다.

거대 조직과 맞선 약자가 이길 수 있는 유일한 방법은 여론을 우군으로 만드는 것이다. 스마트폰과 SNS라는 네트워크가 깔려 있는 지금은 일개 개인도 대중을 향해 직접 발신할 수 있는 시대다. 여론을 등에 업으면 약자는 필승한다.

4

게릴라형 인간

> "사람은 걷는 규칙을 배워서 걷지 않는다.
> 걸음을 시도하고, 넘어지면서 배운다."
>
> —
>
> 리처드 브랜슨

'이기는 약자'가 취해야 할 전략의 요체는 차별화다. 강자의 게임을 거부하고 새로운 방식을 들고 나와 게임의 법칙 자체를 바꾸는 것이다.

약자가 자산이 많은 강자와 똑같이 싸워서는 이길 도리가 없다. 강자가 정규군이라면 약자는 비정규군, 강자가 해군이라면 약자는 해적이다. 약자는 게릴라가 되어야 한다. 변칙과 도발, 매복과 기습에 능한 게릴라처럼 유연하게 사고하고 탄력적으로 행동해야 승리의 확률을 높일 수 있다.

세계적으로 유명한 경영 전략가 게리 하멜은 2002년 저서 《꿀벌과 게릴라》에서 조직 내에서 활동하는 인간형을 두 가지로 분류했다. 꿀벌형과 게릴라형이다.

성실한 꿀벌, 창의적인 게릴라

꿀벌형은 정해진 대로 일하고 시키는 대로 따르는 성실한 사람들이다. 꼼꼼하게 계획하고 빈틈없이 관리하는 간부, 주어진 지시를 어김없이 이행하는 직원들이 이런 유형이다. 믿을 수 있고 예측 가능하기 때문에 인사 평가에서 좋은 점수를 받고 승진과 출세도 빠르다. 조직 내의 주요 직책도 꿀벌형이 차지하는 경우가 많다.

반면 게릴라형은 주어진 틀과 격식을 따르지 않는 사람이다. 불성실하고 뻐딱한 골칫덩어리로 보이지만 종종 남들과 다른 엉뚱한 창의력을 발휘해 새로운 돌파구를 마련해낸다.

꿀벌형이 보수적이고 안정적이라면, 게릴라형은 파격적이고 도발적이며 역동적이다. 꿀벌형은 태평성대 같은 정적인 시기에, 게릴라형은 변화무쌍한 난세의 시기에 빛을 발한다. 꿀벌형이 강자가 선호하는 인간형이라면 게릴라형은 약자가 취해야 할 처세 전략이다.

조직이 순항하는 평상시엔 꿀벌형이 단연 승승장구 출세의 길을 달린다. 변화할 필요 없이 주어진 매뉴얼대로 성실하게 이행만 하면 되기 때문이다. 따라서 강자는 모험할 필요가 없다. 꿀벌처럼 성실하고 착실하게 시키는 대로만 하면 출세가 보장된다.

그러나 조직 내부나 외부 환경에 변화가 들이닥치면 게임의 룰이 달라진다. 위기 상황이나 비상시에 조직에 혁신을 가져다주면서 변화를 주도하는 것은 게릴라형이다. 변방에서 칼을 갈고닦은 게릴라만이 매뉴얼에 없는 새로운 발상으로 창의적인 해법을 만들어낼 수 있기 때문이다.

하멜의 연구에 따르면, 1980년대 경영난에 몰렸던 IBM을 살린 것은 게릴라형 인재들이었다. 뻐딱해서 조직의 주류에 끼지 못했지만 낡아빠진 매뉴얼에 구애받지 않고 자유로운 발상으로 혁신적인 아이디어를 낸 인재들이 침몰하는 IBM을 위기에서 구했다. 게릴라 정신으로 무장한 조직 변방의 비주류 약자들이 새로운 주역으로 부상한 것이다.

소니를 살린 변방의 영웅

일본 소니의 사례도 그렇다. 소니는 1970~80년대 세계 시장을 주름잡던 최강의 기업이었다. TV, 오디오 같은 가전 시장은 물론 '미국의 영혼'으로 불리던 콜롬비아 영화사를 인수해 콘텐츠 쪽으로도 무섭게 확장했다.

소니는 2차 대전 직후 세계 최초로 소형 트랜지스터라디오를 상용화시킨 혁신 기업이다. 인류의 라이프 스타일을 혁명적으로 바꿔놓은 워크맨(휴대형 오디오 플레이어)을 비롯해 수많은 혁신적 제품을 히트시키면서 초일류 기업으로 군림했다. 지금의 애플처럼 당시 소니는 혁신과 창의성, 세련됨의 상징이었다. 어느 기업도 감히 소니의 쿨한 브랜드 이미지를 따라갈 수 없었다.

그러나 천하의 소니도 1990년대 중반 깊은 침체의 늪에 빠져들었다. 디지털 혁명의 거대한 흐름에 제대로 올라타지 못한 탓이었다. 소니는 아날로그 시대의 제왕이었지만 강력한 성공 체험이 도리어 디지털 기업으로의 변신을 더디게 만들었다. 소니 브랜드를 단 혁신 제품은 갈수록 찾아보기 힘들어졌다.

당시 소니는 우수한 일류 인재들이 넘쳐나는 조직이었다. 최고로 선망받는 직장 소니엔 일본 전역에서 명문대 출신의 내로라하는 수재들이 몰려들었다.

그러나 기득권화된 조직 안에서 이들은 헝그리 정신과 도전 정신을 잃어갔다. 조직은 관료제처럼 굳어갔고 직원들은 현실에 안주한 채 변화를 거부했다. 꿀벌형 인재들이 주요 직책을 꿰차고 조직 곳곳에 들어 앉았다. 소니의 특기이던 혁신과 창의성은 사라져갔다.

절체절명의 상황에서 소니를 구할 영웅이 나타났다. 일류대 출신도, 승승장구 잘나가던 엘리트도 아니었다. 소니의 본류와는 거리가 먼, 변방의 비주류 게릴라가 소니에 새로운 혁명의 바람을 일으켰다. 그의 이름은 구타라기 겐(1950~)이었다.

적이 지나갈 길목에 매복한다

구타라기는 전형적인 게릴라형 인재였다. 요즘 말로 하면 오타쿠(한곳에 미친 마니아)랄까, 고집이 세고 자기 주관이 뚜렷한 괴짜였다. 성실하거나 원만한 대인관계와는 거리가 멀었다.

그의 삶은 유소년 시절부터 순탄치 못했다. 허약하게 태어나 부모는 그가 열 살 이상 살지 못할 것이라고 생각했다. 실업계 고등학교를 나와 2년 재수 끝에 겨우 엔지니어를 양성하는 4년제 대학인 전기통신대학 전자공학과에 들어갔다.

소니에 입사한 후에도 좋은 평판과는 담을 쌓았다. 조직 논리를 무시하고 좌충우돌하며 자기가 하고 싶은 일만 밀어붙이는 스타일이었다. 싸움꾼처럼 여기저기서 충돌하고 언쟁을 벌이며 물의를 빚기 일쑤여서 악명이 높았다. 그러나 기술자로서의 실력은 출중했다. 그 덕에 조화를 중시하는 일본식 조직문화에서도 용케 살아남을 수 있었다.

1980년대 중반 구타라기의 마음이 꽂힌 것은 게임기였다. TV와 연결해 사용하는 콘솔 게임기는 슈퍼마리오 캐릭터로 유명한 닌텐도가 석권하고 있었다. 구타라기는 딸이 게임에 빠져 있는 모습을 보면서 게임 시장의 잠재적 폭발성을 간파했다. 정체에 빠진 가전을 대체할 수 있는 차세대 성장 분야가 될 것이라고 확신했다.

그는 회사 경영진에게 게임 시장에 진출해야 한다고 주장했다. 모든 임직원들이 비웃으며 반대했지만 그는 굽히지 않고 홀로 준비 작업을 진행했다. 천하의 소니가 고작 아이들이나 좋아하는 게임기를 만들자니, 명가(名家)의 자존심으로도 받아들이기 힘든 사업이었다.

그런데 유일하게 구타라기의 제안을 알아준 것이 오가 노리오(1930~2011) 당시 사장이었다. 오가 사장 역시 괴짜 기질이 있는 인물이었다. 경영학이나 법학부 출신이 판치는 일본 경영계에서 그는 도쿄예술대학 음악학부를 나온 독특한 이력을 갖고 있었다.*

괴짜가 괴짜를 알아본다고 했던가. 오가는 간부회의에서 모든 임원들의 반대를 물리치고 구타라기에게 '고(Go)' 사인을 내린다. 소니의 플레이스테이션 신화가 탄생하는 순간이었다.

플레이스테이션은 전자 산업의 역사에 기록될 혁신적 패러다임이었다. 그것은 단순한 게임기가 아니라 가정 내 라이프 스타일의 중심 역할을 할 수 있는 미디어 허브였다.

---

* 오가는 도쿄예술대학 성악과 재학 시절, 소니가 개발한 녹음기 제품의 음질이 형편없다며 회사를 상대로 소비자 클레임을 걸었고 이를 계기로 소니와 인연을 맺었다. 그는 회사일과 음악을 병행한다는 조건으로 입사했고 실제로 소니 입사 후에도 한동안 바리톤 가수로 오페라 무대에 섰다.

소니의 모든 임직원들이 비웃었던 플레이스테이션은 공전의 히트를 기록하면서 한때 소니의 전체 영업이익의 무려 40퍼센트에 달하는 핵심 부문이 됐다. 조직의 오래된 상식과 고정관념을 파괴한 싸움꾼 게릴라가 성실한 꿀벌들은 생각지도 못할 혁신을 가져다준 것이었다.

구타라기의 성공은 저절로 찾아온 것이 아니었다. 그는 회사의 변방에서 다가올 게임 혁명의 미래를 내다보고 미리 준비하며 기다리고 있었다. 그랬기 때문에 회사의 결정이 떨어지자 바로 행동에 나서 게임기 시장에 바로 진입할 수 있었다.

적이 지나갈 길목에 매복하다가 선제공격을 하는 것이 게릴라의 기본 전략이다. 구타라기도 디지털 혁명이 찾아올 길목을 짚어내 지키고 있었고, 이것이 그를 성공으로 이끌었다.

카리브 해 공항의 반전(反轉)

1980년대 초 카리브 해 영국령 버진아일랜드의 공항에서 벌어진 일이다. 푸에르토리코행 비행기가 기체 결함으로 갑자기 결항됐다. 공항에 나온 승객들은 패닉 상태에 빠졌다. 비행기를 놓치면 언제 다음 비행기를 탈수 있을지 기약조차 할 수 없는 상황이었다.

항공사 카운터엔 분노한 승객들이 몰려들어 난장판이 됐다. 그 틈바구니에 30대 초반의 사업가가 있었다. 그 역시 여자 친구와 함께 카리브 해에 휴가 여행을 왔다가 발이 묶인 판이었다.

그는 공항 2층으로 뛰어 올라가더니 항의하는 승객들의 숫자를 셌다. 그러고는 전세기를 취항하는 항공사 데스크로 가서 비행기 한 대를 얼마면 띄우겠느냐고 가격 흥정에 나섰다. 2000달러면 전세기를 빌릴 수 있었다. 승객 수로 나누니 1인당 39달러였다.

그는 공항 카운터에서 칠판을 빌려 큰 글자로 이렇게 썼다. "푸에르토리코행 39달러, 지금 곧 출발!" 승객들이 몰렸고 다들 무사히 다음 행선지로 갈 수 있었다. 이 사업가는 그 자리에서 자신의 항공사를 차리기로 결정했다. 그가 즉석에서 창업을 결심한 항공사는 오늘날 세계 30여 개 도시에 취항하는 영국 2위의 글로벌 항공사 버진에어라인이 됐다.

이 사업가는 빨간색 '버진(Virgin)' 브랜드로 유명한 버진그룹 회장 리처드 브랜슨(1950~)이다. 휴가 중 겪은 난감한 상황을 사업 기회로 바꾸는 식의 흥미진진한 에피소드가 넘쳐나는 매력적인 인물이다.

브랜슨은 글로벌 경영자 중에서도 가장 돋보이는 게릴라형 인간이다. 게릴라는 늘 열악하고 예측 불가능한 상황에 처하기 마련이다. 제한된 조건 속에서 빈약한 자원을 활용해 어떻게든 생존해야 한다. 보급이 끊어지고 병참이 무너진 포위 상황에서도 임기응변의 창의력을 발휘해 문제를 해결하는 것이 게릴라 정신이다.

생각해보라. 브랜슨이 버진아일랜드 공항의 난감한 상황에서 게릴라처럼 생각하고 행동하지 않았다면 어떻게 버진에어라인이 탄생할 수 있었겠는가. 정해진 매뉴얼에 의존하는 정규군 마인드로 어떻게 전세기를 띄운다는 발상을 할 수 있었겠는가.

항공사뿐만이 아니다. 브랜슨이 맨손으로 시작해 오늘날 전 세계 22개국에 400여 개의 계열사를 거느린 굴지의 기업가가 된 것은 게릴라 마인드 덕이었다. 모험을 두려워하지 않고 신속하게 결정한 뒤 치고 빠지는 게릴라 전략이 버진그룹의 신화를 낳았다.

끊임없는 이동과 속도전

브랜슨은 글자를 읽거나 쓰는 것에 선천적으로 지장이 있는 난독증(難讀症)* 장애를 갖고 있다. 고교를 중퇴하고 16세에 학생 잡지를 창간하며 사업가의 세계에 들어온 뒤 레코드, 미디어, 금융, 웨딩, 건강, 레저스포츠, 항공, 심지어 나이트클럽과 콘돔 회사까지 온갖 산업 분야를 종횡무진하며 비즈니스 영역을 넓혀왔다.

마치 몽골 기병처럼 분야와 지역을 가리지 않는 파죽지세의 확장세였다. 2009년엔 세계 최초로 민간 우주여객선 '스페이스십2'를 공개하며 상업적 우주여행 계획을 발표해 세상 사람들을 놀라게 했다.

브랜슨의 비즈니스 전략은 게릴라의 전쟁술을 빼닮았다. 고정된 주둔지에 정착하지 않고 끊임없이 이동하는 게릴라처럼 브랜슨도 동에 번쩍, 서에 번쩍하며 사업 영역을 옮기고 확장해왔다. 한 사업을 론칭하면 바로 다른 분야로 이동해 새로운 사업 아이템을 찾아내곤 한다. 끊임없는 행군과 맹렬한 속도전이다.

그의 독특한 비즈니스 모델 역시 게릴라 수법을 연상시킨다. 그는 신규 사업에 진출해 기업을 세우더라도 직접 경영하는 일이 드물다. 사업을 론칭한 뒤 경영은 다른 경영자에게 맡기고 자신은 또 다른 사업 아이템을 찾아 떠난다.

---

* 난독증이란 문자를 판독하거나 인식하는 데 어려움을 겪는 장애를 말한다. 독서 장애라고도 불리며 정확한 원인은 밝혀지지 않았다. 흥미로운 사실은 역사적 인물이나 유명인 중에 난독증을 앓은 인물이 의외로 많다는 것이다. 레오나르도 다빈치, 토머스 에디슨, 알베르트 아인슈타인, 파블로 피카소, 윈스턴 처칠 등이 어린 시절 난독증을 겪었으며, 배우 톰 크루즈와 올랜도 블룸, 성룡, CNN 창업자 테드 터너 등도 난독증 환자였다. 명사들 중에 난독증 환자가 많은 것은 장애를 극복하는 과정에서 더 큰 인생의 성과를 달성하는 '고난의 역설' 때문이라는 설명이 가능하다.

직접 지분을 갖지 않는 경우도 많다. 지분 대신 '버진' 브랜드와 경영 노하우를 제공하고 로열티를 받는 식이다. 게릴라는 총과 약간의 식량 외에는 고정적인 주둔지도 없고 아무것도 소유하지 않는다. 브랜슨 역시 소유 대신 가치의 공유라는 게릴라 패러다임으로 그룹의 결속력을 유지하는 전략을 구사한다.

버진 제국의 400여 개 계열사는 '버진'이란 브랜드의 지붕 아래 모인 독립적 사업체들의 연대다. 브랜드와 비즈니스 가치를 공유하는 느슨한 연합체인 셈이다. 각 계열사는 공통의 브랜드와 가치 체계 아래 자율 경영 체제를 유지한다.

게릴라는 자율적인 조직이다. 위에서 내려오는 지시에 기대지 말고 시시각각 전개되는 상황에 맞서 스스로 판단하고 자율적으로 대응해야 한다.

버진그룹 역시 정규군 같은 엄격한 편제와 위계질서가 아니라 게릴라 집단 스타일의 유연하고 자율적인 지배 구조를 갖고 있다. 이를 통해 끊임없이 이동하고 도전하고 모험하는 특유의 비즈니스 모델을 창조해냈다.

브랜슨은 마케팅 전략에서도 게릴라 마케팅의 달인으로 명성이 높다. 1998년 콜라 산업에 진출한 뒤에는 뉴욕 브로드웨이에 탱크를 타고 나타나 코카콜라의 간판에 대포를 쏘아 부수는 퍼포먼스를 벌였다. 미국의 상징인 코카콜라와 '맞짱' 뜨겠다는 노이즈 마케팅이었다.

브랜슨은 스튜어디스로 여장을 하고 기내 서비스를 하는가 하면, 웨딩 서비스 업체를 홍보하기 위해 웨딩드레스를 입고 광고를 찍기도 했다. 거대 그룹의 총수가 된 지금도 스스로 망가지는 일을 마다하지 않는다. 종종 저질 시비를 부르지만 품격만 따지느라 점잔 떨고 있다면 약자는 이길 수 없다.

끊임없이 도발하고 기습하고 변칙적으로 공격하는 것이 약자인 게릴라가 사는 법이다. 브랜슨의 성공 신화가 그걸 보여주었다.

'노이즈'는 게릴라의 힘

기업 경영이나 조직 생활뿐 아니라 개인적 삶에서도 게릴라 같은 인생을 사는 사람들이 있다. 정해지고 다져진 코스가 아니라 스스로 판단하고 설계한 자신의 인생 코스를 살아가는 사람들이다. 기존의 규범에 얽매이지 않고 자기류(自己流)의 삶을 살며 수성(守城)보다 도전을, 안정보다 변화를, 정석보다 변칙을 선호하는 사람들이다.

게릴라의 삶을 살아가는 사람은 유명인 중에도 수없이 많다. 그중에서도 전형적인 인물이 가수 조영남(1945~) 아닐까 한다.

숱하게 구설수에 오르고 돌출 행동으로 물의를 빚기 일쑤인 사고뭉치지만, 어디에도 얽매이지 않고 이곳저곳을 종횡무진하면서 온갖 에피소드를 제조하는 연예계의 게릴라 노병(老兵) 같은 존재다(그를 옹호하거나 찬양할 뜻은 추호도 없으니 오해 마시길!).

조영남을 가수라고 하지만 사실 그는 가수라는 한정된 틀로 규정하기에 적합지 않은 인물이다. 그는 그 외에도 방송인, 저술가, 화가 같은 분야를 오가며 마음 내키는 대로 살아왔다. 그야말로 한곳에 머물지 않고 끊임없이 움직이며 치고 빠지는 게릴라 같은 삶이다.

조영남은 23세에 데뷔해 50년을 가수로 활동했지만 솔직히 가수로서 큰 성과를 거두었다고 보기는 힘들다. 그가 부른 오리지널 창작곡 중에 히트한 노래는 〈화개장터〉 정도다. 나머지는 〈딜라일라〉나 〈제비〉 같은 외국 곡을 번안해 부른 것들이 대부분이다.

조영남의 인생에서는 가수 외의 것들이 차지하는 비중이 오히려 더 크다. 그는 라디오 프로그램의 진행자를 맡고 TV에서도 만능 엔터테이너로 활약하는 방송인이다.

방송에서 그의 트레이드마크는 거침없는 언행과 아슬아슬 위험 수위를 넘나드는 자유분방한 발언이다. 매너가 좋거나 모범적인 것과는 거리가 멀어 숱한 구설수를 부르고 욕도 많이 먹는다. 그의 스타일은 변칙과 기습, 야간 습격을 구사하는 게릴라를 빼닮았다. 이렇게 노이즈(의도된 비난)를 겁내지 않는 스타일이 일흔 넘어서까지 활약할 수 있게 하는 장수의 비결이 됐다.

그는 여러 권의 책을 낸 저술가이기도 하다. 《조영남 양심학》, 《놀멘 놀멘》, 《예수의 샅바를 잡다》처럼 분야를 오가는 책을 썼고, 《맞아 죽을 각오로 쓴 친일 선언》이라는 책은 친일 논란을 부르면서 책 제목처럼 맞아 죽을 만큼의 격렬한 반응을 일으켰다.

그는 또한 20대 이후 꾸준히 그림을 그려온 화가이기도 하다. 특이하게도 화투를 테마로 하는 그림으로 유명하며 설치미술로도 분야를 넓혔다.

28세 때 첫 개인전을 연 이래 전시회도 여러 차례 열었고, 미학 칼럼니스트란 타이틀을 달고 방송에 출연해 그림 평론을 하기도 했다. 얼마 전에는 화투 그림 대작(代作) 시비를 일으켜 검찰 수사를 받고 기소당하는 사고까지 쳤다. 아무튼 그가 손댄 어느 것 하나도 조용한 것과는 거리가 멀었다.*

---

* 자유와 재미를 추구하는 조영남의 아나키스트(무정부주의자) 같은 삶은 숱한 논란을 불렀지만 그는 개의치 않겠다는 입장으로 일관했다. 2014년 9월 방송에 출연해 "욕을 안 먹는 인생은 평범하고 재미없다"라고 말하기도 했다.

조영남의 삶은 '재미있는 것의 끝없는 추구'로 요약될 수 있겠다. 자신이 하고 싶은 것, 재미를 느끼는 것을 좇아 온갖 분야를 종횡무진 오가는 삶을 살아왔다. 동에 번쩍, 서에 번쩍, 이곳저곳에 출몰하는 도시 게릴라 같다.

게릴라 인생을 사는 사람들은 가치 체계가 주류 인생과 다르다. 위계질서보다 자율성, 집단보다 개인적 자아를 중시하고, 익숙한 것보다 낯선 것을 즐긴다. 계단을 하나씩 올라가기보다 밧줄을 걸어 록 클라이밍으로 돌파하는 전략을 구사한다.

가진 것이 적고 잃을 것도 적은 것이 약자다. 약자야말로 게릴라 인생의 주인공이다.

CHAPTER 5

약자는 다르다

5ROUND

격돌

"나는 한숨지으며 이야기할 것입니다.
숲속에 두 갈래 길이 있었고 나는 사람들이 적게 간 길을 택했다고.
그리고 그것이 내 모든 것을 바꾸어놓았다고."

– 로버트 프로스트

포먼의 생각은 단순하다. 내가 알리에게 질 리가 없다. 사자가 치타에게
질 수는 없지 않은가. 다만 아직 알리를 따라잡지 못하고 있을 뿐이다. 아
무리 알리가 피해 다녀도 언젠가 한 방은 제대로 들어갈 것이다. 한 방만
터지면 된다. 알리를 링 바닥에 눕히는 것은 시간문제일 뿐이다.

포먼은 알리를 더 거칠게 밀어붙이기로 작정한다. 로프를 등진 알리를
향해 KO율 92퍼센트를 자랑하는 주먹을 퍼붓는다. 왼손을 알리의 얼굴
에 붙여 거리를 재고는 오른쪽 어퍼컷을 알리의 복부에 꽂아 넣는다. 도
끼로 나무를 찍듯 온 힘을 실어 펀치를 날린다.

다시 로프에 기댄 알리를 향해 포먼의 연타가 연달아 작렬한다. 복부와
갈비뼈, 턱과 안면을 향해 포먼의 가공할 펀치가 슈욱 하고 소리를 내며
날아든다. 지금까지 포먼이 싸웠던 38명의 헤비급 선수 중 이 펀치를 견

딘 상대는 없었다. 포먼은 여기서 결판을 내겠다고 작심한 듯하다.

포먼의 대포 같은 펀치세례를 맞고 있는 알리도 5라운드가 고비임을 직감한다. 포먼이 마지막 힘을 쏟아부어 총력전을 펼치고 나섰다는 것을 알리도 느낀다. 이 고비를 넘기면 포먼의 체력은 급속히 고갈될 것이다. 힘을 더 쓰게 만들어야 한다.

알리는 수비 자세를 유지한다. 로프에 엉덩이를 걸치고 글러브로는 턱을, 팔꿈치로는 옆구리를 감싼 자세로 포먼의 주먹세례를 막아내고 있다. 상체를 앞뒤로 움직이며 상대방의 타이밍을 빼앗고 끊임없는 클린치로 포먼의 공격을 무력화시키고 있다.

분노가 극에 달한 포먼은 평정심을 잃은 듯 주먹을 휘두르는 동작이 커진다. 몇 방의 어퍼컷과 혹이 알리의 복부를 적중한다. 순간적으로 알리의 얼굴에 고통의 빛이 감돌지만 이내 더 덤비라는 도발의 표정으로 바뀐다.

알리는 그런대로 견딜 만하다. 평정심을 잃고 마구 날리는 포먼의 주먹 대부분은 알리의 양팔 가드 위에 떨어지고 있다. 가드를 피해 알리의 몸통에 꽂히는 펀치도 로프로 흡수돼 알리가 느끼는 충격은 생각만큼 크지 않다.

로프에 기대 수비만 하던 알리가 돌연 공격으로 전환한다. 포먼을 향해 다가서더니 원투 스트레이트와 연타를 속사포처럼 날린다. 포먼의 육중한 주먹과 알리의 빠른 주먹이 교차하면서 난타전이 벌어진다.

　포먼의 주먹이 대포 같다면 알리의 펀치는 기관총 같다. 해머와 송곳의 격돌 같기도 했다. 5라운드까지 오는 동안 가장 뜨겁게 격돌한 장면이 공이 울릴 때까지 수십 초 동안 이어졌다.

1

남이 안 간 길

"노벨상을 받은 비결이오?
남이 하지 않는 분야를 선택한 덕분입니다."

—

오스미 요시노리

황제펭귄은 펭귄 중 가장 몸집이 큰 종이다. 다 자란 성체는 키가 1~1.2 미터에다 몸무게는 20~40킬로그램에 달한다. 턱시도 정장을 입은 듯한 모습과 귀에서 가슴 부위까지 이어지는 노란 빛깔이 '황제'의 위풍당당함을 보여주는 것 같다.

황제펭귄이 유명한 것은 그들의 독특한 알 지키기 부화 의식 때문일 것이다. 황제펭귄은 5~6월에 알을 낳는다. 남극의 5~6월은 한겨울이다. 게다가 황제펭귄은 먹이가 풍부한 바닷가가 아니라 내륙 쪽으로 수십 킬로미터나 이동해서 허허벌판 얼음 대륙 위에 알을 낳는다.

알을 낳는 것은 암컷이지만 그다음은 수컷 몫이다. 암컷은 알을 낳은 뒤 영양분을 체내에 비축하기 위해 먹이를 찾아 바다로 떠난다. 남은 수

컷들은 상상을 넘어서는 혹한 속에서 알을 지키며 부화시키는 역할을 맡는다.

황제펭귄은 바보일까

남극의 한겨울은 기온이 영하 50도까지 내려간다. 해는 24시간 내내 뜨지 않고 블리저드(blizzard)로 불리는 시속 200킬로미터의 살벌한 눈 폭풍이 쉴 새 없이 휘몰아친다.

혹독한 환경 속에서 황제펭귄 수컷들은 아무것도 먹지 않고 두 발 위에 알을 올려놓은 채 두 달 동안 꼬박 서서 알을 지킨다. 세상의 어떤 거룩한 성자라도 이렇게까지 혹독한 수행은 하지 못할 것이다.

황제펭귄의 알 부화 의식*은 부성애의 상징처럼 여겨지고 있다. 인간 세계의 어떤 아버지가 자식을 위해 저렇게까지 자신을 희생할 수 있단 말인가. TV 다큐멘터리 프로그램 등에서 황제펭귄의 알 지키기 장면을 보면 그야말로 감동이 물밀 듯 밀려오며 숙연해진다.

그런데 궁금한 것이 있다. 왜 황제펭귄은 그토록 열악한 환경에서 알을 낳고 부화시킬까. 좀 따뜻하고 바닷가처럼 먹이도 많은 곳을 선택하면 편할 텐데 말이다. 산란 시기도 왜 하필이면 가장 추운 계절을 선택할까. 이

---

* 황제펭귄 수컷들은 수백, 수천 마리가 집단으로 모여 발 위에 알을 품고 지키는데 이것을 허들링(huddling)이라고 한다. 블리저드가 불어닥치는 혹한 속에서 체온을 유지하기 위해 무리를 지어 서로 몸을 맞대고 밀착한다. 그런데 이들의 허들링 장면을 고속 촬영해보면 가만히 있지 않고 무리 전체가 달팽이 껍데기 같은 동심원을 그리며 조금씩, 그러나 쉴 새 없이 움직이는 것을 알 수 있다. 남극의 얼음 벌판 위에서 펼쳐지는 장관의 군무(群舞)다. 이렇게 돌면서 바깥쪽과 안쪽의 펭귄들이 서로 위치를 바꾸게 된다. 바깥쪽은 추위에 노출돼 체온이 더 많이 떨어지니 서로 교대를 해주는 것이다. 양보와 배려의 집단적 이타심을 발전시키는 진화 전략을 통해 황제펭귄들은 혹한 속 약자의 지위를 극복하고 생존 능력을 확보하게 됐다.

들은 바보 천치일까.

천만의 말씀이다. 황제펭귄은 결코 바보가 아니다. 이들이 굳이 가혹한 환경을 선택하는 것은 고도의 전략적 고려의 결과다. 다 이유가 있다.

황제펭귄은 땅 위에선 약자다. 물속에선 빨리 헤엄치며 포식자를 따돌릴 수 있지만 물 밖에선 뒤뚱뒤뚱 제대로 걷지도 못한다.

만약 이들이 따뜻한 바닷가에서 알을 품는다고 생각해보라. 알을 지키며 꼼짝도 못 하는 황제펭귄들은 바다표범 같은 천적의 위험에 그대로 노출된다. 펭귄 알을 좋아하는 갈매기가 알이나 새끼를 공격할 수도 있다. 알이 부화되려면 두 달이나 걸리는데 그 긴 시간 동안 무방비 상태에 있게 된다.

그래서 황제펭귄은 천적들이 오지 못하는 혹독한 공간과 혹독한 계절을 선택해 번식의 무대로 삼은 것이다. 바닷가에서 멀리 떨어진 내륙의 얼음덩이 위, 그것도 폭풍이 몰아치는 혹한기라면 바다표범이나 알 도둑 갈매기들이 쉽게 접근하지 못한다. 두 달 동안 안전하게 번식과 부화에 전념할 수 있다.

황제펭귄은 강자와는 다른 공간과 시간을 취하는 생태적 선택을 통해 번식 확률을 높였다. 번식을 위해 가혹한 환경을 기꺼이 견디는 쪽을 선택했다. 남들이 가지 않는 길을 걸음으로써 자손을 퍼뜨리는 종(種)의 전쟁에서 승리한 것이다.

노벨상의 비결

"노벨상을 받은 비결이오? 남이 하지 않는 분야를 선택한 덕분입니다."

2016년 노벨 생리의학상을 수상한 오스미 요시노리 일본 도쿄공업대 명예교수(1945~)는 남들보다 뒤처진 연구자였다. 51세가 되어서야 정식 교수가 되었으니 늦어도 한참 늦었다. 학문적으로 결코 주목받는 연구자가 아니었다.

그럴 수밖에 없었던 것이 그가 연구한 주제가 생화학계에서도 인기라곤 없는 효모 분야였기 때문이다. 그는 미국 유학 중이던 31세에 효모를 처음 만난 뒤 40년 동안 오로지 효모 연구에만 몰두했다. 하루 종일 현미경을 들여다보는 게 일이었다. 그리고 '오토파지(autophagy, 자가포식)' 현상을 발견해 그 공로로 노벨상을 받았다.

오스미 교수는 일본 언론과의 인터뷰에서 "남들과 경쟁하는 것이 싫었다. 아무도 하지 않는 분야에서 새롭게 개척하는 편이 즐거웠다"고 했다. 만약 그가 다른 연구자처럼 유행이나 인기 있는 주제를 좇았다면 노벨상의 영광은 오지 않았을 것이다. 오스미 교수 스스로 그렇게 말하고 있다.

약자는 강자에 비해 가진 것이 적다. 그렇기에 남과 다른 길을 걸어야 한다. 남들이 다 가는 길은 평탄해 보이지만 실은 강자에게 유리한 법칙과 질서로 짜인 강자의 코스다. 약자가 강자와 똑같은 코스로 경쟁해선 승산이 적다. 강자가 가지 않는 낯선 길을 걸어야 새로운 기회를 얻을 확률이 커진다.

가진 것 없는 약자가 남이 걷지 않는 길을 걸었기 때문에 성공한 사례는 헤아릴 수 없을 만큼 많다. 다른 것들은 다 제쳐두고 학교교육에서 뒤처진 학력의 약자가 성공한 사례만 들어보자.

1990년대 '문화 대통령'으로 불렸던 서태지(1972~)는 고교 중퇴자이자 학교 부적응자였다. 중학생 시절 일렉트릭 기타를 배우며 음악 세계에 빠진 이후 학교에 대한 불만이 쌓였고 몰래 담배를 피우거나 수업을 땡땡이 치는 이른바 문제 학생이 됐다. 중3 때는 교사의 단체 기합에 반항해 교실을 뛰쳐나간 일도 있다.

공업고교에 들어간 뒤 음악을 전문적으로 하고 싶다는 생각에 부모님을 2개월 동안 설득해 학교를 자퇴했다. 붕어빵 찍어내듯 똑같은 '강자의 규격 코스'에서 스스로 내려온 것이다.

"대학에 가는 것조차 시간 낭비"라며 고교를 자퇴했던 그는 20세에 '서태지와 아이들'로 데뷔해 기념비적인 성공을 거두었다. 단순한 가수가 아니라 하나의 '사회문화 현상'으로 불릴 만큼 대중문화계에 지대한 영향을 미쳤다.

서태지가 성공한 것은 남이 가지 않은 길을 갔기 때문이다. 그가 남들과 똑같이 학교 공부에 매달리고 시험 성적을 올려서 좋은 대학에 가려고 했다면 그저 그런 평범한 인생에 그쳤을 것이다. 그는 학교의 울타리를 박차고 나와 스스로 가치 있다고 생각한 길을 걸었고, 남과 다른 길을 통해 비로소 천재성이 폭발했다.

서태지와 아이들의 다른 두 멤버인 이주노와 양현석 역시 실업계 고교 졸업이 학력의 전부다. 하지만 양현석은 YG엔터테인먼트라는 연예기획사를 세워 빅뱅, 싸이 등을 길러내며 최고의 한류 기획자가 됐다. 학교의 열등생이 자기만의 길을 걸음으로써 학교 우등생과 전혀 다른 차원의 성공을 이루어낸 것이다.

'아시아의 별'로 불리는 가수 보아(1986~)* 역시 중학교 졸업장만 갖고

---

* 보아(본명 권보아)는 2012년 TV방송에 출연해 중학교에 수석 입학할 만큼 공부를 잘했지만 가수 활동에 전념하기 위해 학업을 포기했던 사연을 야무진 말투로 털어놓아 화제가 됐다. 그녀는 "대학을 갈까 생각도 해봤는데 (바쁜 가수 스케

있다. 가요계의 황제 조용필은 고졸, 거장 임권택 감독은 중학교 중퇴가 학력의 전부다. 이들이 학교를 계속 다니면서 남들과 같은 길을 걸었다면 지금과 같은 성공은 없었을 것이다.

연예계나 문화계뿐만이 아니다. 비즈니스나 스포츠, 심지어 정·관계에서도 학교교육의 약자가 자신의 길을 걸음으로써 톱의 위치에 오른 사례는 일일이 열거하기도 힘들 만큼 수두룩하다.

인생의 전기

남과 다른 길을 걸었던 수많은 약자 중에 국회의원 신보라(1983~) 씨의 사례만 살펴보고 넘어가자. 광주광역시 출신으로, 2016년 20대 총선에서 새누리당(현 자유한국당) 비례대표 의원이 된 그녀는 넉넉지 못한 집에서 자란 흙수저였다.

아버지는 금호타이어의 생산직 근로자로 일하다 퇴직해 아파트 경비원을 하고 있다. 어머니는 전업 주부로 아이들을 키우다 병원 식당에서 조리사로 일하고 있다. 어린 시절, 연탄불 때는 사글세를 전전하다 초등학교 5학년 때 처음으로 자기 집에 살게 되어 좋아했던 것을 지금도 생생하게 기억하고 있다.

신 의원의 청소년 시절 장래 희망은 국어 교사였다. 전북대 사범대에 진학해 교사가 되기 위한 코스를 밟았다. 인생 항로가 송두리째 달라진 것은 대학 2학년 때였다. 전북대 북한인권 동아리가 탈북자를 초청한 강

줄 때문에) 유령 학생이 될 수밖에 없는 환경이었다. '내 가수 생활에 대학 타이틀이 필요한가'라고 생각했을 때 그렇지도 않았다"고 했다.

연회에 우연히 참가했다가 뒤통수를 얻어맞은 듯한 충격을 받았다.

강연에 나선 것은 북한이 식량난을 겪던 1990년대 말 '고난의 행군' 시기에 탈출한 탈북자들이었다. 그들이 북한에서 겪었던 참혹한 실상에 그녀는 처음으로 사회문제에 눈을 뜨게 됐다. 탈북자들이 전하는 북한 정권의 인권 유린 실태는 너무도 충격적이었다.

신 의원은 강연회가 끝나자마자 바로 북한인권 동아리에 가입했다. 이후 그녀의 대학 생활 중심엔 동아리 활동이 자리 잡았다. 북한 정권의 위선적인 인권 유린 실태를 알리고 고발하는 활동에 열정적으로 참여했다.

신 의원의 광주 고향집은 전남대 바로 앞에 있었다. 시위대 구호 소리와 최루탄 냄새가 끊이지 않는 곳이었다. 그녀가 대학에 합격해 고향집을 떠나게 되자 시위에 질린 부모님이 제발 운동권만은 되지 말라고 신신당부했다. 그랬는데 정반대 의미의 운동권이 된 셈이었다.

남에게 인정받는 일? 내가 하고 싶은 일!

졸업이 다가오자 신 의원은 인생의 진로를 놓고 고민을 거듭했다. 교사는 나중에라도 임용고시만 합격하면 할 수 있었다. 젊은 시절엔 사회 이슈에 목소리를 내면서 사회적으로 의미 있는 일을 하고 싶었다.

그녀가 원하는 것은 사회 모순과 문제점을 글로 풀고 행동으로 보이는 일이었다. 대학을 졸업하자마자 그녀는 서울로 올라와 사회 활동가의 삶을 시작했다. 부모님에게는 노량진 학원에서 교사 임용 시험을 준비한다는 핑계를 댔다.

그녀는 대학생 대상 온라인 시사 잡지에 기자로 들어갔다. 4년간 활동하면서 수많은 사회 이슈에 대해 청년이라는 세대 관점에서 파악하고 일관된 논리를 세우려 애썼다.

말만 기자지 변변한 직장이 아니었다. 한 달에 60만 원 정도의 월급으로 극빈에 가까운 생활을 4년간 계속했다. 친구들은 편하게 교사나 하지 무슨 생고생이냐고 혀를 찼다.

2010년 3월 천안함 폭침 사건이 터졌다. 자작극이라는 등의 유언비어가 나돌고 온갖 괴담이 난무했다. 비합리적인 광풍이 몰아치는데 글만 쓴다는 것에 한계를 느꼈다. 행동으로 대항하고 싶다는 갈증이 생겼다.

천안함 사건이 터지던 해 가을, 그녀는 기자를 그만두고 뜻이 맞는 청년 몇 명과 함께 '청년이 여는 미래'라는 NGO(비영리단체)를 만들었다. 대학가에 직접 뛰어들어 강연과 세미나 등의 활동으로 거짓과 맞서겠다는 계획이었다.

대학 강의실을 빌려 교수와 전문가들을 재능 기부 형식으로 초청한 강연회를 열었다. 또래 청년들과 함께 오로지 열정만 갖고 좌충우돌하며 진실을 알리는 활동을 벌여나갔다.

그녀가 조직한 청년 단체가 주목받은 것은 이듬해였다. 천안함 폭침 1주기를 맞아 청년들로부터 추모 에세이와 추모 시, 추모 음악을 공모받아 서울역 광장에서 발표회를 열었다. 청년들이 천안함 사건으로 희생된 또래의 군인들을 위해 시를 낭송하고 노래를 부르는 추모제는 참신한 시도였다. 추모제가 언론과 대중의 관심을 끌면서 그녀도 사회 활동가로 이름이 알려지기 시작했다.

이후 그녀는 일자리 문제를 비롯한 청년의 세대 문제 전반으로 활동 영역을 확대해갔다. 당시만 해도 NGO 활동은 좌파 운동권 단체가 지배하고 있었다. 신 의원과 동료들은 청년의 입장에서 일자리 문제에 접근하고 이념을 떠나 실천 가능한 합리적 대안을 제시하면서 새로운 영역을 개척했다.

'제3의 섹터'라는 블루오션

2016년 4.13총선을 앞두고 그녀는 새누리당 비례대표 의원 공모를 신청했다. 세상을 바꾸는 것은 제도이고, 제도를 만드는 것은 국회였다. 청년 문제를 해결하기 위해선 법 제도를 다루는 국회에 들어가야 했다.

그녀는 7번이라는 당선 안정권 순번을 받아 국회의원이 될 수 있었다. 청년 세대의 이익을 대변하는 대표성을 정치권도 인정한 것이었다. 신 의원은 함께 활동했던 동료 두 명을 보좌진으로 꾸려 여의도 국회의사당에 입성했다.

국회의원이 됐다고 인생의 성공이라 말할 수는 없다. 어찌 됐든 가난한 집에서 자라 지방대를 나온 그녀가 이 정도 성취를 이룬 것은 남과는 다른 자기만의 길을 걸었기 때문이었다. 그녀가 친구들처럼 임용고시를 보고 교사가 되는 평범한 길을 선택했다면 지금의 국회의원 신보라는 없었다.

교사가 된 대학 친구들은 처음엔 그녀에게 편한 길을 두고 왜 그렇게 어려운 가시밭길을 가느냐며 혀를 쯧쯧 찼다. 그러나 서른이 넘으면서 그녀를 부러워하기 시작했다. 자기가 좋아하는 일, 보람을 느끼는 일을 하는 신 의원이 부럽다는 것이었다.

신 의원은 청년들이 자기가 원하는 길을 선택하지 못하게 막는 가장 큰 걸림돌은 기성세대의 부담스러운 시선이라고 했다. 그래도 대학은 가야

지, 번듯한 대기업에 취직해야지 하는 부모와 주변 기성세대의 고정관념 때문에 가고 싶지 않아도 대학에 진학하고 원치 않아도 취업을 선택하게 된다는 것이다.

그녀가 선택했던 NGO 분야는 남들이 잘 가지 않는 제3의 길이다. 정부(제1섹터)도, 기업(제2섹터)도 아닌 제3섹터로서 가능성이 무궁무진한 분야다. 신 의원은 NGO 코스가 취업난에 시달리는 청년들에게 보람과 인생의 가치뿐만 아니라 일자리까지 제공할 수 있는 '블루오션'이 될 수 있다고 했다.

성공의 관건은 남과 다른 길을 선택할 수 있는 용기, 그리고 열정이다.

2

'잡기왕' 김범수

"노력이 부족하니까 더 노력하자고 스스로를 질책하지 말라.
세상이 달라졌는데 노력 갖고 될 일이 아니다.
대신 관점을 바꾸어 세상을 달리 보는 눈을 길러라."
—
김범수

국민 메신저 카카오톡을 만든 김범수(1966~) 카카오 이사회 의장은 대학 시절 소문난 '잡기왕(王)'이었다.

서울대 공대(산업공학과)에 다니면서 당구, 바둑, 고스톱, 포커 등에 푹 빠져 살았다. 재수 끝에 어렵사리 대학에 들어갔지만 공부는 아예 뒷전이었다. 학문을 파고들어 교수를 할 것도 아니니 도둑질 빼고 다 해보자는 심정으로 온갖 잡기에 탐닉했다.

그렇다고 부모에게 용돈을 두둑이 받아가며 여유 있게 놀 수 있는 처지도 아니었다. 그의 집은 찢어지게 가난했다. 용돈을 받기는커녕 등록금과 생활비를 벌기 위해 한 달에도 몇 탕씩 과외를 뛰어야 했다.

그러면서도 학과 공부는 제쳐놓고 노는 일에 탐닉했다. 힘들었던 재수 생활에 대한 보상 심리가 작용했는지도 몰랐다. 아니면 그에게 천성적으로 노는 것을 좋아하는 '끼'가 있었는지도 모를 일이었다.

그런데 그렇게 아무 생각 없이 놀았던 경험이 나중에 엄청난 축복이 되어 돌아왔다. 온라인으로 고스톱과 포커를 즐길 수 있는 '한게임'을 창업해 대박을 터뜨린 것이다.

김범수의 성공 스토리가 주는 교훈은 '약자일수록 좋아하는 일을 하라'는 것으로 요약될 수 있다. 남이 한다고 억지로 따라 하지 말고 자기가 하고 싶은 일을 하면서 내공을 쌓다 보면 반드시 기회가 온다는 것이다.

첫 월급날 라면 삼키며 울컥했던 청년

김 의장 역시 지독한 흙수저 출신이다. 지금은 보유 주식이 1조 원을 넘나드는 거부지만 누구보다 가난하고 힘든 청소년기를 거쳤다.

그가 어렸을 적 할머니까지 포함해 여덟 식구가 단칸방에서 함께 살았다. 아버지는 중졸이고 어머니는 초등학교 졸업장이 전부였다.

김 의장의 부모는 전남 담양에서 농사를 짓다 상경했다. 아버지는 막노동과 목공, 어머니는 식당일로 자식들을 먹여 살렸다. 어머니가 지방으로 식당일을 다니느라 그는 어머니와 함께 산 기억이 별로 없다.

김 의장이 중학생 때 아버지가 정육 도매업으로 자리를 잡으면서 서울에 올라와 처음으로 집을 장만하기도 했다. 그러나 곧 부도가 나서 다시 단칸방 신세가 됐다.

그에겐 두 가지 트라우마가 있다. 늘 부재중이었던 어머니에 대한 그리움, 그리고 가난에 대한 트라우마다. 2남 3녀 중 대학에 간 것은 장남인 그뿐이다.

첫 번째 대학 입시에선 보기 좋게 낙방했다. 재수를 준비하면서 그는 독한 마음을 먹었다. 고교 때부터 피우던 담배를 끊겠다면서 '까치담배'를 딱 세 개비 사다 책상 위에 올려놓았다. 진짜 힘들 때만 피우자고, 대학에 합격할 때까지 그걸로 버티자고 마음을 다잡았다.

대학에 합격한 뒤에 두 개비가 남았다. 한 개비만 피우고 독하게 버틴 것이었다.

어찌어찌 돈을 융통해서 대학 등록금을 마련하고 학교에 갔는데 등교 첫날 점심 값이 없었다. 서울대 구내식당 백반 값이 500원이었는데 그걸 사 먹을 돈도 없었다. 내성적인 성격 탓에 친구들에게 빌붙기도 싫었다.

한동안 굶고 다니다 당시 전두환 정권 아래서 금지됐던 '몰래 바이트' 과외를 시작했다. 첫 월급을 받아 분식집에서 호기롭게 라면을 주문했다. 라면 면발을 후루룩 삼키며 울컥했던 기억이 지금도 선명하다.

악착같이 하지 말고 좋아하는 걸 하라

그렇게 가난이 한스러웠지만 그가 흙수저 청년들에게 하는 조언은 색다르다. 그는 돈을 벌기 위해 악착같이 살지 말라고 한다. 이른바 '노오력'이 부족하다고 스스로를 고문하지도 말라고 한다.

대신 하고 싶은 일을 하라고 조언한다. 자신의 체험에서 나온 조언이다. 그는 자기가 좋아하던 것을 밑천 삼아 거대한 사업을 일궜다. 주특기인 잡기를 테마로 온라인 고스톱 업체 한게임을 창업했다. 그리고 국민 메신저가 된 카카오톡의 신화를 만들어냈다.

그는 대학원을 졸업하고 삼성SDS에 입사했다. 컴퓨터를 원 없이 쓸 수 있는 회사에 취직하고 싶어서였다. 서울대 공대 86학번 동기인 이해진 NHN 이사회 의장이 삼성SDS 입사 동기다.

그때부터 그는 남들과 다른 길을 걷기 시작했다. 자신이 흥미를 갖는 테마와 분야에 열중해 그 길을 파고든 것이다.

삼성SDS 동기들이 코볼이나 포트란으로 프로그램을 짤 때 그는 다 건너뛰고 윈도에 집중했다. 인터넷이 무언지 개념조차 희미했던 태동기에 그는 인터넷의 잠재력에 주목했다.

인터넷이 펼칠 세상이 무엇인지 정확하게 알 수는 없지만 그 안에 무한한 기회가 있다는 것을 본능적으로 알아차렸다.

그가 꿈꾼 것은 게임으로 누구나 즐거워하는 세상을 인터넷을 통해 구현하는 것이었다. 대학 시절 그토록 탐닉했던 게임이라는 테마와 사회에서 새롭게 경험한 인터넷이라는 인프라를 접목시키려 한 것이었다.

재미로 즐긴 게임이 비즈니스로 돌아와

31세 되던 해 가을, 김범수는 5년간 다니던 삼성SDS를 퇴직하고 창업에 나섰다. 의기투합한 멤버 몇 명과 함께 약 세 평짜리 사무실을 얻어 온라인 게임 개발에 착수했다. 그러나 운이 좋지 않았다. 몇 달도 안 돼 IMF 외환 위기가 찾아온 것이다.

그가 회사를 그만두고 창업했을 때 수중에 있는 돈은 마이너스통장으로 대출받은 500만 원이 전부였다. 금리가 천정부지로 치솟아 돈을 빌릴 수도 없었다. 월급을 주지 못하자 직원들이 하나둘 떠나기 시작했다.

이래선 버텨낼 재간이 없었다. 먼저 게임 개발에 필요한 군자금부터 벌기로 작전을 바꾸었다. 당시는 인터넷 붐을 타고 PC방이 우후죽순처럼 생겨나던 시절이었다.

김범수는 대형 PC방을 차려 현금을 조달하기로 했다. 이왕이면 크게 판을 벌여야 했다. 그는 사채까지 끌어들여 2억 5000만 원을 확보한 뒤 서울 왕십리에 초대형 PC방을 차렸다. 당시로선 국내 최고 규모였다.

자칫 잘못되면 쪽박을 찰 수 있는 모험이었지만 다행히 베팅은 성공했다. 젊은 층 사이에 입소문이 퍼지면서 손님들이 몰려들었다. 여기서 들어온 현금 수입을 게임 개발 쪽에 투입했다.

삼성에서 나와 창업에 나선 지 2년여 만에 마침내 한게임이 완성돼 서비스에 들어갔다. 고스톱, 포커, 바둑, 장기 등을 인터넷으로 즐길 수 있는 게임 포털 서비스였다.

한게임은 공전의 히트를 쳤다. 매일 10만 명씩 회원이 늘어나 서버가 버티지 못할 정도였다. 한게임은 1년 6개월 만에 1000만 명의 회원이 가입한 국민 게임이 됐고, 김범수는 일약 벤처 스타의 반열에 올랐다.

젊은 시절, 취미로 즐기고 재미로 빠졌던 잡기가 비즈니스의 주제로 되돌아와 그를 성공의 길로 이끌어준 것이다. 하고 싶은 일, 좋아하는 것을 하라는 김범수의 말은 괜히 나온 것이 아니다. 자신의 인생 경험에서 비롯된, 지극히 실전적인 조언이다.

노력이 부족하다고 자신을 고문하지 말라

한게임 성공 이후 김범수의 행보는 널리 알려진 대로다. 그는 서울공대

86학번 동기이자 삼성SDS 입사 동기인 이해진의 네이버컴과 한게임을 합병시켜 NHN을 만들었다.* NHN은 포털 시장의 최강자로 성장하면서 지금까지 독주를 계속하고 있다.

NHN이 정상에 선 시점에 김범수는 또다시 승부수를 건다. 41세 되던 해, NHN과 결별하고 새로운 도전에 나섰다. NHN에 머물렀으면 경영자로서 순탄한 길을 걸었겠지만 그는 기득권을 버리고 또 다른 가능성을 찾아나서는 길을 선택했다. 일관되게 남들과 다른 길을 걸은 것이다.

NHN을 나와 대중의 시선에서 멀어졌던 그는 2년 반 뒤 카카오톡을 들고 화려하게 비즈니스 세계에 컴백했다. IT의 패러다임이 인터넷에서 모바일로 넘어가는 것을 간파하고 모바일이라는 신천지에서 새로운 기회를 창출한 것이었다.

그가 말하는 성공의 비결은 근면이나 성실성이 아니다. 기성세대가 청년들에게 '더 많은 노력'을 주문하는 데에도 김범수는 동의하지 않는다. 오히려 노력이 부족하다고 자책하거나 스스로를 못살게 고문하지 말라고 조언한다.

그는 흙수저든, 금수저든, 성공을 위해 가장 중요한 것은 새로운 것에 대처하는 능력이라고 말한다. 그가 비유로 드는 것이 축구 선수 지망생의 예다. 축구 선수가 되려고 열정적으로 연습한 소년이 있었다. 온갖 훈련을 마치고 드디어 시합에 나서게 되면서 꿈에 그리던 축구장에 들어선다.

---

* 김범수와 이해진의 관계는 여러 모로 흥미진진하다. 두 사람 모두 한국 IT산업사에 기록될 걸출한 비즈니스 영웅이자 친구 사이다. 하지만 삶의 궤적이나 스타일은 대조적이다. 김범수는 흙수저 가정에서 잡초처럼 성장한 반면, 이해진은 서울 강남의 유복한 가정에서 우등생으로 자란 '엄친아(엄마 친구 아들)' 계열이다. 김범수가 강렬한 에너지를 내뿜으며 판을 뒤집는 과감한 승부사라면, 이해진은 냉정하고 치밀한 전략가에 가깝다. 친구이자 라이벌인 두 사람은 지금 대한민국의 인터넷·모바일 시장을 양분하는 카카오와 NHN의 선장으로 또다시 격돌하고 있다.

그런데 웬걸, 낯선 광경이 펼쳐졌다. 눈앞에 나타난 것은 축구장이 아니라 야구장이었다. 어느 순간 게임의 장(場) 자체가 완전히 달라진 것이다.

하지만 게임이 바뀐다고 누구도 말해주지 않았고 누구도 예측조차 못했다. 그저 순식간에 그런 일이 벌어졌다. 단군 이래 최강의 스펙이라는 청년들이 대학을 나와 막 사회에 발을 내딛는 순간 게임의 룰이 바뀐 것이다. 게임의 룰이 달라지자 과잉 학력으로 무장하고도 갈 곳을 찾지 못한 청년들만 남게 됐다.

새롭게 펼쳐진 낯선 경기장 앞에서 청년 세대 전체가 어쩔 줄 몰라 당황하며 좌절하고 있다. 예측 불가능한 변화의 파도를 온몸으로 맞닥뜨려야 하는 청년들의 당혹감과 절망감은 당연한 것이다. '헬조선'은 괜히 나온 말이 아니다.

남과 다르게 생각하는 능력

그러나 기존의 문제 해결 방식에 매달려선 절대 문제가 풀리지 않는다. 지금까지 남들이 걸었던 길을 똑같이 걷고, 남들이 세워놓은 관점과 철학을 답습해선 해결되지 않는다.

지금 청년 세대의 좌절은 공부를 덜 해서, 노력이 부족해서, 스펙이 부족해서 초래된 것이 아니다. 게임의 룰 자체가 달라졌는데 아직 새로운 게임에 적응하지 못한 것뿐이다.

그러니까 뭘 해보겠다고 악착같이 살지도, 노력이 부족하니까 더 노력하자고 스스로를 질책하지도 말라는 것이다. 세상이 달라졌는데 노력 갖고 될 일이 아니다. 대신 관점을 바꾸어 세상을 달리 보는 눈을 기르라고 김범수는 조언했다.

세상은 빛의 속도로 바뀐다. 이세돌이 알파고와 싸웠듯, 지금의 청년 세대는 일자리를 놓고 인공지능이나 로봇과 경쟁하는 첫 세대가 될 가능성이 크다.

이렇게 게임의 룰이 순식간에 달라지고 게임의 종목 자체가 바뀌는 세상에선 흙수저냐, 금수저냐가 큰 의미를 갖지 않는다. 금수저가 쌓은 지식과 스펙 자체가 별로 소용이 없어지기 때문이다.

다가올 시대엔 강자와 약자를 가르는 기준도 달라진다. 순식간에 바뀌는 게임의 규칙을 남보다 빨리 이해하고 거기에서 기회를 찾아내는 사람이 성공하고 강자가 된다. 집안 배경이 흙수저인지 금수저인지는 별로 중요하지 않다.

게임의 승부를 가르는 것은 남들과 다르게 생각하고 다른 질문을 던지는 능력이다. 그는 더도 말고 딱 6개월만 앞서 남들과 다르게 보려고 노력하고 그런 습관이 몸에 배도록 훈련하라고 조언한다. 그러면 웬만한 비즈니스 트렌드는 다 준비할 수 있다는 것이다.*

숨 가쁘게 빛의 속도로 펼쳐지는 디지털 시대. 약자가 해야 할 것은 얼마나 남들보다 더 노력하느냐가 아니라 얼마나 남들과 '다르게' 보느냐다.

---

* 김범수는 2016년 5월 경기도 스타트업캠퍼스의 초대 총장을 맡아 취임식 연설에서 '직업의 시대'가 가고 '업(業)의 시대'가 왔다며 다음의 요지로 말했다.

　"이제 직업 하나로 평생 살 수 있는 시대가 끝나가고 있다. 대한민국은 70년간 아버지 세대의 희생으로 엄청난 성장을 이뤘다. 열심히 공부해 좋은 대학에 가면 성공한다는 성공 방정식이 강렬히 남아 있다.

　하지만 이제 과잉 학력과 갈 곳 모르는 청년만 남았다. 미래로 향하던 다리가 끊어진 상황이다. 이제 직업의 시대에서 업의 시대로, 하나의 직업이 아니라 내가 열정을 쏟을 수 있는 업의 시대가 필연적이라는 생각이다.

　넌 커서 뭐가 되고 싶니. 우리가 어렸을 때는 이런 질문을 많이 했다. 그러면 교사, 교수, 대통령 등등 여러 직업을 얘기했다. 이제 그 직업은 없어질지 모른다. 이제 뭘 하고 싶냐는 질문으로 바꿔야 한다."

3

다이소의 개미 전략

"능력이나 운이 있었다면
여기까지 오지 않고 다른 길을 택했을 것이다.
그저 살아남기 위해 노력했을 따름이다."*

—

야노 히로타케

몇 년 전 서울시 교육청이 제작해 일선 현장에 배포한 교육 홍보 포스터 중에 코끼리와 개미를 주인공으로 한 것이 있다. "코끼리보다 개미가 더 무겁다?"는 제목 아래 코끼리와 개미 한 마리가 시소 위에 올라가 무게를 재는 그림이 그려져 있다. 무슨 뜻일까.

　개미는 작은 곤충이고 코끼리는 큰 몸집의 대명사와 같은 동물이다. 몸무게는 비교조차 되지 않는다. 하지만 개미 한 마리가 아니라 수만, 수십만 마리가 모이면 코끼리보다 더 무거워질 수 있다. 요컨대 교육이란 하나의 정해진 정답이 아니라 자유로운 상상력을 키워주는 것이라는 메시

---

* 〈비즈니스포스트〉 2014년 12월 기사.

지를 담은 포스터였다.

사실 과학적으로 보아도 개미가 코끼리보다 무겁다는 것은 틀린 말이 아니다. 코끼리는 땅 위에서 가장 무거운 동물이고 개미는 무게가 1그램도 채 안 되는 작은 곤충이다. 하지만 지구상에 있는 코끼리와 개미를 다 합쳐서 무게를 잰다면 얘기가 달라진다.

지구상에는 개미가 무려 1경(10의 16승) 마리나 존재한다고 한다. 각각의 개미는 눈에 잘 보이지도 않을 만큼 작고 미약한 존재지만 천문학적 숫자의 개미가 모이면 그 무게는 가공할 만한 수치가 된다.

독일의 어떤 생태학자는 지구상의 개미를 다 합친다면 전체 곤충 중량의 3분의 1이나 차지한다는 계산 결과를 내놓았다. 그러니 코끼리보다 개미가 더 무겁다는 것은 맞는 말이다. 결코 개미를 우습게 볼 일이 아니다.[*]

스마트하게 뭉쳐서 강해진 개미

동물의 세계에서 개미는 약자다. 한 마리의 개미는 그야말로 보잘것없고 하찮은 존재에 불과하다.

그렇지만 생물학적으로 개미는 가장 성공한 종으로 꼽힌다. 개미는 1억 년 전에 출현해 지금껏 지구상 어디에도 없는 곳이 없을 만큼 번성하고 있다. 우리가 사는 지구의 진정한 주인은 겨우 몇 만 년 전에 진화한 인간이

---

[*] 1970년대 중반 독일의 생태학자 피트카우(Fitkau) 등이 아마존 열대림에 서식하는 모든 동물들의 중량을 표본 추출 방법을 통해 측정해 학계에 보고했다. 놀랍게도 개미와 흰개미들이 지구상에 존재하는 모든 동물의 중량을 합친 것의 3분의 1을 차지한다는 결과가 나왔다. 영국 어느 곤충학자의 계산에 따르면 지구상에 현존하는 곤충의 수는 줄잡아 100경쯤 되고, 그중 개미의 비율을 1퍼센트로만 잡아도 그 수는 무려 1경 마리나 된다고 한다. 일개미 한 마리의 무게를 1~5밀리그램으로 계산하면 전 세계에 분포하는 개미의 무게는 인류 전체의 무게와 맞먹는다는 결과가 나온다. (최재천의 《개미제국의 발견》에서 발췌 인용)

아니라 개미라고 말하는 사람도 있다.

개미는 가장 약하면서도 가장 위대한 동물이다. 개미가 종의 전쟁에서 승리할 수 있었던 것은 다른 동물들과 다른 독특한 생존 전략을 채택한 덕분이다. 그것은 집단 전략이다. 개미는 서로 뭉쳐 군체(群體, colony)를 이룸으로써 어느 곤충, 어느 동물보다 강력해질 수 있었다.

개미는 떼를 이루어 자기 몸보다 몇 백 배 더 큰 사마귀나 거미를 사냥하고 심지어 전갈까지 먹잇감으로 삼는다. 그래서 개미떼가 나타나면 모든 곤충들이 겁을 먹고 피한다.

이처럼 개체로는 약자인 개미가 종으로는 강자가 된 비결은 집단 전략에 있다. 뭉침으로써 개체일 때보다 더 큰 힘을 내는 것이다.

그런데 그냥 단순하게 뭉치는 것만으로는 부족하다. 개미들은 뭉치되 '스마트'하게 뭉친다. 세포가 모여 생물체가 되듯, 개미는 집단 전체가 하나의 통일된 유기체처럼 움직이고 생각하고 행동한다. 한 군체에 속한 수십만, 수백만 마리의 개미들은 기계의 부품처럼 자신의 역할을 수행하며 집단 전체가 고도의 고등 생물체인 양 기능한다.

개미 사회를 들여다보면 완벽하게 조화를 이룬 집단 지능의 힘에 신비감마저 느끼게 된다. 여왕을 중심으로 신분이 분화돼 분업을 하고 노예를 부리며 농사(버섯)를 짓고 가축(진딧물)을 기른다. 자연 환기와 에어컨 기능까지 갖춘 복잡한 설계도의 개미집까지 건설한다.

1+1이 2가 아니라 10이나 100의 효과를 내는 것이다. 남들과 차별화된 독자적인 생태 전략을 짜낸 덕분에 개미는 1억 년을 번성한 지구의 주인이 되었다.

1000원짜리 팔아 매출 1조 원

개미와 같은 전략을 구사하는 기업이 있다. 저가격 균일가 매장 '1000원 숍'으로 유명한 '다이소(정식 회사명은 다이소아성산업)'다. 불황 속에서도 다이소는 급속한 성장을 거듭하면서 전국에 매장이 1100여 개나 생겼다. 이젠 이마트나 롯데마트 못지않게 친숙한 브랜드가 됐다.

다이소는 2014년 매출 1조 원을 돌파해 유통 분야의 대기업을 의미하는 '1조 원 클럽'에 가입했다. 이 소식은 유통 업계나 경영 연구가들 사이에서 여러 모로 화제가 됐다.

그 이유는 첫째, 재벌 그룹 계열사가 아닌 중소업체가 유통 대기업이 된 예가 드물기 때문이다.

둘째, 성장 속도가 놀라웠다. 다이소는 첫 매장을 낸 지 불과 17년 만에 1조 원의 장벽을 돌파했다. 이렇게 놀라운 속도로 성장한 것 역시 유례가 없는 일이었다.

무엇보다 다이소가 경영학의 연구 대상으로 떠오른 것은 독특한 비즈니스 모델 때문이었다. 잘 알려져 있다시피 다이소의 주력 품목은 1000원짜리다. 아무리 비싸도 5000원을 넘는 물건은 팔지 않는다.

이렇게 값싼 저가 상품을 팔아 1조 원 매출을 올렸다는 것이 경이롭다. 개미가 모이면 코끼리보다 무거워지는 집단 원리를 기업 경영에서 실현해 보인 것이다.

몇 가지 수치만 보면 다이소의 개미 전략이 실감날 것이다. 다이소가 취급하는 상품은 무려 3만여 가지에 이른다. 여기에다 매달 500~600개씩 새 상품 아이템이 추가된다. 이쑤시개며 면봉에서 식기, 학용품까지 생활용품치고 팔지 않는 품목이 없다.

3만여 가지 품목 중 1000원짜리가 51퍼센트, 2000원짜리가 31퍼센트를 차지한다. 1000~2000원짜리가 전체의 82퍼센트를 차지한다. 가장 비싼 것이 5000원짜리다. 말 그대로 '껌 값' 같은 가격대로 1년에 6~7억 개씩 팔아 1조 원의 매출을 올린 것이다. 티끌 모아 태산이다.

싸게 팔다 보니 이윤은 대단히 적다. 다이소의 영업이익률은 1퍼센트를 약간 넘는 수준이다. 1000원짜리 물건을 팔면 겨우 10원을 남긴다는 뜻이다. 보통 기업의 영업이익률이 4~5퍼센트인 것을 감안하면 이렇게 벌어서 과연 경영이 될까 싶을 정도로 이문이 박하기 그지없다.

가격에 생산비를 맞추는 역발상

다이소가 경영 이론가들의 관심을 끄는 것은 이런 외형상의 수치 때문이 아니다. 싸게 많이 파는 박리다매 할인 상술은 오래전부터 있었다. 새로운 것이 아니다.

다이소는 기존의 할인점 모델과는 완전히 다른 모델을 구축했다. 역발상을 통해 완전히 새로운 비즈니스 패러다임을 만들어낸 것이다. 다음과 같은 방식이다.

일반적으로 제품의 가격은 생산원가에 일정한 이익을 얹는 방식으로 결정된다. 즉 재료비와 인건비 같은 비용이 얼마 들었으니 적정한 판매 가격은 얼마라는 계산이 나오는 식이다. '원가 → 가격'의 프로세스는 계획경제나 특정 목적의 정책 가격을 제외하면 모든 시장경제에서 예외 없이 적용되는 불변의 법칙이다.

다이소는 이런 시장 불변의 법칙을 뒤집었다. 판매가를 먼저 정하고 거기에 생산 비용을 맞추었다. 즉 '원가 → 가격'의 제품 프로세스를 거꾸로 '가격 → 원가'로 바꾸는 역발상을 한 것이다.

다이소는 먼저 소비자에게 판매할 가격을 책정한다. 판매가가 1000원으로 정해졌다면 그 가격에 맞춰 생산할 수 있는 공급업체를 찾는다. 국내에만 한정 짓지 않고 전 세계 제조업체 중에서 가격 조건에 가장 근접한 업체를 찾아내는 글로벌 아웃소싱이 다이소 모델의 핵심이다. 다이소에 제품을 납품하는 협력업체는 35개국 3600여 개 사에 이른다.

무조건 싸기만 해선 안 된다. 싼 게 비지떡이라는 싸구려 저질 이미지가 생기는 순간 다이소 모델은 성립할 수 없다. 싸지만 품질이 뒷받침해줘야 한다. 품질은 그대로 두고 1000원 혹은 2000원, 3000원의 가격을 맞출 수 있도록 처절한 원가 절감 노력이 수반돼야 한다.

가격과 품질 사이의 트레이드 오프(상충 관계) 제약을 돌파해서 싸고 질 좋은 제품을 공급하지 못하면 다이소 모델은 성립하지 못한다. 다이소는 이런 한계를 극복함으로써 경영학 교과서에 오를 만한 새로운 비즈니스 모델을 창출했다.

유통 역사상 가장 혁신적 발상

다이소의 저가격 균일가 모델의 발상지는 일본이다. 유통 산업 역사상 가장 혁신적인 모델 중 하나로 꼽히는 다이소 모델은 아주 사소한 계기에서 시작됐다.

일본 히로시마에 야노 히로타케(1943~)*라는 상인이 있었다. 그는 냄비며 생활용품을 떼어다가 트럭에 싣고 이곳저곳을 다니며 팔았다. 일을 마치고 집에 돌아오면 부인과 함께 수많은 물건들에 가격표를 붙이는 것이 일과였다. 파는 물건의 가짓수가 많기 때문에 보통 번거로운 일이 아니었다.

1970년대 초 둘째 아이가 태어나는 바람에 부인이 더 이상 가격표 붙이는 일을 도와줄 수 없게 됐다. 야노는 고심을 거듭한 끝에 기발한 아이디어를 떠올리게 된다. 그야말로 "유레카(바로 이거야)!"를 외쳤다는 '아르키메데스의 금관'과도 같은 발상이었다.

그것은 모든 상품의 가격을 하나로 통일하는 것이었다. 가격이 단 하나라면 일일이 값을 계산해 가격표를 붙이는 수고를 덜 수 있다. 야노는 당시 일본의 물가와 서민들의 구매력을 감안해 단일 가격을 100엔으로 정했다.

이렇게 시작된 '100엔 숍'은 의외의 대성공을 거두었고 야노는 다이소라는 기업을 창업했다. 일본 다이소는 선풍적인 인기를 끌면서 전 세계 3000여 개 점포를 거느린 거대한 유통 기업으로 성장했다.

당시 일본 다이소에 제품을 공급하는 납품업자 중에 지금 한국 다이소를 경영하는 박정부(1944~) 회장이 있었다. 한양대 공대를 나와 제조업체 공장장을 거쳐 창업한 박 회장은 100엔 숍의 잠재력에 주목해 같은 모델

---

* 야노 히로타케는 100엔 숍의 효시인 일본 다이소산업의 창업자다. 주오(中央)대학 토목공학과 재학 중 결혼해 처가의 생선 양식업체를 물려받아 경영했으나 3년 만에 도산해 거액의 빚을 지고 야반도주했다. 이후 영업 세일즈맨, 볼링장 직원 등 아홉 곳의 직장을 전전하다 29세 때 트럭 행상을 시작했다. 망한 기업의 재고품을 사들인 뒤 트럭에 싣고 다니면서 싼 값에 판매하는 일종의 재고떨이 이동 판매업이었다. 여기서 단일 가격 저가 판매라는 비즈니스 모델을 창안해 1977년 법인을 설립했다. 현재 일본 내에 2900여 개, 해외 26개국에 1400여 개 점포를 거느린 거대 유통업체로 성장했다.

을 들여와 1997년 봄 서울 천호동에 1000원 숍 1호점을 냈다.

이렇게 구멍가게로 시작한 한국 다이소가 10여 년 만에 1조 원 기업으로 급성장한 것이다. 박 회장은 2001년 일본 다이소의 지분 투자를 받아 전략적 제휴 관계를 맺고 회사명과 브랜드도 다이소로 바꿨다.

지금 한국 다이소는 일본 다이소보다 훨씬 빠른 속도로 성장하면서 본가(本家)를 압도하는 성공 사례가 됐다.

대기업이 거들떠보지도 않던 영역

박정부 회장과 다이소 모델은 약자가 취해야 할 성공의 법칙을 종합적으로 보여준다. 강자와는 다른 영역을 개척해 역발상의 비즈니스 프로세스를 만들었고 강자와는 차별화된 가치를 추구한 것이다.

첫째, 완전히 새로운 활동 무대를 만들었다. 강자는 제품을 비싸게 팔 수 있는 고급품 시장을 선호한다. 가격이 비싸야 이윤도 많이 남기 때문이다.

박 회장은 강자가 거들떠보지도 않는 저가 시장을 전쟁터 삼아 균일가 시장이라는 새로운 비즈니스 영역을 만들어냈다. 약자가 강자와 같은 무대에서 맞붙으면 승산이 없다. 황제펭귄이 혹한의 남극을, 낙타가 척박한 사막을 서식지로 선택한 것과 같은 발상이다. 약자는 강자가 꺼리는 차별화된 활동 공간을 창출해내야 한다.

둘째, 기존의 방식을 거꾸로 설계한 완전히 새로운 비즈니스 프로세스를 만들었다. 생산 비용에서 출발해 가격을 책정하는 통상적인 방식을 뒤집어, 가격에서 거꾸로 원가를 산정하는 역발상을 통해 독자적인 모델을 구축했다.

셋째, 기업이 추구하는 목표 가치에 대한 패러다임을 바꾸었다. 보통의 기업, 특히 강자의 위치에 있는 대기업은 이익 극대화를 지상 과제로 삼은 것처럼 보인다. 모든 기업이 이윤을 많이 내는 것을 목표로 삼는다.

박 회장과 다이소는 이익 대신 고객을 목표 가치의 최우선 순위에 두었다. 다이소는 1000원 혹은 1000원이 넘는 원가에 사오는 제품도 1000원에 파는 경우가 종종 있다. 손실을 보더라도 가치 중심을 고객에게 두는 것으로 패러다임을 전환한 것이다.

다이소의 영업이익률이 1퍼센트에 불과해도 고속 성장이 가능했던 것은 그 덕분이다. 강자의 이익 우선 노선 대신 고객 가치 극대화라는 차별화된 길을 감으로써 다이소는 지속적으로 성장할 수 있는 좋은 기업의 반열에 올랐다.

4

왜 사자는 멸종 위기인데 얼룩말은 번성하나

"도망치는 방향을 복잡하게 바꿈으로써
가젤은 치타를 이길 수 있는 가능성을 만들어낸다.
'강한 자는 단순하게, 약한 자는 복잡하게.' 이것은 승부의 철칙이다."*

—

이나가키 히데히로

동물의 세계는 철저하게 약육강식의 법칙이 지배하는 곳이다. 어떤 고정
관념도 예의범절도 도덕규범도 없다. 강하면 잡아먹고, 약하면 잡아먹히
는 단 하나의 법칙만 존재할 뿐이다. 철저하게 힘에 의해 먹이사슬의 서
열이 정해지는 냉혹한 세계다.

동물의 세계에서 먹이사슬의 정점에 있는 최강자는 단연 사자다. TV프
로그램 〈동물의 왕국〉을 보면 사자가 먹잇감을 사냥하는 장면이 자주 나
온다. 굶주린 사자들이 무리를 지어 물소 떼를 공격한다. 포식자의 출현
에 놀라 이리 뛰고 저리 뛰며 우왕좌왕하는 물소들.

* 이나가키 히데히로, 《이토록 아름다운 약자들》, 이마, 2015.

사자 무리는 표적을 조여 들어가다 무리에서 이탈한 한 마리를 타깃으로 정해 집중 공격한다. 물소는 필사적으로 저항하지만 사방에서 공격해 들어오는 사자들의 날카로운 이빨과 발톱을 당할 수 없다. 이윽고 물소는 쓰러진다. 사자들은 악다구니를 쓰며 달려들어 물소를 물어뜯고 목에 송곳니를 박아 넣어 마지막 숨통을 끊는다……

늘 같은 패턴이다. 사냥감이 얼룩말이냐, 누냐, 가젤이냐만 달라질 뿐이다. 당연한 얘기지만 얼룩말이나 가젤이 사자를 쓰러뜨려 먹잇감으로 삼는 경우는 없다. 항상 사자는 공격하고 사냥감은 쓰러져 사자 떼의 먹이가 된다. 언제나 사자는 강자이고, 얼룩말과 누는 약자의 포지션에 있다. 반대의 경우란 단연코 없다.

멸종 위기에 몰린 사자

그런데 이상하지 않은가. 오늘날 야생 사자는 멸종 위기에 몰려 있다. 얼마 전 미국 야생동물보호청(USFWS)은 사자를 멸종 위기에 놓인 보호 대상 동식물 명단에 올렸다. 아프리카와 인도 등에 서식하던 사자의 개체 수는 지난 20년간 43퍼센트나 줄어들었다.

이대로 방치할 경우 사자는 2035년까지 다시 절반으로 감소하고 곧 절멸의 운명을 맞을 것으로 전망된다. 어떻게 이런 일이 있을 수 있는가. 어떤 동물보다 강하고 모든 동물에 대해 절대 포식자의 위치에 있는 사자가 어째서 멸종의 위기를 맞았다는 말인가.

반면 사자의 먹잇감인 동물들은 여전히 번성하고 있다. 사자들이 즐겨 사냥하는 얼룩말이나 물소, 누, 가젤이 멸종 위기에 처했다는 소식은 들어본 일이 없다. 무분별한 개발에 따른 자연 파괴로 인한 야생 서식지가 줄어드는 열악한 환경 속에서도 이들 초식동물은 여전히 강한 생존 능력을 발휘하고 있다.

사자뿐 아니다. 먹이사슬 위쪽에 놓인 육식 포유류 중에는 멸종 위기에 놓인 것들이 적지 않다. 호랑이를 비롯해 표범, 늑대, 여우 등이 각국 정부의 멸종 위기 동물 리스트에 올라 있다. 저마다 각자의 생태계에서 먹이사슬의 정점을 차지한 동물들이다.

조류 중에도 독수리, 매, 참수리 같은 육식 맹금류들의 개체 수가 급격히 줄어 멸종 위기에 몰렸다. 먹이사슬의 약육강식 서열이 종의 차원에선 거꾸로 뒤집히는 역전극이 벌어지고 있는 것이다.

강한 동물은 쇠퇴하고 약한 동물이 도리어 번성하는 의외의 상황을 어떻게 봐야 할까. 멸종 위기에 몰린 사자를 강하다고 할 수 있나. 얼룩말과 물소와 가젤은 정말 약한가. 포식자들의 공격을 이겨내고 이토록 강인한 생존력을 보여주고 있는데 약하다는 표현이 옳은가.

우리가 가장 먼저 해야 할 것은 강자와 약자에 대한 고정관념에서 벗어나는 일이다. 힘과 이빨 크기와 발톱 길이에선 사자가 어느 동물보다 강하다. 개체의 물리적 능력에서 사자는 지상 최강이다.

하지만 개별 개체 차원을 넘어 종의 차원에서 보면 그렇지 않다. 모든 종의 최고 목표는 번식이다. 동식물을 막론하고 모든 생물종이 자손을 통해 자신의 DNA가 더 멀리 퍼져나가는 것을 절대적 목표이자 가치로 삼는다.

생물진화론의 관점에선 DNA를 더 많이, 더 효율적으로 퍼뜨리는 동물이 강자다. 아무리 포식자에게 잡아먹혀도 끈질기게 살아남아 새끼를 낳고 종의 DNA를 더 넓게, 더 오래 퍼뜨린 동물이 진정한 강자다.

강한 자가 살아남는 게 아니라 살아남은 자가 강하다는 말이 있다. 생존 경쟁에서 이겨 살아남은 종, 자연선택이라는 진화의 메커니즘에 적응한 생물이 바로 강한 종이다. 적응해서 살아남은 종은 강하고, 적응하지 못해 멸종한 종은 약하다. 거대함의 상징인 매머드나 공룡은 지구의 환경 변화에 적응하지 못해 멸종한 반면 개미 같은 곤충은 수억 년을 거뜬히 생존해 지금도 번성하고 있다. 누가 강하고 누가 약한가.

초원의 사냥터에서 초식동물은 항상 약자다. 하지만 늘 잡아먹히는 초식동물이야말로 종의 승리자다. 초원에서 일상적으로 벌어지는 개별 전투와 장구한 세월에 걸쳐 펼쳐지는 종의 전쟁, 어느 것이 더 중요하고 어느 쪽이 더 위대한 승자인가.*

500미터의 게임

초식동물이 종의 전쟁에서 우위에 서게 된 것은 유전적으로 그렇게 진화했기 때문이다. 초식동물은 육식동물에 비해 번식력이 강한 편이다. 임신 기간이 짧고 태어난 후 자기 힘으로 설 때까지 돌봐야 할 기간도 짧다.

얼룩말의 새끼가 어미의 자궁에서 나오자마자 태반을 뒤집어쓴 상태로 비틀거리면서도 자기의 네 다리로 서는 장면을 보았을 것이다. 대부분의

---

* 같은 원리는 사람에게도 적용된다. 나치의 아우슈비츠 수용소에 끌려갔던 유대인 정신분석학자 빅토르 프랑클(1905~1997)은 자신의 경험을 기반으로 쓴 《죽음의 수용소에서》에서 삶과 죽음의 경계를 가른 것은 세속적 혹은 육체적인 강함이나 약함이 아니었다고 했다. 수용소에서 살아남은 사람은 체력이 좋거나 머리가 뛰어난 사람이 아니었다. 희망을 잃지 않고 고난에 담긴 의미를 받아들인 긍정적인 사람이 살아남았다는 것이다.

초식동물은 육식동물에 비해 성체(成體)에 가까운 상태로 태어난다. 반면 육식동물의 새끼는 눈도 제대로 못 뜬 상태로 출산되는 경우가 많다. 제 몫을 할 만큼 키우는 기간도 상대적으로 길다.

늘 포식자의 위협에 시달리는 초식동물은 끊임없이 도망 다녀야 하기 때문에 새끼를 보호하기가 쉽지 않다. 그래서 어미의 배 속에서 최대한 키운 뒤에 밖으로 내보내는 유전적 전략을 취했을 것이다. 초식동물은 출산 때부터 약자의 전략을 취하면서 처음부터 종의 전쟁을 유리하게 끌어간다.

이것은 시작일 뿐이다. 초식동물이 육식동물과의 생존 경쟁을 이겨내기 위해 펼치는 전략은 실로 처절하다. 어떻게 저런 방법까지 고안했을까 절로 고개가 숙여질 만큼 숙연한 경외심까지 느껴진다.

초식동물이 구사하는 약자 전략의 핵심은 게임의 축을 바꿔버리는 것이다. 육식동물에게 유리한 강자의 게임을 포기하고 판 자체를 바꾼 것이다.

자기에게 유리한 게임의 룰을 만든 초식동물의 전략은 실로 다양하나 거칠게 분류하면 시간 축을 바꾸는 것과 공간 축을 바꾸는 것으로 나뉜다.

우선 시간 축이다. 사자와 치타 같은 육식동물은 육상으로 치면 단거리 선수다. 땅 위에서 가장 빠른 동물인 치타는 순간적으로 시속 100킬로미터 이상 속도를 낼 수 있다.

대신 오래 달리지는 못한다. 사자나 치타가 최고 속도로 달릴 수 있는 거리는 대략 500미터 정도라고 한다. 그 이상 전력 질주하면 심장박동 수가 급격히 올라가 혈류에 무리가 오기 때문이다.

초식동물은 정반대의 진화 전략을 세웠다. 포식자들처럼 단거리 속도를 극대화하는 경쟁을 포기한 것이다. 대신 장거리 주행 능력을 높이는 쪽으로 진화해왔다. 육상으로 치면 100미터 경주를 포기하고 마라톤 선수가 된 셈이다.

가젤은 치타에 비해 달리는 속도가 떨어지지만 지치지 않고 오래 달릴 수 있다. 포식자들이 공격해올 때 첫 500미터, 시간으로 치면 20~30초만 피해낼 수 있다면 살아남을 수 있다.

가젤은 포식자의 추격을 받을 때 지그재그로 뛴다. 최대 시속이 80킬로미터인 가젤이 일직선으로 뛴다면 백에 백은 치타에게 잡힐 것이다. 하지만 방향을 자주 바꾸며 지그재그로 뛰면 다른 변수가 생기고 500미터를 버틸 시간도 벌 수 있다. 게임을 변칙적이고 복잡하게 가져감으로써 강자의 장점인 단거리 승부를 무력화시키는 것이다.

아프리카 사바나의 초식동물들은 항상 포식자들과 마주칠 수밖에 없는 환경 속에서도 이렇게 게임의 축을 단기전에서 장기전으로 바꿈으로써 생존할 수 있었다. 그리고 장구한 종의 경쟁에서 육식동물들에게 승리를 거두었다.

극단적인 시간 압축

극단적인 시간 전략을 구사하는 하루살이 같은 곤충도 있다. 하루살이는 약하디약한 존재다. 무기라곤 아무것도 없고 빠르게 날지도 못한다. 그러나 하루살이는 고생대 석탄기에 출현해 3억 년 이상 거의 같은 형태로 생존해왔다. 종의 관점에서 보면 강자 중에서도 최강자다.

이것을 가능하게 한 것이 하루살이의 시간 압축 전략이다. 하루살이 성충은 하루나 이틀밖에 살지 못한다. 유충 상태로는 몇 년을 살지만 성충이 되자마자 바로 죽는다. 그래서 하루살이라는 절묘한 이름이 붙었다.

하루살이의 삶은 짧디짧지만 대신 1~2일의 생존 기간에 번식을 극대화하는 전략을 취한다. 하루살이 성충은 먹지도 않는다. 입이 퇴화해 섭취 기능 자체가 없다. 살아 있는 동안 오로지 번식만 한다. 하루이틀 사이에 교미와 산란을 마치는 것이다. 그렇게 DNA를 퍼뜨리는 데 모든 힘을 쏟은 뒤 짧고 치열한 생을 마감한다.

만약 하루살이가 오래 사는 대신 번식도 천천히 하는 생존 전략을 취했다면 오래전에 멸종했을지도 모른다. 번식하기 전에 천적에게 잡아먹힐 확률이 커졌을 것이기 때문이다.

하루살이는 보잘것없는 약한 날벌레에 불과하지만 시간을 압축함으로써 종의 전쟁에서 승리자가 되었다. 강자와는 차별화된 시간 전략으로 3억 년을 이어올 수 있었다.

강자가 못 오는 공간 찾기

시간 축과 함께 공간 축을 바꾸는 방식 역시 초식동물이 즐겨 사용하는 전략이다. 앞서 소개한 남극의 황제펭귄처럼 강자가 침범할 수 없는 자기만의 독점적인 생존 공간을 찾아내는 것이다.

예를 들면 사막 동물이 있다. 사막은 뜨겁고 물이 없으며 식물도 적어 살아가기에 아주 부적절한 장소다. 한낮의 온도가 섭씨 40~50도를 훌쩍 넘어가지만 내리쬐는 땡볕을 피할 그늘조차 없다. 사자나 치타, 표범 같은 포식자들은 사막에 살지 않는다. 더 좋은 환경의 서식지가 널려 있는데 굳이 사막까지 갈 이유가 없다.

반면 이 척박한 환경을 역이용하는 동물들이 있다. 낙타가 대표적이다.

낙타는 느린 데다 날카로운 이빨도, 큰 뿔도 없지만 사막에 적응함으로써 생존 확률을 높이는 전략을 취했다.

낙타는 신체의 모든 부분이 사막의 환경에 최적화한 형태로 진화했다. 발가락이 두 개로 접지 면적이 넓기 때문에 모래 위를 걷기 알맞고 모래 먼지가 들어오지 않도록 콧구멍을 막을 수 있다. 등의 혹에 지방을 저장해 물 한 모금 마시지 않고도 오랫동안 버틸 수 있다.

이렇게 사막에 적응함으로써 낙타는 포식자의 위협에 시달리지 않고 멸종의 위기에서도 벗어날 수 있었다. 강자와 차별화된 공간 축을 선택해 생존 경쟁을 승리로 이끈 것이다.

독자적인 공간 전략을 구사하는 동물들은 많다. 산양은 바위투성이의 고산 암벽 지대를 서식지로 선택했다. 라마는 해발 3000~4000미터의 고원 지대에 산다. 불편하기 짝이 없는 환경이지만 자기만의 공간을 확보함으로써 포식자의 침입에서 벗어나는 전략을 취한 것이다.

두더지나 땅강아지는 포식자들이 생각조차 하지 못했을 지하 세계로 생존 무대를 옮겼다. 땅속에 굴을 파고 살아가는 두더지나 땅강아지는 시력을 포기하고 대신 촉각과 후각, 청각을 최대한 예민하게 발달시키는 쪽으로 진화했다.

소금쟁이의 서식 공간은 물위다. 표면장력을 이용해 물위를 활보할 수 있도록 진화했다. 물속도 아니고 하늘도 아니고 땅 위도 아니라 물위라니, 이 얼마나 독창적이고 창의적인가.

모든 동물은 강자와 차별화된 자기만의 생존 전략을 갖고 있다. 가젤이 치타와 똑같이 단거리 속도 경쟁을 벌였거나 낙타가 사자처럼 아프리카 초원을 서식지로 선택했다면 오래전에 멸종했을 것이다.

약자인 초식동물이 종의 전쟁에서 이긴 이유는 단순하다. 강자와 다른 길을 걸었기 때문이다.* 그것은 인간 세계에도 똑같이 적용되는 약자의 승리 법칙이다.

---

* 약한 생물이 구사하는 생존 전략의 흥미진진한 사례들은 이나가키 히데히로가 쓴 《이토록 아름다운 약자들》에 잘 소개돼 있다.

CHAPTER 6

약자는 감동적이다

6ROUND

기습

알리의 전술은 성공을 거둔 듯하다. 5라운드까지 오는 동안 포먼은 힘을 거의 소진한 것처럼 보였다. 6라운드에도 공이 울리자마자 포먼은 알리에게 달려들었지만 펀치의 속도는 느렸고 주먹의 위력은 약했다. 습관적으로 전진하고 본능적으로 주먹을 뻗을 뿐이었다.

알리는 이제 안심하고 로프에 기댈 수 있다. 알리는 거실 소파에 누운 것처럼 로프 깊숙이 파묻혀 포먼을 맞는다. 포먼은 여전히 쉬지 않고 알리에게 다가서면서 주먹을 날린다. 하지만 위력이 현저히 떨어진 포먼의 주먹은 이제 알리에게 위협이 되지 못한다.

소강 국면이 이어졌다. 알리는 로프에 기대 휴식이라도 취하려는 듯 보였다. 그러면서도 간간이 주먹을 뻗어 순간적으로 공격한 뒤 다시 로프로 돌아오곤 했다. 소굴에 숨어 있던 게릴라 부대가 갑자기 나타나 치고 빠지는 것과도 같았다.

포먼을 끊임없이 자극해 피로하게 만들려는 의도가 분명했다. 포먼도 지금쯤 알리의 의도를 알아차렸을지 모른다. 그러나 알리의 전술을 간파했더라도 이미 늦었다. 힘이 빠져버린 포먼으로선 오직 한 방을 기대하며 계속 주먹을 뻗는 수밖에 다른 방법이 없었다.

링 주변의 분위기도 완전히 달라졌다. 시합 초반 알리의 로프 기대기를 비웃던 TV 해설자들마저 알리의 작전이 적중했음을 인정했다. 내기꾼들은 이제 거꾸로 포먼이 몇 라운드까지 버틸 수 있을지를 따지고 있었다.

6라운드 종료를 알리는 공이 울렸다. 알리의 홈그라운드와도 같은 아프리카의 관중들은 알리의 이름을 연호하며 환호를 보냈다. 알리는 오른손을 올려 박자를 맞추며 관중에게 화답한다. 승리를 확신한 듯한 몸짓이었다.

1

스토리는 약자의 무기

"나는 금수저도 흙수저도 아닌 무(無)수저를 갖고 태어났다."[*]

—

이재명

약자는 가진 것이 없는 사람이다. 강자는 돈과 권력, 사회적 지위를 갖고 출발선에서부터 유리한 위치를 차지하지만 대부분의 약자에겐 세속적인 성공을 뒷받침해줄 타고난 자산이 없다. 유복한 가정환경도, 기댈 '빽'도, 학력이나 스펙도 변변하게 내세울 것이 없다. 그래서 약자들은 좌절한다.

그런데 딱 하나, 오로지 약자만이 가질 수 있는 강력한 무기가 있다. '감동 스토리'라는 이름의 무기다. 강자가 성공을 거둔다고 해서 사람에게 감동을 주지는 못한다. 좋은 여건에서 성공하는 것은 어떤 의미에서 당연한 일이기 때문이다.

---

* jtbc 〈말하는 대로〉 중에서.

반면 약자는 다르다. 약자가 처한 역경이 약자의 열정과 결합할 경우 그것은 감동을 수반하는 강력한 스토리가 된다. 어려운 환경에 있는 사람이 역경과 맞서 싸우고 그것을 이겨내 원하는 목표를 성취하는 것은 그 과정 자체가 하나의 스토리다. 약자의 성공 스토리는 사람들의 마음을 움직이는 엄청난 위력을 발휘한다.

강자는 이런 스토리를 갖기 힘들다. 그런 면에서 약자가 처한 열악한 환경은 그것을 어떻게 보느냐에 따라 약자만의 무기가 될 수 있다. 상처 입은 진주조개만이 오색영롱한 진주를 만들어내는 것과 같은 이치다. 건강한 조개는 진주를 만들지 못한다.

세계 최초로 히말라야 16좌를 등정한 엄홍길 대장이 에베레스트 산에 오른다고 해서 대단하게 생각할 사람은 없을 것이다. 그러나 2016년 5월 일본의 50대 청각 장애인이 에베레스트 등정에 성공했다는 뉴스는 사람들을 감동시켰다. 기상 상태나 등반 정보를 알려주는 무선통신의 도움 없이 신체적 악조건을 딛고 세계 최고봉에 올랐다니 얼마나 대단한가.

브라질이 월드컵 16강에 오르면 뉴스거리도 되지 않지만 2002년 한국의 첫 16강 진출은 온 나라를 흥분의 도가니에 빠뜨렸다. 가난한 휴대전화 판매원 출신의 폴 포츠, 입에 풀칠하기 위해 글을 쓴 미혼모 조앤 롤링의 이야기도 역경 속에서 태어난 삶의 스토리이기 때문에 더욱 감동적이다. 약자의 스토리에는 감동을 주고 세상을 움직이는 힘이 있다.

단, 역경을 스토리로 만든다는 것이 말처럼 쉬운 일은 아니다. 치열한 노력과 열정, 고난에 주저앉지 않는 굳센 의지가 있어야 가능하다. 역경이 열정과 화학적 결합을 이루어야 감동을 주는 약자의 스토리가 탄생하는 것이다.

환풍기 수리공의 반전

인기 공개 오디션 프로그램 〈수퍼스타K〉는 숱한 화제를 뿌리면서 지금까지 수많은 스타를 탄생시켰다. 그중에서도 가장 극적인 장면을 꼽으라면 단연 2010년에 진행됐던 시즌 2였다.

2010년 10월, 쟁쟁한 출연자들이 참가해 몇 달 동안 치열한 경쟁을 벌인 끝에 두 사람의 결승 진출자가 가려졌다. 존 박(당시 22세)과 허각(25세)이었다.

두 사람은 모든 면에서 대조적이었다. 존 박은 도회적이고 세련된 외모에 훤칠한 키로 여성 팬들을 사로잡았다. 미국의 오디션 프로그램인 〈아메리칸 아이돌〉 시즌 9의 본선에 진출했을 정도로 실력도 있었다. 게다가 미국 명문 노스웨스턴 대학에 재학 중인 수재로, 두뇌까지 좋았다. '엄친아' 소리가 절로 나왔다.

여기에 맞선 허각은 모든 면에서 열세였다. 세 살 때 어머니와 헤어져 편부 슬하에서 자랐고 최종 학력은 중졸에 불과했다. 중학교 졸업 후 일용직 노동자에서 게임방과 편의점 알바는 물론 아파트 건설 현장에서 가구를 나르는 막일까지 안 해본 일이 없었다. 〈수퍼스타K〉에 나오기 전 허각이 가졌던 마지막 직업은 환풍기 수리공이었다.

허각은 외모에서도 내세울 것이 없었다. 얼굴 생김새는 투박하기 짝이 없고 촌티가 줄줄 흘렀으며 키는 165센티미터에도 채 못 미쳤다. 젊은 세대 유행어로 '루저'가 될 만한 요소는 다 갖추고 있었다. 객관적인 조건에서 허각은 도저히 상대가 되지 않았다.

그러나 뚜껑을 열자 놀라운 반전이 펼쳐졌다. 우승을 거머쥔 것은 존

박이 아니라 허각이었다. 허각은 일반 시청자 투표에서 존 박보다 2배나 많은 표를 받아 승부를 결정지었다. 노래 실력도 훌륭했지만 밑바닥에서 시작한 그의 인생 스토리가 사람들을 감동시킨 것이다.

오디션 프로그램이 방영되는 몇 달 동안 허각의 캐릭터는 '흙수저'로 포지셔닝됐다. 허각은 자신의 성장 배경을 솔직하게 털어놓았고 방송사 측은 프로그램의 극적 재미를 높이기 위해 그가 얼마나 힘든 삶을 살아왔는지를 부각시키는 데 편집의 초점을 맞추었다.

사람들의 마음을 움직인 것은 그가 보여준 간절함이었다. 고등학교에 진학하지 못할 만큼 힘든 가정환경 속에서도 그는 낮에는 환풍기를 수리하고 밤에는 노래 실력을 연마하면서 꿈을 키웠다. 외모도 환경도 열악했지만 노래를 부르겠다는 자신의 꿈을 한 번도 버리지 않았다.

꼭 가수가 되어 자신의 음악을 하고 싶다는 간절함이 감동적인 스토리가 되었다. 존 박의 세련되고 매끈한 강자의 스토리보다 허각의 투박하고 간절한 약자의 스토리가 사람들의 마음을 더욱 강력하게 사로잡은 것이다.

2015년에 데뷔한 6인조 걸그룹 '여자친구'는 팬들 사이에서 '흙수저 걸그룹'으로 불렸다. 여자친구는 직원 다섯 명인 무명의 작은 기획사 출신이다. 이수만의 SM이나 박진영의 JYP, 양현석의 YG 같은 대형 기획사 소속 아이돌이 휩쓰는 연예계에서 여자친구는 '출신 성분'이 보잘것없다는 의미에서 '흙수저 걸그룹'이란 별명이 붙은 것이었다.

주목받지 못하던 여자친구가 뜬 것은 이른바 '꽈당 동영상' 덕분이었다. 이들이 비가 내리는 야외 공개 무대에서 공연하는 도중 빗물에 미끄러져 여덟 번이나 넘어지는 사고가 벌어졌다.

한 팬이 이 장면을 찍어 온라인에 올렸다. 계속 넘어지면서도 다시 일어나 있는 힘을 다해 끝까지 공연을 마치는 모습은 온라인과 SNS를 통해 삽시간에 퍼져나갔다.

이 동영상으로 무명의 걸그룹이 일약 유명해졌고 이들의 노래도 스타덤에 올랐다. 흙수저 출신이라는 환경이 최선을 다하는 모습과 어우러져 감동적인 드라마를 만들어냈다.

약자 전략의 절정 고수 이재명

이 글을 쓰고 있는 2017년 봄, 대통령 선거를 향해 뛰는 후보들의 대권 경쟁이 한창이다. 후보들 중에 약자 전략의 초절정 고수로 불릴 만한 사람이 있다. 세상 어느 누구보다 약자의 전략을 절묘하게 구사하고 적극적으로 활용해 효과를 극대화하는 인물이다. 바로 이재명(1964~) 성남 시장이 그 주인공이다.[*]

필자는 이 시장을 정치적으로 옹호할 생각이 추호도 없다. 그가 대통령으로서 적합한지의 여부나 정치적 호불호를 따지려는 것이 아니다. 오히려 포퓰리즘 논란을 빚는 그의 복지 공약이나 과격한 언행 등이 대통령으로는 적합하지 않다는 지적에 필자는 동의하는 편이다.

여기서 말하려는 것은 이재명 돌풍의 전략적인 측면이다. 그는 대권 후보 지지도 조사에서 3위까지 치고 올라갔다. 정치 이력이라곤 성남 시장

---

[*] 이재명 시장은 더불어민주당 대선 후보 경선에서 선전했으나 결국 3위로 탈락했다. 21.2퍼센트의 득표율로, 2위 안희정 충남지사(21.5퍼센트)에 거의 근접한 지지를 얻어냈다. 경선에서 패배했지만 이재명은 일약 중앙 정치 무대에서 대선 후보급 거물의 반열에 올라섰으며 전국적인 인지도를 갖게 됐다.

뿐, 중앙 무대에선 명함조차 못 내밀던 변방 정치인으로선 이례적인 돌풍이었다. 그 약진의 비결이 바로 이 시장이 구사한 약자의 전략에 있었다.

이 시장의 삶은 소설처럼 드라마틱하다. 그는 경북 안동 두메산골의 가난한 농가에서 태어났다. 화전을 일구어 경작하던 그의 부모는 먹고살기가 힘들어지자 이 시장이 초등학교를 졸업한 직후 가족들을 이끌고 경기도 성남으로 이주했다. 가난 때문에 농촌을 떠나 도시로 흘러든 전형적인 도시 빈민이었다.

그의 아버지는 환경미화원으로 일했고 어머니는 막걸리 장사를 했다. 7남매 중 다섯째인 그는 중·고교를 가지 못하고 생계를 위해 5년 동안 성남의 한 공단에서 공장 노동자로 일했다. 이때 프레스에 왼팔이 끼이는 산업 재해를 당했고, 이 사고로 6급 장애 판정을 받아 군대도 면제됐다.

불우한 환경이었지만 머리는 명석했음이 틀림없다. 검정고시로 중·고교 과정을 거쳐 중앙대 법학과에 진학했고 대학 졸업과 동시에 사법시험에 합격했다. 성남시에서 인권 변호사로 활약했으며, 두 번의 낙선 끝에 세 번째 도전에서 성남 시장에 당선되어 재선까지 했다. 여기까지가 그의 간단한 이력이다.

흙수저 출신이 시장 자리에까지 오른 과정이 눈물겹지만 그렇다고 드문 사례는 아니다. 사실 우리 사회에서 이 정도 난관을 이겨내고 성공을 거둔 사람들의 스토리는 흔하디흔하다.

그런데 이 시장이 주목받는 것은 약자라는 자신의 핸디캡을 강점으로 뒤집어 누구도 흉내 낼 수 없는 자신만의 무기로 활용하고 있다는 점이다. 정치인으로서 그가 펼치고 있는 전략은 약자가 취해야 할 필승 전략을 두루 담고 있다.

첫째, 스토리를 내세우는 것이다. 이 시장은 선거운동 과정에서 자신이 얼마나 흙수저이고, 얼마나 힘들게 살아왔는지를 어필하는 전략을 취했다. 가난과 기득권에 맞서 싸워온 삶의 역정을 감동적인 스토리로 포장해 전면에 내세웠다.

그는 한 인터뷰에서 "냉장고에 과일을 넣어두고 먹고 싶을 때 꺼내 먹는 게 어렸을 적 꿈이었다"고 말했다. 환경미화원이던 그의 아버지는 청소하면서 주운 썩기 직전의 과일을 들고 와 가족들에게 먹이곤 했다. 그래서 성한 과일을 먹는 것이 소원이었다는 것이다.

그가 대선 출마를 선언한 장소도 10대 시절 중학교에도 가지 못하고 일했던 성남의 한 시계공장 앞이었다. 약자로 살아온 삶의 스토리를 상징해주는 장소를 고른 것이다. 썩은 과일의 일화도, 소년공으로 일한 공장도 다른 어떤 대선 주자도 보유하지 못한 이재명만의 독보적인 자산이었다.

약자의 인생 스토리는 약점이 아니라 자산이다. 약자의 힘든 삶이 스토리와 결합하면 사람들을 감동시키는 강력한 힘을 발휘한다. 이재명은 약자의 자산을 최대한 활용했고 성공을 거두었다.

"싸움닭이 아니면 누가 주목이라도 해주나"

둘째, 싸움꾼 전략이다. 이재명은 모든 언동이 전투적이다 못해 호전적이고 도발적이다. 대통령을 감옥에 보내야 한다는 말을 주저하지 않고 재벌을 해체하자고도 주장한다. 품격 있고 세련된 것과는 거리가 멀다. 무슨 이슈만 생기면 싸움닭처럼 독한 모습으로 달려들어 좌충우돌 판을 흔든다.

그는 기성 정치인들이 쓰는 점잖은 화법을 기만이라고 말한다. '긍정 검토' 같은 애매한 말은 대중을 속이는 기만의 언어라고 규정한다. 그는 에둘러 애매하게 말하는 법이 없다. 대중이 이해할 수 있는 쉬운 언어로 솔직하게 말하겠다고 한다.

이재명의 언어는 직설적이고 과격하다. 때로는 막말 논란까지 일으키기 일쑤다. 반대자들과 멱살잡이 싸움도 주저하지 않고 소송전도 불사한다. 품격이 없다는 비판에 이 시장은 그것이 약자인 자신의 방식이라고 맞선다.

그는 중앙 정치권에 뿌리도 없는 변방의 비주류 정치인에 불과하다. 점잖게 예의 바른 소리만 해서는 누구도 주목조차 해주지 않는다. 싸움꾼처럼 도발하고 끊임없이 부닥쳐서 판을 흔들어야 승부의 실마리를 만들 수 있다. 옳으냐 그르냐를 떠나 약자로서는 더할 나위 없이 훌륭한 전략이다.

신사처럼 우아하고 세련되게 처신하는 것은 강자의 전략이다. 열세에 놓인 약자가 강자와 똑같이 점잖게만 행동해서는 승산이 없다. 반복되는 말이지만 약자는 강자의 게임을 버리고 약자의 차별화된 게임을 벌여야 한다. 이 시장은 이 원리를 꿰뚫고 있다.

셋째, 비정규군 게릴라전략이다. 그는 메이저 언론에 기대지 않는다고 했다. 중앙 일간지나 방송 같은 주류 매체는 기성 정치인을 중심으로 보도한다. 자기 같은 변방의 정치인은 어차피 써주지도 않으니 아예 주류 언론 쪽은 포기하겠다는 것이다.

대신 그는 트위터나 페이스북 같은 SNS를 주된 창구로 활용한다. SNS를 통해 메시지를 발신하면 그의 지지자들이 마치 게릴라처럼 달려들어 여기저기 실어 나른다.

언론이 정규군이라면 SNS는 비정규군이다. 그의 힘은 수십만 명에 달하는 SNS 팔로어들이다. 메이저 언론에 비해 트위터 한 줄의 영향력은 미약하지만 팔로어가 충분히 많으면 언론 못지않은 위력을 발휘할 수 있다. 변방의 약자가 중앙의 유력 정치인과 맞붙어 싸울 수 있는 자신만의 승리 방정식을 만든 것이다.

무슬림 런던 시장의 탄생

2016년 5월의 런던 시장 선거는 세계 정치사에 혁명적인 사건으로 기록될 것 같다. 집권 보수당의 잭 골드스미스(당시 41세) 후보와 노동당 사디크 칸(46세) 후보가 격돌한 선거에서 칸 후보가 압승했다.

이 선거는 금수저 대 흙수저의 대결로 전 세계의 흥미를 끌었다. 영국은 서구 국가 중에서도 보수적이기로 손꼽히는 나라다. 왕실이 살아 있고 세습 귀족 가문들이 건재하다. 신분에 따라 다니는 학교까지 다른 나라가 영국이다. 이렇게 보수적인 나라의 수도 시장 선거에서 흙수저가 금수저를 누른 일대 사건이 벌어진 것이다.

보수당 후보로 나온 골드스미스는 금수저도 모자라 '다이아몬드 수저'로 불릴 만큼 모든 것을 다 갖춘 최상류 특권층 출신이었다. 영국의 대표적인 유대계 명문 가문에서 태어났고 물려받은 유산만 약 2조 원에 달했다. 부인도 금융 명문가인 로스차일드 가문의 후손이었다.

반면 칸 후보는 파키스탄 이민자 가정 출신의 무슬림이었다. 기독교 국가에서 이슬람교도라니, 이것만으로도 그는 비주류 약자의 운명을 타고난 셈이다. 파키스탄에서 이민 온 아버지는 버스 운전기사였고, 어머니는 재봉사로 일했다. 8남매의 다섯째였다.

집안 형편 때문에 칸은 어렸을 때부터 신문 배달을 하며 용돈을 벌었다. 방학 때면 공사장 인부 아르바이트를 하기도 했다. 가난에서 벗어나기 위해 치과의사를 지망했지만 칸의 토론 실력을 눈여겨본 교사가 법조인의 길을 권유했고 칸은 조언을 따랐다. 인권 변호사로 활약하다 30대 중반에 정계에 입문했다.

두 사람은 성장 배경 못지않게 선거 공약도 대조적이었다. 골드스미스는 런던의 대중교통 체계를 개선하고 질을 높이기 위해 요금 인상이 불가피하다고 주장한 반면 칸은 요금 동결을 공약했다. 주택 정책에서도 칸은 저렴한 서민주택 공급 확대를 공약으로 내세웠지만 골드스미스는 이것이 주택 시장을 왜곡하고 위축시킬 것이라고 반대했다.

요컨대 골드스미스에 비해 칸의 정책이 훨씬 더 친서민적이고 대중 친화적이었다. 만약 다른 정치인이 그런 입장을 취했다면 당장 포퓰리스트라는 딱지가 붙었을 것이다. 대책도 없이 인기만 좇는 대중 영합의 저질 정치를 한다는 비난을 받고도 남았을 것이다.

그러나 칸에겐 진정성이 있었다. 그가 살아온 인생, 그리고 살면서 직접 겪은 경험이 바로 진정성을 뒷받침하는 배경이었다. 칸은 청소년 시절 줄곧 값싼 공영주택 단지에서 살았고, 버스와 지하철을 발처럼 이용했다.

그는 저비용 임대주택과 대중교통이 서민들의 삶에서 얼마나 중요하고 절대적인 요소인지를 경험으로 알고 있었다. 그의 공약은 엘리트 정치인들이 서민을 위한답시고 말로만 떠드는 선심 공약과는 달랐다.

어려운 환경 속에서 직접 겪은 체험이 뒷받침됨으로써 칸의 서민 정책은 공허한 구호가 아니라 실천적인 생명력을 갖게 되었다. 흙수저라는 출신 배경이 칸의 정치 인생과 선거전을 뒷받침해주는 강력한 무기가 된 것이다.

런던 유권자들은 57퍼센트의 압도적인 지지율로 칸을 시장으로 뽑아주었다. 열세임을 느낀 골드스미스 측이 막판에 칸의 인종과 종교를 거론하며 네거티브 공세에 나섰지만 결과는 달라지지 않았다.

2

약점을 '활용'하라

> "장애는 단순한 '신체적 특징'이다.
> 내가 세상에 태어난 것은
> 팔다리가 없는 나만이 할 수 있는 일이 있기 때문이다."
>
> —
>
> 오토다케 히로타다

1980년대를 풍미한 코미디언 이주일(1940~2002)*의 유행어는 "못생겨서 죄송합니다"였다. 무대에만 오르면 못생겨서 미안하다는 말부터 시작하고 보았다. 잘생긴 연예인이 각광받고 누구나 어떻게 하면 멋지게 보일까를 노심초사하는 시대에 그는 못생긴 자신의 용모를 전면에 내세워 최고의 스타가 됐다.

　신체적 약점은 그 사람의 사회 활동을 제약하는 핸디캡 요인이다. 특히 신체적 장애가 그렇다. 다리가 불편한 사람이 프로축구 선수가 될 수 없

＊　연예계 데뷔 후 10여 년간 무명 생활을 전전하던 이주일이 발탁된 계기는 1977년 이리역(지금의 익산시) 폭발 사고였다. 당시 역 근처 극장에서 공연의 사회를 맡고 있던 그는 머리가 함몰되는 부상을 당했으면서도 당대 최고의 스타 하춘화를 업고 병원에 달려가 그녀를 구해냈다. 그 보답으로 하춘화는 자기가 공연할 때마다 이주일을 사회자로 불렀고 덕분에 이름이 알려져 스타로 뜨게 되었다. 이 책의 8장에 나오는 '약자의 전환점'이 이주일에게 찾아왔던 것이다.

고, 팔이 불편한 사람이 피아니스트가 되기 힘들기 때문이다. 신체장애는 물리적 의미에서 약자의 속성이지만 그로 인해 장애자가 경제·사회적 약자의 신세로 전락하는 경우가 많다.

그런데 신체적 약점에 발목 잡히지 않고 이것을 강점으로 반전시키는 것이 진정한 약자의 전략이다. 장애를 핸디캡으로 여기지 않고 정반대로 삶의 '자산'으로 활용하는 것이다.

육체적 약점과 사회적 약점이 꼭 일치하는 것은 아니다. 접근 방식과 생각의 방향에 따라 신체장애라는 물리적 약점은 그 사람의 사회적 인생에 마이너스가 될 수도, 플러스가 될 수도 있다.

유쾌한 '오체불만족'

오토다케 히로타다(1976~)라는 일본인이 있다. 이름만으론 생소할지 몰라도 '오체불만족(五體不滿足)'이라는 그의 저서명을 들으면 다들 아하, 하고 고개를 끄덕일 것이다.

오토다케가 22세에 펴낸 이 책은 일본에서만 무려 500만 부가 팔렸고 한국을 비롯한 전 세계에서 번역 출간돼 초베스트셀러에 올랐다. 팔다리가 없는 장애를 딛고 일어선 그의 인생 스토리는 전 세계 사람들에게 감동을 주었다.

그는 2016년 봄 불륜 스캔들에 휘말려 곤욕을 치렀다. 한 주간지의 폭로로 시작된 불륜설은 결국 오토다케가 결혼 후 다섯 명의 여성과 혼외 관계를 맺었음을 시인하고 부인과 이혼하는 사태까지 불러왔다. 온갖 비난이 쇄도하고 일본은 물론 한국에서도 그에게 실망했다는 반응들이 쏟아졌다.

불륜은 도덕적으로 비난받아야 할 나쁜 일이다. 그러나 그렇다고 해서 오토다케가 걸어온 인생의 의미와 가치가 부정되거나 폄하될 수는 없다. 한 가정의 가장이자 남편으로서 오토다케는 비난받아 마땅하지만 그가 이루어낸 장애 극복의 삶이 우리에게 의미 있는 메시지를 던져주는 것은 변함이 없다.

그는 사지절단증이라는 선천성 장애를 갖고 태어난 중증 장애인이다. 사지절단증이란 팔과 다리가 없는 희귀 질환으로, 그는 성인이 된 후에도 팔과 다리가 10센티미터밖에 자라지 않았다. 혼자서는 걸을 수도, 밥을 먹을 수도, 세수할 수도 없다. 몸통에 머리만 달려 있는 처연한 모습이다.

그런데 오토다케가 탁월한 것은 신체적 약점을 강점으로 반전시킨 전략 때문이었다. 그는 자신의 치명적인 장애를 도리어 장점으로 역(逆)해석해 자신만의 무기로 만들어버렸다.

장애 때문에 좌절하거나 숨기는커녕 팔다리가 없는 모습을 적극적으로 내세워 누구도 모방할 수 없는 자신만의 브랜드로 삼았다. 그가 책으로도 쓴 '오체불만족'이라는 브랜드다.

그는 장애와 함께 살아가는 자신의 삶 자체를 스토리로 만들어 대중에게 제공했다. 씨름의 뒤집기 기술처럼 선천적 장애를 인간 승리의 유쾌하고 통쾌한 스토리로 바꿔버렸다. 그의 책은 나오는 족족 베스트셀러가 되고 감동을 주었다.

덕분에 그는 일본뿐 아니라 세계적으로도 유명한 인물이 되었다. 그는 책을 쓰거나 강연을 하거나 TV 등에 출연해 자신의 스토리를 들려주고 역경에 처한 불우한 사람들에게 희망의 메시지를 전한다.

약점을 회피하지 말고 내세우라

오토다케의 사회적 활동은 비장애인보다 훨씬 활발하다. 말 그대로 분야를 넘나들며 종횡무진하고 있다. 사립 명문 와세다 대학 정치학과를 졸업한 뒤 공중파 TV의 스포츠 리포터와 뉴스 보조진행자를 맡았고 야구 전문지에 기고하는 스포츠 라이터로도 활약했다.

3년간 초등학교 교사로 교단에 섰으며 이를 바탕으로 소설을 써서 작가로도 데뷔했다. 2013년엔 도쿄 도의 교육위원으로 선임되기도 했다. 이 모든 일이 가능했던 것은 오토다케가 자신의 장애를 긍정적으로 해석해 자신만의 콘텐츠를 만들고 강점으로 삼았기 때문이다.

어감이 이상할지 몰라도 자신의 약점을 '활용'해 강점으로 전환시킨 것이다. 약자의 약점도 접근하기에 따라서는 강점이 된다.

오토다케의 약자 전략이 성공한 비결은 세 가지다.

첫째, 약점을 회피하지 않고 받아들였다는 점이다. 오토다케가 자신의 신체적 결함을 콤플렉스로 여겨 숨기고 회피했다면 그는 물리적 장애인일 뿐 아니라 사회적으로도 성공하지 못했을 것이다. 약자의 전략은 약점을 인정하는 데서 출발한다.

둘째, 약점을 베이스로 자신만의 스토리를 만든 점이다. 약점과 맞서 싸우고 이를 극복하는 과정은 사람들에게 감동을 주고 희망의 메시지를 제공한다. 세상에서 둘도 없는 기막힌 인생 스토리다. 일반 사람에게는 없는 자신만의 차별화된 콘텐츠다.

셋째, 자신의 약점을 긍정적이고 건설적인 프레임으로 해석하고 재가공한 점이다. 똑같이 약점을 극복한 콘텐츠라도 절망과 한탄의 프레임으로 접근하면 사람들이 그렇게 감동하지 않는다. 동정은 할지언정 열광하지는 않는다.

오토다케는 사지절단증이라는 장애를 장애가 아니라 '초개성(超個性)'이라고 표현했다. 그가 처절한 장애를 유쾌하고 발랄한 터치로 그려냈기 때문에 그의 인생 콘텐츠는 차별화된 생명력을 가질 수 있었다.

오토다케의 약자 전략은 다른 모든 약자들에게도 똑같이 적용될 수 있는 보편적인 전략 포인트다. 약점을 긍정적으로 받아들이고 건설적으로 해석해서 자신만의 차별화된 스토리를 만들어내라는 것이다.*

자신의 약점을 연구한 '자기 관찰 보고서'

2016년도 대학 입시를 전하는 언론 보도에서 두 가지 사례가 눈길을 끌었다. 중증 근육병을 앓으면서도 연세대 의대에 합격한 전병건(동성고) 군과 경희대에 합격한 크론병 환자 손동연(충북고) 군의 스토리였다.

전병건 군은 태어나면서부터 선천성 근무력증을 앓아왔다. 근무력증은 체내에서 근육을 만들고 유지하는 단백질을 생성하지 못하는 희귀 난치병이다. 전 군은 중학교 때부터 다른 사람의 도움 없이는 혼자 일어서지 못할 정도로 심한 증세를 보여왔다. 손에 힘이 없어 오랫동안 필기를 하기조차 힘들 정도였다.

전 군은 2016학년도 입시에서 연세대 의예과에 합격했다. 물론 전 군의

---

* '호주판 오체불만족'으로 불리는 닉 부이치치(1982~)도 있다. 그도 오토다케처럼 사지 없이 태어나 세 번 자살을 시도하는 등 절망을 겪은 끝에 자신의 장애를 삶의 의미로 받아들이게 됐다. 장애를 긍정적인 의미로 반전시킨 그의 삶은 국내에도 《닉 부이치치의 허그(HUG)》라는 책으로 소개되었다.

학업 성적도 탁월했다. 고교 시절 1, 2등을 놓치지 않을 정도로 공부를 잘했다. 하지만 몸을 제대로 움직이지 못하는 전 군이 과연 의사로서 적합한지는 의문이었다. 실제로 전 군 같은 지체장애 1급의 중증장애 학생이 연세대 의대에 입학한 전례가 없었다.

그가 합격한 데는 입시 원서에 첨부한 자기소개서가 중요한 역할을 했다. 그는 "고2가 되기 전까지 제가 갖고 있는 선천성 근무력증에 대해 정확한 진단도 받지 못한 채 살아왔다. 의사가 되어 제 병에 대한 연구뿐만 아니라 저와 비슷한 처지에 있는 수많은 환자를 돕고 싶다"고 썼다.

전 군은 자신이 앓고 있는 병에 대한 약식 논문도 제출했다. 근무력증에 대한 최신 연구 결과를 조사해 정리하고 복용 중인 약의 예후를 꼼꼼하게 적은 '자기 관찰 보고서'였다.

전 군은 "내 몸이 불편한 것보다 '어디가 왜 아프고 어떻게 치료하면 된다'는 것을 몰라 더 괴로웠다. 의사가 돼 병의 원인을 정확하게 밝혀내고, 환자들에게 친절히 설명해주고 싶다"고 말했다.

결국 연세대 의대는 학장 이하 주요 교수들이 회의를 거친 끝에 전 군을 합격시키기로 결정했다. 선천성 중증질환이라는 약점을 전면에 내세우고 자신의 병을 고치는 의사가 되겠다고 항변한 전 군의 열정이 인정받은 것이었다.

약점 극복의 스토리

경희대 생체의공학과 수시모집에 합격한 손동연 군도 자신이 앓고 있는 질병을 입시로 연결시켜 성공한 케이스다.

그는 희소성 난치병인 크론병을 앓고 있다. 크론병은 박테리아에 지나치게 반응하는 면역 체계 탓에 유발되는 만성적인 자가면역 장 질환이다. 자기 몸의 세포, 조직, 기관 등을 이물질로 인식해 자기 몸을 공격함으로써 질병을 유발한다.

몸에 종양이 계속 생겨 네 차례나 수술을 받아야 했던 손 군은 고교 2학년 때 자신에게 크론병이 있다는 것을 알게 됐다. 당시 문과생이었던 손 군은 자신의 병을 좀 더 알고 싶다는 생각에 이과로 진로를 바꿨다.

그때부터 손 군은 면역력에 관한 책을 읽고 교내 신문에 크론병을 주제로 기사를 쓰는 등 자신의 약점을 파고들기 시작했다. 크론병 치료에 활용되는 줄기세포를 바이오 3D 프린터로 만들 수 있다는 것 등을 탐구하기도 했다. 손 군은 이런 노력과 열정을 인정받아 경희대 입시에 합격했다.

전 군과 손 군이 취한 약자의 전략은 대학 입시뿐 아니라 기업체 입사 시험 등에서도 효과를 발휘할 수 있다.

대기업 채용 담당자들의 애기를 들어보면 학점이나 영어 시험 점수 같은 스펙은 생각만큼 큰 변수가 아니라고 한다. 스펙보다는 열정이나 삶을 대하는 태도, 역경을 이겨내는 의지력 같은 인성 변수가 당락에 더 중요한 변수로 작용한다는 것이다.

신체장애나 가난, 불우한 가정환경 같은 자신의 약점을 극복하는 과정을 하나의 스토리로 만들어보라. 면접장에서 A⁺학점이나 토익 만점보다 훨씬 강력한 위력을 발휘할 것이다. 이것이 약자의 전략이다.

3

열심히 산 삶이 약자의 스펙

"경험이 스펙을 이긴다.
우리는 스펙이 아닌 경험을 통해
하나하나 새로운 경우의 수를 쌓아나가야 한다."[*]

—

옥성호

KT 직원 김근형(1986~) 씨를 알게 된 것은 취재 과정에서였다. 사상 초
유의 청년 실업 사태가 계속되고 있다. 세칭 명문대 졸업생들도 취업하기
힘든 상황에서 스펙조차 변변치 않은 청년들이 어떻게 해야 취업에 성공
할지에 대한 기사를 준비하던 중 김근형 씨의 성공담을 듣고 그를 인터뷰
했다.

김 씨는 아직 새내기 티를 채 벗지 못한 신참 사원이다. 2015년 7월 KT
에 입사해 KT 구로영업소에서 통신장비 관리 업무를 맡고 있다. 매사 적
극적이고 활달해 선배들의 평가가 좋고 업무 성적도 우수하다. 회사 측은

---

[*] CBS 〈세상을 바꾸는 시간, 15분〉 중에서.

좋은 인재를 잘 뽑았다고 만족하고 있다.

김 씨는 KT처럼 굴지의 대기업에 들어갈 만한 스펙이 못 된다. 집안 사정이 좋지 않아 중학교 졸업 후 아르바이트를 전전했고 검정고시와 편입을 통해 겨우 대학 졸업장을 땄다.

성적도 그저 그렇고 영어나 외국어 실력이 좋은 것도 아니다. 남들처럼 해외 연수를 다녀오지도 못했다. 그런데 어떻게 젊은이들에게 선망의 직장인 KT 입사 시험에 합격할 수 있었을까.

보도블록 알바, 가스관 인부

김 씨는 강원도 원주 출신이다. 어렸을 적 집안은 비교적 유복했다. 부모님이 슈퍼마켓과 당구장, 목욕탕 등을 운영하면서 크게 부족하지 않은 환경에서 자랐다.

그가 고1 때 부모님의 사업이 부도가 났다. 집과 모든 재산이 빚쟁이 손에 넘어가고 온 가족이 거리로 나앉게 됐다. 도저히 학교에 다닐 형편이 되지 못했다. 김 씨는 고1 겨울방학 때 자퇴서를 내고 생활 전선에 뛰어들었다. 열여섯 살 때였다.

아르바이트라고 하지만 중졸 학력의 10대가 할 수 있는 일은 많지 않았다. 〈벼룩시장〉을 뒤져 시장에 있는 분식집 일자리를 구했다. 서빙을 하고 채소를 다듬고 배달을 다니는 일이 창피하고 싫었다. 앞은 그저 캄캄하기만 했다. 꿈도 희망도 목표도 없었다. 아침 10시부터 저녁 8시까지 일하고 시급 2000원을 받았다.

성실하게 일하는 그의 모습에 주변 가게 몇 곳에서 일자리 제안이 들어왔다. 그는 인근 스포츠용품점으로 옮겼다. 밤 11시까지 점원으로 일하며 월 100만 원을 벌었다. 걸어서 출퇴근하고 가게에서 주는 밥을 먹으며 월급을 고스란히 모았다. 번 돈은 족족 부모님에게 드렸다.

보도블록 공사장 아르바이트도 했고 가스관 매설 인부로도 일했다. 가스관 아르바이트는 위험수당까지 붙어 수입이 짭짤했다. 하루도 쉬지 않고 현장에 나갔다. 밤샘 철야 작업도 마다하지 않았다.

다행히 가정 형편도 점점 나아졌다. 부모님은 못 다한 학업을 계속하라고 했다.

3개월간 검정고시를 준비했다. 낮에는 아르바이트를 하고 밤에는 시립도서관에서 공부해 고교 졸업 자격을 땄다. 고향을 떠나 청주의 직업훈련학교에 입학했다. 수중의 돈 120만 원에서 등록금과 기숙사비를 내고 나니 딱 10만 원이 남았다.

학교 근처 갈빗집에서 아르바이트 자리를 구했다. 낮에는 수업을 듣고 저녁엔 갈빗집에서 서빙하면서 생활비를 벌었다. 그야말로 치열한 나날이었다. 그렇게 악착같이 공부해 무선설비기사 자격증을 따냈다.

직업훈련학교 졸업 후 군복무 대신 천안의 방위산업체에 취업했다. 잔업과 주말·야간 근무를 도맡아 했다.

2년 10개월의 복무 기간이 끝나자 주변에선 대학에 가라고 권유했다. 편입 절차가 있다는 것을 그는 그때 처음 알았다.

그는 건국대 공대 편입 과정에 응시했다. 면접 때 그는 자신이 이렇게 열심히 살아왔다는 것을 어필했다. 결국 스물넷의 나이에 꿈에 그리던 늦깎이 대학생이 될 수 있었다.

"열심히 살아온 삶이 나의 스펙"

대학 시절도 주경야독의 연속이었다. 한 학기 다니다가 휴학해서 돈을 벌고 다시 복학하는 식이었다. 아르바이트로 등록금과 생활비를 버느라 스펙 만들기는 꿈도 꿀 수 없었다. 28세가 되던 해 그는 대학을 졸업했다. 어렵게 손에 쥔 대학 졸업장은 사회 진출에 꼭 필요한 면허증과도 같았다.

여느 청년들처럼 그도 취업에 도전했다. 채용 공고가 나는 기업체마다 응시했다. 그가 제출한 이력서만 400~500개가 넘었다. 하지만 1차 서류 전형에서 죄다 떨어졌다. 별 볼일 없는 스펙의 그에게 채용의 문턱은 너무도 높았다.

그러나 길이 있었다. 그가 찾아낸 길은 요즘 대기업들이 도입하고 있는 '열린' 채용이었다. KT의 '스타 오디션' 채용 공고를 보고 눈이 번쩍 떠졌다. 출신 학교와 학점, 영어 성적을 보지 않고 면접을 통해 자기 역량을 설명할 기회를 주는 전형이었다.*

그는 5분간의 발표에서 면접관들에게 자기가 살아온 과정을 얘기했다. 좌절하지 않고 얼마나 치열하게 부닥쳐 힘든 환경을 극복해냈는지를 알렸다.

결국 그는 면접관들의 마음을 움직였고 그 좁은 채용의 관문을 통과할 수 있었다. 김 씨는 "나의 절실함이 통한 것 같다"고 말했다. 절실하게 원하면 길이 있더라는 것이다.

---

* 김근형 씨가 KT 입사 시험에 합격한 것은 스펙을 보지 않는 '스타오디션' 채용 프로그램을 통해서였다. KT가 2013년부터 도입한 이 제도는 지원자들이 면접관 앞에서 5분 동안 자신의 생각과 삶의 경험을 형식에 구애받지 않고 자유롭게 프레젠테이션하는 프로그램이다. 학력이나 자격증 같은 스펙을 보지 않고 열정과 창의성, 직무능력만 따져서 선발하겠다는 취지다. KT는 전체 채용 인원의 10~20퍼센트를 이 프로그램으로 뽑고 있다.

김 씨에겐 세상 어느 누구도 따라 할 수 없는 자신만의 스펙이 있다. 인생 스토리다. 그는 "열심히 살아온 삶 자체가 나의 스펙"이라고 했다.

열여섯 살부터 생활 전선에 뛰어들어야 했던 삶이 너무도 힘들었다. 하지만 시간이 흐르면서 그때의 힘든 경험이 그의 자산이 되었다. 그를 누구보다 단단하고 강하게 만들어주었다. "몸만 건강하면 뭐든 다 할 수 있다는 자신감이 그때 생긴 것 같다"고 김 씨는 말한다.

흙수저와 약자가 어려운 환경을 이겨낸 과정은 사람들의 마음을 움직이는 감동적인 스토리가 된다. 약자의 인생 스토리야말로 약자만이 가질 수 있는 강력한 스펙이다.

4

채용전쟁 꿀릴 게 없다

"스펙은 다른 사람과 비교하게 하지만, 스토리는 나를 점검하게 한다.
마찬가지로 스펙이 나를 우월하게 만들어줄지는 모르지만,
스토리는 나를 돋보이게 한다."[*]

—

김정태

2030 청년 세대 사이에서 '헬조선' 얘기가 나오는 가장 큰 이유는 취업난 때문이다. 좋은 일자리의 문호는 점점 좁아지고 취업 경쟁은 갈수록 치열해지고 있다. 아무리 노력해도 내가 원하는 직장에 들어가기 힘들다는 좌절감이 확산돼 있다. 안타까운 현실이다.

취업을 준비하는 많은 청년들이 걱정하는 것이 스펙이다. 학벌이나 학점, 영어 점수, 자격증, 해외 연수 같은 스펙이 당락을 좌우한다고 믿기 때문이다.

그래서 아르바이트로 생활비를 버느라 학점을 관리하거나 스펙을 쌓을

---

[*] 김정태, 《스토리가 스펙을 이긴다》, 갤리온, 2010.

시간이 없는 흙수저는 채용 경쟁에서 불리하다는 것이 정설이 되었다. 스펙이 가장 중요하다는 말은 어디까지 사실일까.

누가 아무리 이렇다 저렇다 해도 이 문제를 가장 잘 아는 사람은 채용 시험 담당자일 것이다. 모르면 물어보면 된다.

필자는 대기업에서 신입 사원 채용 업무를 직접 담당하는 임원들을 인터뷰해서 궁금한 점을 질문해보았다. 삼성전자와 현대자동차, SK텔레콤의 인사 담당 임원이 인터뷰에 응해주었다. 세 회사 모두 취업 희망 리스트의 최상위권에서 빠지는 일이 없는 인기 직장이다.

각 기업마다 채용 기준이나 원하는 인재상이 약간씩 다르긴 했지만 스펙에 관한 한, 세 임원의 말은 일치했다. 세 사람의 말을 종합하면 이렇다.

"스펙이 입사 시험의 당락을 좌우한다는 말은 완전히 오해다. 스펙을 전혀 보지 않는 것은 아니지만 생각만큼 비중 있게 보지는 않는다. 스펙은 최소한의 기본만 갖춰지면 된다. 오로지 스펙이 좋아서 선발한다든지, 탐나는 인재인데 스펙이 나빠서 떨어뜨린다든지 하는 일은 없다고 보면 된다."

인사 담당 임원들이 말하는 스펙의 진실

이들 인사 담당 임원들에 따르면 스펙은 입사 시험 당락의 결정적 변수가 아니다. 물론 스펙을 본다. 다만 기업들이 응시자의 스펙을 보는 것은 최소한의 자격을 따져 걸러내기 위해서다.

예를 들어 대학 4년 내내 학점이 낮은 수준이었다면 지능이나 성실성, 문제 해결 능력에 결함이 있다는 뜻으로 해석되기 때문에 기업 입장에선 문제가 되는 것이다. 나쁜 스펙 자체가 아니라 스펙으로 나타나는 수험생의 능력이 사원으로서 적합하냐가 문제인 것이다.

학점이 낮은 경우라도 다른 것으로 만회할 방법이 많다. 예를 들어 현대자동차 입사 시험 면접장에서 학점이 형편없는 이유에 대해 질문을 받고 이렇게 답변했다고 치자.

"저는 자동차 마니아입니다. 자동차에 미쳐서 대학 시절 공부보다 자동차 연구에 온 열정을 쏟아부었습니다. 그래서 학점은 좋지 않습니다만 자동차에 관한 한, 누구에게도 뒤지지 않는 지식을 갖고 있다고 자부합니다."

이렇게 대답할 수 있다면 이 수험생은 학점의 열세를 극복할 수 있을 뿐만 아니라 현대차에 합격할 가능성도 높아진다. 현대차는 자동차에 열정을 바치는 인재를 선호하기 때문이다.

단, 말로만 번지르르하게 포장하는 것이 아니라 자동차에 미쳐서 보낸 대학 생활을 객관적으로 입증할 수 있어야 한다. 자동차 블로그를 오랫동안 운영했다든지, 자동차 디자인 콘테스트에 참가해서 어떤 상을 받았다든지 하는 식으로 말이다.

현대차만 그런 것이 아니라 다른 대기업도 마찬가지다. 인터뷰에 응해준 삼성전자의 A임원은 "GSAT(삼성직무적성검사)를 통과해 면접에 올라온 이후엔 스펙이 큰 의미가 없다. 직무와 무관한 스펙이나 자격증은 점수를 산정할 때 반영하지 않는다"고 말했다. 스펙은 선발 업종의 직무와 관련이 있는 경우에만 참조한다는 것이다.

SK텔레콤의 C임원도 같은 말을 했다.

"2007년부터 블라인드 시스템을 도입해서 입사 지원서에 스펙란을 아

예 지었다. 서류 심사나 면접 때 채점위원은 학교 이름도 가리고 평가를
한다. 출신 학교나 학벌, 스펙을 본다는 것은 정말 옛날 얘기다. 우리 회
사를 비롯한 대기업은 스펙에 대한 선입관이 없다고 보면 된다."

　인터뷰에 응한 인사 담당 임원들은 예외 없이 스펙이 중요하지 않다고
말한다. 필자가 취재 현장에서 만난 대기업 경영진들도 한결같이 같은 말
을 한다. 이들이 입을 맞춰 거짓말을 하는 것일까. 그건 아닐 것이다.

스펙보다 중요한 것은?

인터뷰에 응한 인사 담당 임원들은 해당 직무에 필요한 능력을 갖추고 있
는지가 합격 여부를 가늠 짓는 가장 중요한 요소라고 말한다. 자기가 응
시한 업체와 직군에서 활약하기 위해 필요한 지식과 열정, 소양을 갖추고
있는지를 집중적으로 본다는 것이다.

　삼성전자의 A임원은 이렇게 말했다.

　"직무 관련 능력이 가장 중요하다. 예컨대 연구개발 직에 응시한 사람
이라면 그 분야의 전공 능력과 지식은 물론이고 대학에서 전공과목을 얼
마나 충실히 공부했는지를 본다. 면접에서 중요한 것은 주어진 상황에 대
처하는 종합적 능력이다. 독창적 아이디어와 창의성, 자기 생각을 설득력
있게 설명하는 논리 전개 능력이 중요하다. 임원들이 주관하는 면접에선
인성과 열정을 중점적으로 평가한다."

　현대차의 B임원은 면접에서 가장 중요하게 보는 것은 인성이라고 했다.

　"남에 대한 배려심, 대인관계 능력, 팀워크, 즉 다른 조직원들과 조화롭
게 어울려 업무를 추진할 수 있는지가 중요하다. 인성과 함께 일에 대한

열정을 증명할 수 있어야 한다. 지원 분야에 대한 관심과 이해, 비전을 갖추고 있다면 합격 가능성이 높다."

SK텔레콤 C임원은 네 가지 선발 기준이 있다고 전했다.

"첫째는 도전 정신, 둘째는 문제 해결 능력, 셋째는 팀워크, 넷째는 직무에 대한 준비성이다. 자기가 들어가려는 회사와 지원 직군에 대해 충분히 연구하고 거기에 맞춰 준비하는 것이 중요하다."

요컨대 인사 담당 임원들의 조언은 '스펙 게임'의 환상에서 벗어나라는 것이다. 스펙은 금수저, 즉 강자에게 유리한 게임의 법칙이다. 흙수저가 강자와 똑같이 스펙 경쟁에 나서는 것은 바보 같은 일이다. 흙수저는 스펙 경쟁에서 이길 수 없다. 승산 없는 게임을 할 필요가 없고 해서도 안 된다.

흙수저들이 취업 게임에서 지는 것은 많은 경우 전략이 잘못됐기 때문이다. 강자와 똑같은 전략을 갖고 강자의 법칙을 추종해 강자의 게임을 벌이기 때문이다. 흙수저이기 때문에 합격하지 못한다는 것은 적지 않은 경우 오해일 수 있다.

다른 모든 분야와 마찬가지로 취업 경쟁에서도 약자의 게임을 벌이는 것이 중요하다. 약자의 게임은 스펙이 아니라 인성과 열정의 게임이다. 약자는 강자의 법칙을 버리고 자신만의 게임을 벌여야 한다. 그러면 이기는 게임을 할 수 있다.

인사 담당 임원들의 말대로 인성과 열정이 승부를 좌우한다면 그것은 약자에게 더 유리한 게임이다. 흙수저야말로 어려운 여건과 환경을 이겨낸 열정과 의지력을 갖고 있기 때문이다.

흙수저가 난관을 돌파해서 그 자리까지 온 과정 자체가 하나의 감동적인 스토리가 될 수 있다. 면접장에서 자신의 고난 극복 스토리를 어필한다면 그것 이상으로 효과적인 비법이 없다. 약점이 되기는커녕 금수저는 도저히 갖출 수 없는 흙수저만의 강점이 된다. 발상을 달리하면 약점이 강점으로 바뀐다.

명문대 출신만 대기업에 간다?

"저는 서울의 명문대 출신도 아니고 영어 점수는 없다시피 했어요. 남들과 비교해보면 부끄러운 스펙을 갖고 있었지요. 하지만 자기소개서에 제가 힘들었던 것들을 극복하면서 느낀 점들을 진실성 있게 적어서 선발된 것 같아요. 스펙, 너무 걱정하지 마세요."

2016년 4월 21일자 〈동아일보〉에 흥미로운 기사가 실렸다. 현대자동차 입사에 성공한 1~3년 차 현직 사원들이 취업 준비생들에게 자신의 성공 비결을 들려준 기획 기사였다.

위에 인용한 조언을 해준 사람은 충북대 기계공학과를 졸업한 이범석 현대차 중대형PM센터 연구원이다. 취업 준비생들이 이구동성으로 스펙이 부족해서 걱정이라는 말을 하자 이 연구원은 단호하게 "아니다"라며 자신의 경험을 들려주었다.

이 연구원은 넉넉지 않은 가정 형편 때문에 고교 졸업 후 대학에 가지 못했다. 태권도장과 이삿짐센터에서 일하기도 하고 일용직이나 아르바이트 등을 하다가 군대에 갔다. 제대 후 23세에 수능 시험을 치러 충북대에 입학했고, 아르바이트로 등록금을 벌어가며 어렵게 대학 졸업장을 쥐었다. 그리고 현대차에 지원해 합격했다.

이 연구원이 전한 현대차 입사의 비결은 약자의 게임 그 자체다. 그는 "살면서 힘들었던 점, 서러웠던 점, 어떻게 열심히 살았고 앞으로 이런 열정으로 열심히 하겠다는 걸 자기소개서에 적었고 결국 통과됐다"고 말했다.

이 연구원은 어려운 환경 속에서 나는 이렇게 열심히 살았다는 것을 중점적으로 어필했다고 한다. 스펙 경쟁을 포기하고 대신 약자로서 자신의 스토리를 내세워 입사 시험의 관문을 뚫은 것이다.

냉정하게 한번 생각해보라. 만약 스펙이 그토록 중요하다면 인기 있는 대기업 일자리는 세칭 SKY 출신들이 싹쓸이해야 마땅할 것이다. 그러나 실제 대기업 합격자를 보면 지방대나 비명문대 출신들이 적지 않은 비중을 차지하고 있다.

과거 SK텔레콤은 명문대 출신을 선호하는 기업으로 소문났었다. 그러다 2007년부터 블라인드 채용, 즉 지원자의 이름과 성별 외에 출신 대학 등 다른 요소는 모두 숨기고 채용을 진행했더니 양상이 확 달라졌다. 서울대, 연세대, 고려대 같은 명문대 출신 합격자가 줄어든 반면 지방대 출신이 크게 늘어났다.

2015년의 경우 SK텔레콤의 합격자 중 SKY 출신은 30퍼센트 미만이었고 서울 소재가 아닌 수도권과 지방대 출신이 50퍼센트에 육박했다. 인터뷰에 응해준 앞서의 C임원은 "들어와서 일을 잘할 수 있을지만 본다. 스펙에 대한 선입견은 없다고 보면 된다"고 말했다.

다른 대기업도 구체적인 수치는 공개하지 않지만 신입 사원 중 지방대 출신이 적지 않다고 밝히고 있다. 삼성그룹의 경우 35퍼센트를 지방대 출신으로 선발한다는 원칙을 갖고 있다. 또 5퍼센트는 빈곤층인 차상위 계층 가정의 자녀를 뽑는다고 밝힌 바 있다.*

물론 명문대 출신의 대기업 합격자가 상대적으로 더 많은 것은 분명한 사실이다. 그러나 적어도 오로지 스펙이 안 좋아서 입사 시험에 떨어진다는 말은 성립되지 않는다. 그것은 강자의 게임에서 벗어나지 못한 전략의 실패일 가능성이 높다.

삼성그룹의 임원들은 신입 사원 채용 면접에 들어갈 때 '60센티미터 인생'을 뽑지 말라는 지침을 받는 것으로 알려져 있다. '60센티미터'는 눈과 책 사이의 거리다. 즉 책만 보면서 학창 시절을 보낸 백면서생은 선호하지 않는다는 말이다.

어떤가. 그런데도 여전히 스펙에 매달려 지는 게임만 하고 있을 텐가.

---

* 요즘 대기업들이 신입 사원 공채에서 늘리고 있는 분야가 '열린 채용'이다. 지원 자격에 학력 등 스펙을 따지지 않는 채용 방식이다. 1995년 처음으로 이 제도를 도입한 삼성은 지방 대학 출신을 35퍼센트, 저소득층 자녀 중에서 5퍼센트를 뽑는다는 원칙을 지키고 있다. 채용정보 회사 인크루트가 2016년 조사한 결과에 따르면 상장기업 840곳 중 51퍼센트가 '열린 채용' 제도를 도입했다고 한다.

CHAPTER 7

약자는 집중한다

7ROUND

매복

"불운은 나를 단련시키고,
내 마음을 더욱 굳세게 한다."
– 호찌민

포먼은 변함없이 알리를 향해 전진한다. 한눈을 팔지도 않고, 쉬거나 완급을 조절하지도 않으며, 오로지 목표물을 향해 일직선으로 다가선다. 교묘하게 빠져나가는 알리를 쫓아가 주먹을 날리고 또 전진하는 공격 패턴을 1라운드 시작부터 똑같이 반복하고 있다.

상대방의 리듬을 흔드는 알리의 변칙 플레이도 여전하다. 치고 빠지고 붙잡고 늘어지며 포먼을 괴롭힌다. 포먼의 힘을 마지막 한 방울까지 남기지 않고 다 쥐어짜내겠다는 심사인 듯하다.

포먼은 피로한 기색이 역력하다. 다리가 풀려 스텝이 꼬이기 시작한다. 크게 휘두른 펀치가 빗나가자 중심을 잡지 못하고 비틀거리기도 한다. 그러나 여전히 한 방을 믿으며 적중률이 낮은 큰 펀치를 날린다.

알리의 전략은 마오쩌둥의 게릴라 유격 전술을 연상시킨다. 마오쩌둥은 강한 상대방의 상황을 분석해 그에 맞춰 유연하게 전술을 펼치라고 했다. 적이 강하면 도망가고 적이 약해졌을 때 공격하라고 설파했다.

알리가 구사한 전술은 마오쩌둥의 게릴라전술 그 자체였다. 기습과 교란, 매복을 통해 적을 피로하게 만든 뒤 공격하라는 마오쩌둥의 교범을 충실하게 따르고 있다.

7라운드까지 알리는 끊임없는 도발과 교란, 변칙으로 포먼을 소모시켰다. 알리는 이제 슬슬 마무리 작전에 돌입할 때임을 직감한다. 적이 피로해지면 공격으로 전환해 때리라는 마오쩌둥의 타격 지침을 이행할 때가 된 것이다.

1

일점집중(一點集中) 전략

> "우리는 지난 3월부터 바통 터치 연습을 해왔다.
> 약 6개월간의 연습이 좋은 결과를 만들었다."[*]
>
> —
>
> 료타 야마가타

〈주유소 습격사건〉이란 영화를 아는가. 1999년에 개봉돼 흥행에도 성공한 코믹 영화다. 여기에 출연한 배우 유오성이 남긴 희대의 명대사가 있다. "난 한 놈만 패!" 이 대사는 지금까지도 자주 사람들 입에 회자되고 인용되는 유행어가 됐다.

영화에서 험상궂은 동네 건달로 나오는 유오성은 패싸움이 붙을 때마다 "100명이든 1000명이든 난 끝까지 한 놈만 팬다"를 외치면서 오직 한 명만 찍어서 물고 늘어진다. 그러다 보니 다른 상대방으로부터 여기저기 얻어맞지만, 그래도 아랑곳하지 않고 오로지 처음 점찍은 한 명만 줄기차

---

[*] 〈뉴스1〉 2016년 8월 기사.

게 공격한다. 유오성이 미련한 걸까.

아니다. 한 명만 물고 늘어지는 것은 수적 열세에 처해 있는 약자가 취할 수 있는 가장 효과적인 전략이다. 강자에 비해 약자는 갖고 있는 힘(혹은 병력 수)이 적다. 그렇게 힘의 열세에 놓여 있을수록 제한된 힘을 분산시키지 말고 한곳에 집중시켜야 가장 큰 효과를 거둘 수 있다.

"한 놈만 팬다"

예를 들어 유오성이 다섯 명과 싸운다고 가정하자. 아무리 싸움을 잘해도 다섯 명이 퍼붓는 주먹세례를 막아가며 다섯 명을 동시에 공격한다는 것은 불가능하다. 백이면 백, 일방적으로 얻어터지기 십상이다. 상대방 입장에선 유오성이 가진 전력의 5분의 1만 상대하는 셈이니 눈감고도 이길 수 있다.

하지만 유오성이 네 명은 포기하고 한 명에게만 집중적으로 달려든다면 어떨까. 게임의 법칙이 달라진다. 유오성이 타깃으로 찍은 한 명과는 1대 1 싸움이 되니 유오성에게 약간의 전력 우위만 있다면 그 한 명은 어떻게든 제압할 수 있을 것이다.

다섯 명 중 한 명이라도 뻗게 만든다면 싸움의 양상 자체가 바뀐다. 우선 상대방의 전력이 80퍼센트로 줄어들게 되고, 남은 네 명의 사기가 꺾이게 된다. 남은 네 명은 다음은 자기 차례일지 모른다는 생각에 겁을 먹고 전투 의지가 감소할 것이다. 유오성이 "한 놈만 팬다"며 찍은 상대방이 그 패거리의 중심인물일수록 효과는 크다.

힘을 5분의 1로 분산시켰을 경우 승리할 가능성이 제로(0)였다면 이제는 20~30퍼센트 정도 올라간 것이다. 이런 식으로 남은 네 명 중 다시 한 명만 찍어 또 집중 공격한다면 승률을 더욱 높이 끌어올릴 수 있다. 이것이 열세에 놓인 약자의 일점집중, 즉 한곳에 모든 전력을 집중시키는 전략이다.

물론 상대방도 가만히 보고 있지만은 않을 것이다. 유오성은 한 명만 상대하다가 다른 상대방으로부터 공격받아 피해를 입을 수 있다. 최악의 경우 유오성이 한 명을 쓰러뜨리기 전에 네 명의 공격으로 먼저 쓰러질 수도 있다.

설사 그런 결과가 되더라도 일점집중은 약자에게 효과적인 전략이다. 상대방에게 유오성은 독종이니 잘못 상대하면 피곤하다는 인식을 심어주기 때문이다. 만약 다음번에 또 마주친다면 상대방은 유오성을 피하려 할 것이다. 건드리면 이쪽도 피해를 입는다는 것을 학습했기 때문이다.

집중 전략은 게임이론에서도 약자가 경쟁을 이기는 유용한 전략으로 인정되고 있다. 게임이론가 박찬희(중앙대)·한순구(연세대) 교수는 이를 '또라이 전략'이라고 명명했다.*

약자가 자신을 '또라이'로 각인시켜놓으면 상대방의 양보를 이끌어낼 수 있고 경쟁의 국면을 유리하게 반전시킬 수 있다는 것이다.

또라이 전략과 일맥상통하는 것이 국제정치학에서 활용되는 '미치광이 전략(Madman Theory)'이다. 내가 어디로 튈지 모르는 미친 또라이임을 각인시켜 상대방을 겁먹게 만드는 전략이다.

두 대의 자동차가 마주 보고 달리다 먼저 핸들을 틀어 피하는 쪽이 지는

---

* 박찬희·한순구, 《인생을 바꾸는 게임의 법칙》, 경문사, 2005.

치킨게임의 상황을 가정해보자. 이 게임에서 이기는 길은 무엇일까. 확실한 필승 전략은 브레이크와 핸들을 먼저 고장 내고 상대에게 알리는 것이다. 여기에다 위스키를 병째 들이켜고 술 냄새까지 풍기면 금상첨화다. 정신 나간 또라이임을 선언해 상대를 질리게 만드는 것이다.*

일본 육상 계주팀의 이변

2016년 브라질 리우올림픽은 숱한 스타를 낳았지만 그중에서도 예상치 못한 뜻밖의 스타가 탄생해 화제를 모았다. 일본 남자 육상 계주팀이었다. 일본 대표팀은 육상 400미터 계주에서 자메이카에 이어 2위로 테이프를 끊어 은메달을 목에 걸었다. 이 종목에서 아시아 국가가 첫 번째로 딴 은메달이었다.

금메달을 딴 것은 자메이카 팀이지만 스포트라이트는 2위인 일본 팀으로 몰렸다. 자메이카의 우승은 당연했다. 단거리 육상의 세계 최강국인 자메이카 팀에는 우사인 볼트가 있었다. 세상에서 가장 빠른 남자 우사인 볼트가 마지막 주자로 뛰었으니 우승은 따놓은 당상이나 마찬가지였다.

자메이카를 견제할 수 있는 유일한 상대가 미국 대표팀이었다. 미국 팀 역시 선수 네 명이 전원 100미터를 9초대에 달리는 정상급 실력을 갖고 있었다. 두 팀이 선두 다툼을 벌일 것임을 의심하는 사람은 없었다. 금메달은 자메이카, 은메달은 미국이 가져갈 것이라는 예상이 다수였다.

---

* 국제정치에서 이 전략을 가장 잘 활용해 재미를 본 것이 북한 정권이다. 김정일에 이어 김정은이 무모하게 보일 만큼 미사일을 쏴대고 양아치 같은 험한 말을 쏟아내는 것도 예측 불허의 또라이 이미지를 구축하려는 전략이다. 북한은 석유가 모자라 전투기 훈련조차 제대로 못 하는 절대 약세의 상황 속에서도 이런 미치광이 전략을 통해 아직까지 독재 체제를 유지하고 있다.

애초 일본 팀은 관심의 대상조차 아니었다. 일본 계주팀 네 명 중 100미터를 9초대에 뛰는 선수는 한 명도 없었다. 모두 10초대의 평범한 기록을 갖고 있었고 100미터 개인 경주에서 예선을 통과한 선수조차 없었다.

일본 팀 네 명의 100미터 최고 기록을 합치면 40.38초에 달했다. 자메이카는 물론 미국 팀 네 명의 기록 39.15초에도 1.2초 이상 뒤졌다. 상대가 될 수 없었다.

똑같이 해서는 도저히 상대가 되지 않는다는 것을 일본도 알고 있었다. 그래서 일본이 착안한 것이 바통 터치였다. 계주에서 주자들이 바통을 주고받는 바통 존은 400미터 중 60미터나 된다. 이 구간에서 승부를 보자는 전략을 세웠다.

어차피 달리는 속도로는 게임이 안 된다. 강팀과의 격차를 줄일 유일한 방법이 바통 터치다. 일본 대표팀은 2001년부터 바통 기술을 파고들었다. 어떻게 하면 조금이라도 바통을 넘기는 시간을 줄일 수 있을지 연구에 연구를 거듭했다.

육상에서 바통 터치는 보통 오버핸드 방식으로 이뤄진다. 받는 선수가 손바닥을 하늘로 향하게 하면 그 위에 바통을 올려주는 방식이다. 이 방식은 바통을 떨어뜨릴 위험이 적지만 손바닥을 대고 기다려야 하기 때문에 바통을 주고받는 데 시간이 좀 더 걸린다.

일본 팀이 채택한 것은 언더핸드 방식이었다. 받는 선수의 손바닥 아래로 바통을 넘겨주는 것이다. 이 방식은 바통을 떨어뜨릴 위험이 커서 대부분의 육상 계주팀은 채택하지 않는다.

하지만 주고받는 선수가 호흡만 정확히 맞추면 부드럽게 바통이 전달될 수 있다는 장점이 크다. 허리 부근에서 바통을 건네받기 때문에 받은 주자가 가속하는 데 도움이 되고 시간을 줄일 수 있다. 일본은 이 방식으로 승부를 보기로 했다.

다른 강팀이 주자들의 달리기 연습에 몰두하는 동안 일본 팀은 바통 터치 기술을 집중적으로 연마했다. 일본 팀은 리우올림픽을 앞두고 6개월 동안 훈련 시간의 대부분을 바통 터치 연습으로 보냈다고 한다. 이윽고 주자들이 한 치의 오차도 없이 기계처럼 정확한 타이밍으로 바통을 전달하는 경지에 오를 수 있었다.

그 성과는 리우올림픽에서 예상을 깨는 결과로 나타났다. 일본 팀은 결선에서 제3 주자까지는 자메이카와 선두를 다투는 호각의 싸움을 벌였다. 자메이카의 마지막 주자인 볼트가 달리면서 1위는 놓쳤지만 미국 팀을 0.02초 차이로 누르고 은메달을 따내는 파란을 일으켰다.

일본 팀 네 명의 100미터 기록 합계를 바통 터치로 줄인 시간은 무려 2.78초에 달했다. 자메이카의 1.62초, 미국의 1.53초보다 1초 이상 더 줄인 것이다.

남들과 차별화하고 오로지 한곳을 깊이 파고든 전략이 성공을 거둔 것이다. 이것이 약자의 승리법이다.

세탁기와 평생 승부한 남자

LG전자 조성진(1956~) 부회장은 대기업에선 보기 힘든 고졸 학력 CEO다. 용산공고를 나와 LG전자라는 글로벌 대기업의 1인자 자리에 올랐다. LG전자의 전신인 옛 금성사에 고졸 견습 사원으로 입사한 지 정확하게 40년 만이었다.

재벌 기업에는 고졸 CEO도 드물지만 고졸 부회장은 더욱 유례를 찾기 힘들다. 그도 그럴 것이 오너 총수가 회장으로 있는 재벌 그룹에서 부회장은 월급쟁이가 올라갈 수 있는 최고 한계점이기 때문이다. 고졸 부회장은 창립 70년이 다 된 LG그룹 사상 최초인 것은 물론, 우리나라 10대 기업을 통틀어서도 처음이다. 아무튼 조 부회장은 대단한 기록을 세웠다.

LG전자는 내로라하는 쟁쟁한 학벌의 인재들이 넘쳐나는 거대 기업이다. 일류 명문대며 해외 유학파 출신이 상무조차 못 달고 나가는 경우가 수두룩하다. 어떻게 조 부회장은 고졸이라는 핸디캡을 딛고 월급쟁이의 최고봉까지 올랐을까.

그 비결은 세탁기였다. 그는 LG전자에 입사한 이후 37년간 오로지 세탁기만 파고들었다. 세탁기에 관한 한, 그는 대한민국 누구도 따라올 수 없는 최고의 전문가다. 그렇게 한길을 깊숙이 파고들어 자기 분야의 최고가 되자 CEO 부회장이라는 영예가 뒤따랐다.

사실 조 부회장은 하마터면 고등학교조차 못 갈 뻔했다. 그의 부친은 도자기 장인이었다. 아버지는 조 부회장이 고등학교에 가지 말고 고향(충남 보령)에 남아 가업을 잇기를 원했다. 소년 조성진은 도자기 학과인 요업과에 가겠다고 아버지를 설득해서 겨우 상경한 뒤 요업과 대신 용산공고 기계과에 들어갔다.

세탁기가 평생의 업이 됐지만 세탁기를 선택한 것 역시 그의 뜻은 아니었다. 용산공고 졸업 후 전자제품을 너무 만들고 싶어 옛 금성사에 입사했다. 그런데 다른 입사 동기와 동료들이 선풍기며 TV 같은 인기 품목을 먼저 다 가져가 버렸다.

나라가 가난했던 1970년대 가전 시장에서 가장 잘 팔리는 주력 제품은 선풍기였다. 그에게 남은 아이템은 세탁기뿐이었다. 세탁기가 거의 가정에 보급되지 않았던 당시 금성사 안에서 세탁기 부문은 아무도 맡지 않으려는 비인기 기피 분야였다.

어쩔 수 없이 세탁기 부서에 배치됐지만 그 후 단 한순간도 세탁기에서 눈을 뗀 일이 없다. 입사 후 10년 동안 일본을 150차례나 드나들면서 일본 가전 업체의 세탁기 기술을 배웠다. 일본인 기술자들에게 귀동냥을 해가며 하나둘씩 기술을 체득했다.

이렇게 한 우물을 판 그는 1996년 '통돌이' 세탁기를 탄생시켰고, 세계 최초로 DD(Direct Drive) 모터를 적용한 세탁기를 내놓았다. 이후에도 세계 최초의 듀얼 분사 스팀 드럼세탁기(2005), 세계 최초로 손빨래를 구현한 6모션 세탁기(2009), 세계 최초로 터보워시를 적용한 세탁기(2012), 세계 최초의 트윈워시 세탁기(2015)를 개발하면서 세계적인 세탁기 전문가의 명성을 굳혔다.

입사 후 37년 동안 조 부회장의 경력은 오로지 세탁기 분야로만 채워져 있다. 39세 때 세탁기설계실 부장이 됐고, 45세 때 임원으로 승진하며 세탁기 연구실장을 맡았다. 51세엔 세탁기 부문을 총괄하는 세탁기 사업부문장이 됐다.

57세 때 비로소 가전 사업 전반을 담당하는 HA사업본부장이 되어 냉장고며 에어컨 같은 다른 제품도 맡게 됐다. 그야말로 죽기 살기로 한 우물만 판 것이었다. 그렇게 자신의 역량을 한 분야에 집중시킨 결과 그는 고졸 출신의 첫 부회장이라는 약자의 승리 드라마를 펼쳐낼 수 있었다.

집중의 법칙

> "아무리 적어도 좋으니 넘버원이 되는 분야를
> 조금이라도 만들어내야 한다. 한 분야에서 넘버원이 되면
> 그 역량이 다른 분야로도 연결돼 승리의 기회가 확대 창출될 수 있다."
>
> ―
>
> 다오카 노부오

약자가 강자와 맞설 때 집중해야 유리하다는 전략을 수학 공식으로 정리한 사람이 있다. 20세기 전반 항공공학 엔지니어로 활약한 프레드릭 윌리엄 란체스터(1868~1946)라는 영국인이다. 그는 영국에서 첫 가솔린 엔진 자동차를 만들었고 자동차 회사를 차려 상업적으로 성공을 거두기도 했다.

그런데 그가 역사에 이름을 남긴 것은 자동차 분야의 업적 때문이 아니다. 비행기에도 관심이 많았던 그는 여가 시간에 취미로 1차 대전 때 전투기들이 맞붙은 공중전을 연구했다. 그 결과 전력의 차이에 따라 승부를 결정짓는 법칙을 찾아내 이를 발표하기에 이른다.

그가 제창한 이른바 '란체스터의 법칙'은 두 가지가 있는데 그중 세상

에 큰 영향을 미친 것이 제2의 법칙이다. '수적으로 우세인 쪽과 열세인 쪽의 실제 전력 차이는 수적 차이보다 훨씬 크게 벌어진다'는 것이 란체스터 제2 법칙의 핵심이다.

란체스터의 계산에 따르면 전력은 병력 수의 제곱에 비례하는 것으로 나타났다. 즉 병력 수가 2배 차이 난다면 실제 전력은 2배가 아니라 4배 차이가 된다. 병력 수가 3배 차이라면 전력은 무려 9배 차이로 벌어진다. 편의상 이 법칙을 란체스터의 '제곱 법칙'으로 부르기로 하자.

전력은 병력 수의 제곱에 비례

예를 들어 A국 전투기 다섯 대와 B국 전투기 세 대가 공중전을 벌이는 경우를 상정해보자. 양측이 보유한 전투기의 성능이나 조종사의 실력 등을 포함한 다른 조건은 똑같다고 가정한다.

이 경우 양쪽의 전력 차이는 5대 3이라고 생각하는 것이 상식적이다. 즉 B국의 전투기 세 대를 모두 격추시키려면 A국 전투기 세 대의 희생이 필요하고, 전투가 끝나면 B국 전투기는 0대(전멸), A국 전투기는 두 대가 남는 결과가 된다는 것이다.

그러나 란체스터가 실제로 벌어졌던 공중전을 연구한 결과 전력 차이는 전투기 수의 제곱에 비례하는 것으로 나타났다. 다시 말해 양국의 전력 차이는 5대 3이 아니라 5^2대 3^2, 즉 25대 9가 된다는 것이다.

이렇게 전력 차이가 제곱으로 벌어지게 되면 B국 전투기를 모두 격추시킨 뒤에 남는 A국 전투기의 대수는 (25−9)의 루트 값, 즉 $\sqrt{16}=4$대가 된다. A국 전투기의 손실은 한 대에 불과하다. 수적 차이에 따른 전력 차가 기하급수적으로 벌어진 결과다.

요컨대 란체스터의 법칙은 집중의 필요성을 수학적으로 증명하는 법칙이다. 병력 집중은 우세를 더욱 증폭시키고, 병력 분산은 손실을 더욱 증폭시킨다는 것으로 요약된다. 전력 차이가 클수록 강자에게 일방적으로 유리한 게임이 된다는 것이다.

그런데 이것을 뒤집어보면 약자가 취해야 할 전략도 분명해진다. 수적인 열세를 그대로 둔 채 강자와 정면으로 맞붙어 전면전을 벌이는 것은 자살행위나 마찬가지라는 뜻이기 때문이다. 절대로 정면 승부는 피해야 한다.[*]

이순신 장군도 구사한 란체스터 법칙

그렇다면 약자의 전략은 무엇일까? 적의 약한 곳을 찾거나 적의 전력이 쪼개진 상황을 잡아 전면전 아닌 국지전을 벌이되, 보유한 화력을 집중적으로 투입하는 것이다.

앞선 사례의 경우 전투기 세 대를 보유한 B국은 우선 A국이 다섯 대의 보유 전투기를 전부 투입할 수 없는 상황과 국면을 선택해 전투를 벌여야 한다.

그것은 기습일 수도 있고 게릴라전일 수도 있고 상대방의 전력 전개상 허점을 파고드는 전술일 수도 있다. 전쟁의 흐름에서 기회를 잘 포착하

---

[*] 전술서의 바이블인 《손자병법(孫子兵法)》도 약자일수록 병력을 집중시켜야 한다는 일점집중의 법칙을 말하고 있다. 《손자병법》은 〈모공편(謀攻篇)〉에서 "병력이 적군의 10배면 포위하고, 5배면 공격하고, 2배면 적을 분리시킨 뒤 차례로 공격하고, 병력이 같으면 능력을 다하여 싸우고, 병력이 적으면 도망치고, 승산이 없으면 피하라"고 했다. 적은 가능하면 쪼개고 아군은 가능하면 뭉쳐서 수적 우위를 만들어내라는 것이다.

면, 예컨대 정비나 조종사 교체 같은 이유로 A국의 전투기가 두 대밖에 못 뜨는 상황이 종종 발생한다.

B국은 이럴 때를 놓치지 말고 보유한 모든 전력을 일거에 쏟아부어야 한다. 약한 전력을 보유한 약자가 이길 수 있는 가장 효과적인 방법은 상대방의 전력은 분산시키고 내 전력은 집중시키는 것이다.[*]

인류의 전쟁사에서 약한 군대가 강한 군대를 이긴 사례를 보면 이런 집중의 전략을 구사한 경우가 많았다. 멀리서 찾을 것도 없다. 16세기 말 임진왜란 때의 명량해전이 바로 란체스터의 법칙이 적용된 대표적 사례였다.

당시 왜군이 보유한 133척의 함대에 맞서는 이순신에게는 13척의 배밖에 없었다. 만약 이순신이 넓은 바다에서 적을 맞아 전면전을 벌였다면 참담한 패배로 끝났을 것이다. 란체스터 제2 법칙에 따라 전력 차이는 133의 제곱(1만 7689) 대 13의 제곱(169)으로 벌어진다. 약 100대 1의 게임이다.

이순신은 전투 장소를 약자에게 유리한 곳으로 바꾸었다. 전남 해남과 진도 사이의 울돌목으로 적을 유인한 것이다. 울돌목은 두세 척의 배만 통과할 수 있는 좁은 해협이다.

이순신의 조선 수군은 두세 척의 종대로 진입해오는 왜군의 배를 향해 13척의 배를 학익자형으로 포진해 집중 공격을 가했다. 이것을 란체스터 제2 법칙으로 환산하면 13의 제곱(169) 대 3의 제곱(9)으로 약 18대 1의

---

[*] 적보다 병력이 적거나 전력이 약한 약자가 취할 전략은 적을 분산시켜 개별 전투에서 전력의 우위에 서는 것이다. 즉 전략 단위에서는 열세라도 전술(개별 전투) 단위에서 우위에 설 수만 있다면 이길 수 있다. 선택과 집중을 통해 아군의 단기 전력을 극대화시킨 뒤 신속한 기동전을 통해 분산된 적을 각개 격파하는 것이 약자가 취할 수 있는 이상적인 집중 전술이다.

게임이 된다. 즉 1대 100으로 일방적으로 불리했을 게임을 18대 1의 정반대 상황으로 뒤집은 것이다.

결국 명량해전은 왜군의 함대 133척 중 31척이 깨진 반면 조선 수군은 단 한 척도 손실이 없는 완벽한 승리로 끝났다. 전 세계 해전(海戰) 역사에서 유례를 찾기 힘들 만큼 극적이고도 일방적인 승리였다.

이순신 장군이 란체스터의 법칙을 알았을 리 없지만 위대한 장군 이순신의 전략적 본능이 이런 약자의 게임을 하도록 했을 것이다. 명량해전은 약자 전략의 승리였다.

강자를 세분화해 약점을 찾아내라

란체스터 법칙을 경영에 접목시켜 경영 전략으로 체계화한 사람이 다오카 노부오(1927~1984)라는 일본의 경영학자다. 1960년대 그는 란체스터 법칙을 일본에 소개하면서 약자가 취해야 할 경영 법칙을 집대성해 인기를 끌었다.

경영에서 약자란 대기업에 맞서는 중소기업일 수도 있고, 기존 업체들이 자리를 굳힌 시장에 새로 진입하려는 신참 기업일 수도 있다. 막 창업한 스타트업이나 벤처기업, 자영업자나 영세 상인도 보유한 경영 자산이 빈약하다는 점에서 전형적인 약자에 해당한다.

이런 약자가 강자와 똑같은 방식으로 경쟁해서는 승산이 없다. 전면전이나 정면 승부는 약자의 필패 수순일 수밖에 없다.

다오카 노부오는 약자가 강자와 차별화하는 전략에서 출발해야 한다고 보았다. 강자와 다르게 생각하고 다른 방식으로 공략해야 승리의 확률을 높일 수 있다는 것이다.

그러기 위해선 우선 발상의 초점을 세분화해야 한다. 아무리 강자라도 모든 점에서 강할 수는 없다. 어딘가 분명히 약점은 있다. 강자를 한 덩어리 전체로 보지 말고 잘게 쪼개서 세분화해보면 약점이 나타난다. 전체를 세분화함으로써 약한 부분을 잡아내는 돌파구를 찾으라는 것이다.

약점을 찾았다면 자기가 보유한 경영 자원을 그 분야에 집중 투입해야 한다. 약자가 강자와 전면전을 벌이면 백전백패지만 전쟁의 범위를 좁혀 국지전으로 만들면 승산이 커진다. 약자는 상대방의 약점을 찾아 국지전을 만들어서 돌파구를 찾아야 한다. 그리고 경영 자원을 다 투입하는 총력전으로 국지전을 승리로 이끌어야 한다.

다오카 노부오는 아무리 적어도 좋으니 넘버원이 되는 분야를 조금이라도 만들어내는 것이 중요하다고 말한다. 한 분야에서 넘버원이 되면 그 역량이 다른 분야로도 연결돼 승리의 기회가 확대 창출될 수 있다. 먼저 국지전에서 작은 승리를 거둬 교두보를 만든 뒤 전선을 확대하라는 것이다.

전면전 아닌 국지전

실제 경영 현장에서 이런 전략이 적용된 사례가 적지 않다. 예를 들면 쌍용자동차가 경영난에 몰렸다가 다시 회생한 스토리가 대표적이다.

잘 아는 대로 국내 자동차 시장에서 절대 강자는 현대기아차다. 쌍용차는 규모도, 자본과 기술력도, 브랜드 가치도 약한 전형적인 약자다.

현대기아차는 자동차 시장의 거의 모든 분야에 참여하고 있다. 경차와

중형차에서 고급 세단, SUV, 승합차, 트럭까지 생산하지 않는 차종이 없다. 그리고 그 대부분의 분야에서 1등의 위치를 지키고 있다.

쌍용차는 한때 현대기아차를 그대로 추종하는 '따라 하기' 정책을 취했다가 참담한 실패를 맛보았다. 현대의 아반떼 같은 준중형 세단과 쏘나타급 이상의 중형차를 개발하겠다고 과욕을 부리며 안 그래도 부족한 돈과 인력을 쏟아붓기도 했다.

이는 결국 쌍용차의 경영난을 가속시킨 전략 미스로 판명 났다. 란체스터의 법칙으로 보면 당연한 결과다. 쌍용차는 업계의 최강자와 전면전을 벌이고 빈약한 경영 자원을 분산시켰다. 약자가 취해선 안 될 필패 코스를 달린 것이다.

약자의 전략 관점에서 쌍용차가 취했어야 할 전략은 아래와 같다.

첫째, 현대기아차의 경영 전력을 최대한 잘게 쪼갠 뒤 세분화된 분야별로 장·단점을 분석한다.

둘째, 현대기아차와 쌍용차의 전력 격차가 가장 적은 분야를 찾아낸다. 즉 현대기아차가 가장 약하고 쌍용차가 가장 강한 분야를 찾아내 돌파구로 삼는다.

셋째, 이렇게 찾아낸 전략 분야에서 총력전을 벌인다. 다른 분야는 포기하거나 비중을 줄인다. 쌍용차가 보유한 경영 자원을 집중적으로 투입해 반드시 승리하고 그 분야의 업계 1위가 된다.

넷째, 국지적인 전략 분야의 우위가 굳어지면 다른 분야로 전선을 확대해간다.

실제로 쌍용차는 경영 위기를 겪은 뒤 전면 경쟁을 포기하고 집중 전략으로 돌아섰다. 과거 쌍용차는 4륜 구동차의 명가로 불렸다. 쌍용차는 이 전통을 되살려서 쌍용차가 가장 잘하는 핵심 경쟁력 분야인 SUV 시장에 역량을 집중하고 승부를 걸었다. 전면전 대신 국지전으로 경쟁의 양상을 바꾼 것이다.

쌍용차의 약자 전략은 성공을 거두었다. 소형 SUV 모델인 티볼리가 히트를 치면서 만년 적자에서 흑자로 돌아서는 데 성공했다. 덕분에 2009년 대량으로 정리 해고했던 근로자들도 일부 복직시킬 수 있었다.*

약자는 싸움의 무대를 넓혀선 안 된다. 전선(戰線)을 최대한 좁히고 거기에 집중해야 승리의 확률을 높일 수 있다. 약자는 전면전이 아닌 국지전, 정규전이 아닌 게릴라전으로 승부를 걸어야 한다.

---

* 쌍용차는 외환위기 때 경영난으로 법정관리를 맞은 뒤 2004년 중국 상하이자동차에 매각됐으나 경영이 더욱 악화되면서 '먹튀' 논란을 빚었다. 2009년엔 구조조정에 반발한 노조의 옥쇄파업으로 전쟁을 방불케 하는 극심한 노사 충돌을 겪었으며 두 달 이상 공장 가동이 중단되기도 했다. 이후 인도 마힌드라그룹에 인수되면서 SUV에 집중하는 전략이 효과를 거뒀고 소형 SUV 모델인 티볼리의 성공으로 2016년 경영 흑자로 전환했다.

삼성전자의 흙수저 3인방

"맡은 업무에서 최고의 프로가 돼야 합니다.
2등, 3등은 필요 없습니다. 최고의 전문가, 그 분야에선 삼성 안에서
최고라는 인정을 받아야 합니다."

—

박근희

CEO(최고경영자)는 기업에서 샐러리맨이 올라갈 수 있는 최고봉의 자리다. 모든 샐러리맨의 꿈이자 로망이다. 명예와 사회적 평판, 돈과 권력이 주어지지만 그만큼 오르기 힘든 자리이기도 하다.

그중에서도 대한민국 대표 기업인 삼성의 CEO가 되는 것은 낙타가 바늘귀를 통과하는 것에 비유될 만큼 어렵다. 워낙 우수한 인재들이 많아 어느 기업보다도 경쟁이 치열하기 때문이다.

원래 삼성의 오너들은 인재 욕심이 남다르기로 유명했다. '인재 제일주의'를 내세웠던 이병철(1910~87) 창업주는 좋은 인재를 확보하는 것을 경영자의 가장 중요한 임무로 여겼다. 이건희(1942~) 회장도 욕심나는 특A급 기술자가 있으면 돈을 아끼지 말고 스카우트해오라는 지시를 내리곤

했다.

그래서 삼성에는 날고 긴다는 인재가 넘쳐난다. SKY 출신은 물론 해외 명문대 석·박사들도 발에 차일 만큼 흔하다. 그 속에서 삼성의 CEO 자리에 오른 사람이라면 그야말로 대단한 인물이 아닐 수 없다. 상상을 뛰어넘는 치열한 경쟁을 이겨내고 최고봉에 오른 것이기 때문이다.

CEO가 되기 위한 경쟁에서 실력은 기본 중의 기본이다. 자기 분야의 전문 지식과 업무 처리 능력을 갖추지 못하면 아예 후보군에 끼지도 못한다. 리더십과 조직 장악력, 판단 능력, 대세를 보는 감각까지 갖추어야 CEO의 자격이 있다.

빠질 수 없는 또 하나의 자격 조건이 인맥과 네트워크 능력이다. 사내·외에 얼마나 넓고 깊은 인맥과 네트워크를 갖고 있는지에 따라 CEO의 역량이 좌우되는 경우가 많다.

비명문대 출신의 인맥 핸디캡

인맥 경쟁에서 가장 큰 변수가 학벌일 것이다. 명문대 출신일수록 사회 각 분야에 동문들이 두루 포진해 있어 학교를 매개로 인맥을 쌓기에 유리하기 때문이다.

반대로 명문대를 나오지 못한 사람들은 출발선부터 불리한 입장에 서게 된다. 사내나 사외에 동문들이 별로 없으니 그야말로 맨땅에서 자기 힘으로 인맥을 구축해야 하는 것이다. 비명문대 출신은 기업 입사 시험에서도 약자지만 입사 후 승진 경쟁에서도 약자의 위치에 설 수밖에 없다.

그런데 명문대 출신이 널려 있는 삼성그룹에서 불리한 학벌을 극복하고 CEO에 오른 입지전적인 인물들이 있다. 박근희 삼성사회공헌위원회 부회장, 윤부근 삼성전자 사장(가전사업 부문), 신종균 삼성전자 사장(무선 사업 부문)이 그들이다.

이 세 사람은 공통점이 많다. 우선 연배가 비슷하다. 박근희 부회장과 윤부근 사장이 1953년생 동갑이고 신종균 사장이 그보다 세 살 어린 1956년생이다.

박근희 부회장은 지방대 출신이다. 청주대 상학과를 나와 삼성에 입사한 뒤 초고속 승진을 거듭하며 오너가 아닌 샐러리맨이 달 수 있는 최고위 타이틀인 부회장 자리에까지 올랐다.

고등학교를 5년간 다닌 특이한 이력의 윤부근 사장은 한양대 공대를 나왔다. 신종균 사장은 고교 졸업 후 전문대를 다니다 광운대 전자공학과에 편입해 졸업장을 받았다.

세 사람 모두 비명문대 출신이라는 공통점을 갖고 있다. 학벌 콤플렉스로 좌절하는 대신 남들보다 몇 배의 열정과 노력을 쏟았다는 점도 공통적이다.

무엇보다 세 사람은 자기 분야를 깊숙이 파고들어 그 분야의 최고 전문가가 되었다는 공통점이 있다. 박근희 부회장은 삼성 사장단 중 최고의 중국통이자 재무 전문가이고, 윤부근 사장은 TV, 신종균 사장은 모바일 전화기의 세계적 전문가다.

세 사람은 비명문대의 핸디캡을 갖고 시작했으나 한 분야에 집중하는 약자의 전략으로 톱의 자리에 올랐다.

무슨 일이 생기면 찾는 사람

박근희 부회장은 2015년 말 삼성그룹 인사에서 삼성생명 대표이사 직함을 내놓고 삼성사회공헌위원회 부회장으로 옮겨갔다. 38년 전 삼성에 입사한 이후 임원만 21년을 지낼 만큼 화려했던 샐러리맨 생활을 마치고 경영 후선으로 물러난 것이다.

그는 CEO에서 물러난 후 친구들과 어울리려면 당구를 쳐야 한다며 예순 넘은 나이에 난생처음 당구 큐대를 잡았다. 남들은 모두 대학 시절에 당구를 배우지만 그는 아르바이트로 학비를 버느라 당구를 칠 여유가 없었다.

박 부회장은 가난한 빈농 집안 출신이다. 충북 청원의 농촌 마을에서 태어나 상업고(청주상고)와 지방대(청주대학 상학과)를 나왔다.

그는 집이 가난해 대학에 갈 형편이 못됐다. 인문계 아닌 상고에 진학한 것도 빨리 돈을 벌어 동생들을 뒷바라지하고 가계에 보탬이 되기 위해서였다.

아버지가 땅을 팔아 보태준 돈으로 겨우 대학에 입학했지만 4년간 등록금과 생활비는 온전히 자신의 몫이었다. 그는 대학 시절 내내 아르바이트를 뛰며 돈을 버느라 학창 생활을 제대로 즐겨본 기억이 없다. 동생들의 도시락을 싸주는 일까지 맡아서 해야 했다.

ROTC 장교로 군 복무를 마친 뒤 25세에 삼성그룹 공채 시험에 합격했다. 그는 삼성물산, 제일모직, 삼성전자를 1, 2, 3지망으로 써냈지만 삼성전관(지금은 삼성SDI) 수원공장 경리과로 발령이 났다. 희망대로 되지 않았지만 그는 "경리 업무만큼은 내가 최고여야 한다"는 각오로 일했다.

악착같이 공부하고 독하게 파고든 그는 금세 경리 전문가로 두각을 나타냈다. 입사 10년 차에 그룹 비서실로 차출돼 삼성의 출세 코스로 불리는 비서실 사단에 합류한다.

똑 떨어지는 업무 처리와 강한 추진력으로 이건희 회장의 신임을 얻은 그는 이후 고속 승진을 거듭하며 승승장구했다. 입사 17년 만에 샐러리맨의 별이라는 임원(이사보)에 올랐고 이후 2년마다 어김없이 이사 – 상무 – 전무 – 부사장으로 한 단계씩 승진했다.

51세에 사장 타이틀을 달아 삼성카드·캐피탈·생명 등 세 개 계열사의 CEO를 역임했다. 중국삼성 사장을 6년간 맡아 삼성 내 대표적인 중국통으로도 꼽힌다.

그는 1978년 삼성 공채 19기로 같이 입사한 동기생 200명 중 가장 먼저 사장 자리에 올랐다. 지방대 흙수저 출신이 쟁쟁한 학벌과 엘리트 경력을 자랑하는 동기들을 제치고 선두가 된 것이다.

2011년 12월 모교인 청주대학에서 열린 강연에서 그는 자신의 성공에 특별한 비결은 없다고 했다. 다만 자기 분야, 맡은 업무에서 최고가 되라는 말을 반복해서 강조했다.

"야구 선수, 축구 선수만 프로가 아닙니다. 직장인, 사회인도 프로입니다. 맡은 업무에서 최고의 프로가 돼야 합니다. 2등, 3등은 필요 없습니다. 최고의 전문가, 그 분야에선 삼성 안에서 최고라는 인정을 받아야 합니다."

최고의 전문가란 무슨 일이 있을 때 그에게 물어보라는 소리를 듣는 사람이라고 박 부회장은 말한다.

"저에겐 예를 들어, 최소한 중국에 대해서는 나한테 물어봐야지 하는 나만의 자부심이 있습니다. 삼성그룹 안에서는 제가 최고의 중국 전문가입니다."

울릉도 촌놈이 이룬 TV 세계 1등 신화

삼성전자에는 두 사람의 흙수저 라이벌이 있다. 윤부근·신종균 사장이다.

신종균 사장은 스마트폰 갤럭시S 시리즈의 책임자로 유명한 세계적 경영자다. 윤부근 사장 역시 TV 부문에서 소니의 35년 아성을 무너뜨리고 10년 연속 세계 1위를 질주하는 등의 혁신적 성과로 글로벌 스타 CEO의 반열에 올랐다.

두 사람은 삼성전자 안에서 대표적인 라이벌로 꼽힌다. 비슷한 연배에다 비슷한 시기에 사장이 됐을 뿐만 아니라 각각 가전과 스마트폰을 맡아 치열하게 실적 경쟁을 해왔기 때문이다.

게다가 두 사람은 성장 배경도 엇비슷하다. 비명문대를 나온 흙수저 출신이라는 공통점도 갖고 있어 늘 비교 대상이 되곤 했다. 삼성에 입사한 후에도 앞서거니 뒤서거니 하며 비슷한 코스를 걸어왔다.

윤부근 사장의 청소년기는 낙방의 연속이었다. 그는 울릉도 출신의 '자칭 촌놈'이다. 경북 울릉도에서 태어나 자라다가 울릉수산고 2학년 때 서울에 있는 대학에 가고 싶어 무작정 섬을 나와 대구로 갔다.

대구의 한 독서실에서 라면으로 끼니를 때우고 책상에 엎드려 자는 생활을 두 달간 계속했다. 명문 경북고에 응시했지만 떨어지고 후기인 대구 대륜고에 들어갔다. 그래서 그는 고등학교를 5년이나 다녔다. 고교 동기생보다 두 살이 더 많았다. 대학 역시 의대에 가고 싶었으나 또 낙방하고 한양대 공대(통신공학과)에 들어갔다.

삼성전자에 입사한 후에도 초기엔 기대받는 유망주 소리를 듣지 못했다. 과장 때 상사와 맞지 않아 사표를 냈다가 철회한 일도 있다. 부장 시절엔 갑작스레 인도네시아 신설 법인으로 발령이 나는 좌천의 시련을 겪기도 했다. 임원 승진도 입사 동기 중 가장 늦었다.

그러나 그는 임원이 되면서부터 진가를 발휘하기 시작했다. TV에 모든 것을 걸고 온갖 열정을 쏟아부었던 치열한 노력이 뒤늦게 빛을 본 것이다.

그는 바다를 보며 자라 시력이 좋았지만 삼성전자 입사 몇 년 만에 안경을 쓰게 됐다. 밤새워 TV 회로도를 그리며 연구하느라 눈이 상했기 때문이다.

당시 TV 분야의 세계 1위는 일본 소니였다. 수십 년간 판매량 1위를 놓치지 않은 소니의 아성은 난공불락처럼 보였다.

삼성전자가 소니를 밀어내고 세계 1위의 TV 메이커가 된 것은 2006년이었다. 와인 잔을 닮은 보르도TV가 세계 시장에서 대히트를 쳤다. 다른 회사들이 기술력에만 매달릴 때 디자인에 역점을 두고 TV 디자인에 곡선을 적용한 것이 성공의 비결이었다. 당시 영상디스플레이사업부 개발팀장이던 윤부근이 삼성의 1위 등극의 숨은 주역이었다.

그 공로를 인정받아 윤부근은 부사장 승진 후 불과 2년 만에 사장에 오르는 초고속 승진 기록을 세웠다. 삼성전자는 2006년 이후 9년 연속 TV 판매량 세계 1위를 지키고 있다.

윤 사장은 가전사업부를 맡은 이후 수많은 히트 상품과 프리미엄 제품을 내놓으면서 세계적으로 주목받는 경영자가 됐다. 입시에 숱하게 낙방하고 승진도 입사 동기 중 가장 늦었던 '울릉도 촌놈'이 세계적 인물이 된 것이다.

4년제 대학도 못 들어간 '연봉킹'

윤부근 사장과 라이벌로 견주어지는 신종균 사장은 삼성 스마트폰을 세계 정상에 올린 갤럭시 신화의 주역이다. 상장사 CEO의 연봉액이 공개될 때마다 1, 2위를 놓치지 않아 고액 연봉 샐러리맨의 상징이 됐다.

신 사장은 2014년 145억 원의 연봉을 받아 '연봉킹' 타이틀을 거머쥐었다. 2015년엔 스마트폰 판매 부진으로 연봉이 대폭 줄었지만 그래도 48억 원을 받아갔다. 월급쟁이가 누릴 수 있는 돈과 명예의 최고봉까지 올라간 대표적인 인물이다.

그러나 애초 신 사장의 출발은 지금의 화려함과는 거리가 멀었다. 남들보다 한참 처져 밑바닥에서 사회생활을 시작했다.

그는 4년제 대학에도 가지 못하고 2년제 전문대학(인하공전)에 진학했다. 인하공전을 졸업한 뒤 편입 시험을 거쳐 광운대 전자공학과에 편입해 겨우 학사 학위를 받을 수 있었다. 그야말로 초라한 출발이었다.

사회생활의 첫발을 내딛은 곳도 중소기업이었다. 중소 전자 업체에 입사해 4개월간 다니다 맥슨전자로 옮겨 2년여 동안 근무했다. 그가 삼성전자와 인연을 맺은 것은 28세 때였다. 경력 사원으로 채용돼 기술개발 업무를 담당하면서 점차 두각을 나타냈다.

그는 부족한 학벌의 핸디캡을 한곳을 파고드는 엄청난 노력으로 만회했다. 신 사장은 소문난 일벌레이자 독종이다. 한번 맡은 일은 밤잠도 자지 않고 매달려 끝장을 보곤 했다.

신 사장은 삼성전자 최초로 1000만 대 이상 팔렸던 일명 '이건희폰' 등 숱한 히트작을 개발해내는 데 주도적인 역할을 했다. 그 성과로 입사 16년 만에 임원 타이틀을 달았고 이후 고속 승진을 거듭해 삼성을 대표하는 테크노 CEO의 반열에 올랐다.

2009년 부사장으로 승진한 그에게 애플의 아이폰을 잡을 스마트폰을 만들라는 이건희 회장의 특명이 떨어졌다. 그는 휴일도 반납하고 사무실에서 거의 살다시피 하며 개발 작업을 지휘했다.

그로부터 6개월 뒤 세상에 선보인 것이 갤럭시S였다. 신 사장이 지휘봉을 잡고 내놓은 갤럭시S 시리즈는 그 후로도 나오는 모델마다 히트를 치면서 삼성을 세계 정상의 스마트폰 메이커 반열에 올려놓았다.

삼성전자의 가전과 스마트폰 사업을 세계 최고의 반열에 올려놓은 것은 두 사람의 흙수저 경영자였다. 한곳만 파고든 그들의 집념과 열정이 삼성전자의 1등 신화를 이끌어냈다.

좁고 깊게 판 일본의 장인

"조리법 자체도 늘 변화를 줍니다.
오늘 온 손님이 다음에 왔을 때 '더 맛있어졌다'라고 할 수 있게요.
완성형이란 없습니다. 현상 유지는 퇴보의 시작이에요."[*]

—

오니시 유키

대한민국은 세계에서 가장 악명 높은 자영업자의 '무덤'이다. 자영업에 뛰어들어 3년을 넘기는 경우가 많지 않다. 자영업자는 우리 사회에서 가장 취약한 약자 계층 중 하나다. 많이 생기고 쉽게 죽는다.[*]

우리나라의 취업자 중 자영업자의 비중은 2015년 기준으로 무려 21.4퍼센트에 달한다. 국회 예산정책처가 OECD 데이터를 기준으로 추정한 결과 그리스(30.8퍼센트), 멕시코(26.7퍼센트), 이탈리아(23.3퍼센트)에 이어 네 번째다. 제조업 강국임을 자부하는 우리가 이들 나라와 순위를 다투다니 기형적이라고 말할 수밖에 없다.

———

* 〈버즈피드재팬〉 2016년 3월 기사.

그 이유는 우리가 너무나 잘 안다. 직장에서 밀려난 중장년층이 너도나도 호구지책으로 별다른 기술 없이도 할 수 있는 식당, 치킨집, 편의점에 뛰어들기 때문이다.

그렇게 우후죽순처럼 생겨나는 자영업자들의 평균 수명은 3.7년에 불과하다(이형석 한국사회적경영연구원장 분석). 음식점은 3.3년, 편의점(2.3년)이나 세탁소(2.5년) 같은 서비스업은 2.8년밖에 되지 않는다. 거리를 걷다 보면 한 집 걸러 나타나는 커피 전문점은 고작 1.5년에 지나지 않는다.

경쟁이 치열하니 오래 버티지 못하고 문을 닫는 것이다. 그런데 이것이 당연한 일일까. 자영업자는 하루살이처럼 태어나자마자 얼마 안 돼 죽어야 하는 운명일까. 그렇지 않다.

돈벌이만이 목적인 자영업자의 슬픈 운명

자영업자들이 금방 망하는 근본적인 이유는 경제 침체 때문이다. 경제의 전체 파이가 더 이상 크지 못하고 정체돼 있기 때문에 사다리의 가장 밑바닥에 있는 자영업자들부터 죽어나는 것이다.

그러나 이것이 전부는 아니다. 자영업자들의 철학 부재도 원인 중 하나다. 예외도 있겠지만 많은 자영업자들의 경우 프로 정신이 약하거나 아예 느껴지지 않는다. 자기 일에 대한 자부심과 신념 없이 오로지 돈벌이만을 위해 장사한다는 뜻이다.

돈이 제1의 목적이니 품질을 개선하거나 서비스를 향상시키려는 노력이 치열하지 않다. 대충 장사를 하다가 잘되면 가게를 팔아 현금을 챙긴 뒤 편하게 살 방도를 생각한다. 장사가 안 되면 안 되는 대로 금방 다른 업종으로 바꿔버린다. 이러니 몇 년도 못 버티고 금방 죽는 슬픈 운명에서 벗어날 수 없는 것이다.

언젠가 설 연휴에 휴일 근무를 하러 시내에 나갔다가 새삼 느낀 것이 있었다. 연휴인지라 많은 음식점들이 문을 닫은 상태였다.

그런데 언제까지 휴업하고 언제부터 다시 영업을 하는지 써 붙인 곳은 많지 않았다. 아무런 안내문도 없이 찾아온 고객을 그냥 돌려보내는 곳이 대부분이었다. 심지어 길에는 '영업 중'이라는 입간판을 그대로 놓아둔 채 문을 닫아건 곳도 있었다.

별것 아닌 것 같지만 사실 이것은 중요한 얘기다. 음식점은 단골손님 장사다. 고객 입장에선 애써 단골 식당을 찾았는데 아무런 안내도 없이 덜렁 문을 닫았다면 무성의하게 느껴질 수밖에 없다. 고객을 왕으로 생각하겠다는 자세가 아니다. 프로라고 할 수 없다.

음식점에서 불쾌한 일을 당했던 경험도 누구에게나 있을 것이다. 식당 주인이 슬리퍼를 신고 머리를 긁적이며 앉아 있다가 손님을 맞이하는 것이 우리네 음식점에서 흔히 목격되는 풍경이다. 마음 자세부터 프로가 아니다.

아마 음식에서 머리카락이 나와도 주인이 태연할 수 있는 나라는 선진국에서 우리뿐일 것이다. 만약 다른 선진국에서 그런 일이 벌어졌다면 그 음식점은 당장 문을 닫았을 것이 틀림없다.

1만 가지 맛의 조합

약자인 자영업자가 경쟁에서 이기고 살아남으려면 자기 영역을 좁게 특화해서 깊숙이 파고드는 방법밖에 없다.

일본의 자영업자들이 바로 '좁고 깊게' 파고드는 전략으로 성공을 거둔 대표적 사례다. 자영업뿐 아니라 기술자, 직공 같은 전문 기술자들이 죽을 때까지 한 우물을 파서 자기 분야의 최고가 되겠다는 장인(匠人) 정신으로 약자의 한계를 돌파했다.

일본의 유명한 라멘 체인점 중에 '이치란'이란 곳이 있다. 후쿠오카에서 창업해 일본 전역에 진출한 규슈 라멘의 대표적인 브랜드다.

얼마 전 도쿄에 출장 갔을 때 이 라멘집에 들른 일이 있다. 라멘 맛도 좋았지만 지나치다 싶을 만큼 철저한 프로 정신에 충격받았던 기억이 지금도 생생하다.

이 라멘 가게에 들어가면 종업원이 먼저 주문표와 연필을 건네준다. 처음 이 가게에 들른 고객이라면 주문표를 받아들고 놀라지 않을 수 없다. 마치 시험 문제를 내듯 원하는 라멘의 취향에 대해 시시콜콜 묻기 때문이다.

문항은 일곱 개다. 이해를 돕기 위해 주문표의 문항을 그대로 옮겨보겠다.

1. 맛의 농도 : 옅은 맛, 기본, 진한 맛

2. 기름기 : 없게, 깔끔하게, 기본, 진하게, 매우 진하게

3. 마늘 : 없게, 조금, 기본, 반 쪽, 한 쪽

4. 파 : 없이, 하얀 파, 파란 파

5. 차슈(돼지편육) : 없게, 있게

6. 비전(祕傳)의 소스 : 없게, 2분의 1배, 기본, 2배, ( )배

자기가 먹고 싶은 라멘의 사양을 등급으로 표시하게 하는 것이다. 말 그대로 완벽한 고객별 주문생산 시스템이다.

항목별로 3~5단계로 분류된 조합을 다 합치면 무려 2250가지 맛의 가짓수가 나온다. 이렇게 세분화된 수준까지 손님의 다양한 취향을 다 맞춰주겠다는 것이다. 음식이 나오기도 전에 감동부터 하게 된다.

주문표는 이 라멘집이 제공하는 수많은 선택지 중의 일부에 지나지 않는다. 여기에다 김을 곁들일 것인지, 반숙 달걀이나 밥을 추가할 것인지 등을 다 고를 수 있게 한다.

이런 것들을 다 합치면 1만 가지가 넘는 조합이 나온다. 라멘 한 그릇을 먹으러 갔는데 1만 가지의 선택지라니, 상상이 가는가. 한국의 음식점에서 이런 대접을 받아본 적이 있는가.

라멘을 예술의 경지로 올린 장인

미슐랭가이드는 세계에서 가장 권위를 인정받는 식당 등급 평가 시스템이다. 별점이 한 개에서 세 개까지 주어지는데, 이 평가에 등재되기만 해도 세계적인 명성을 얻게 된다. 요리사에게는 영화로 치면 아카데미상을 받는 것과 같은 영광의 훈장이다.

2015년 연말 도쿄 외곽의 한 허름한 라멘집이 미슐랭가이드의 별점 한 개를 받아 화제가 됐다. 좌석이 아홉 개뿐인 '쓰타'라는 이름의 조그만 가게였다. 라멘집이 별점을 받은 것은 미슐랭가이드의 115년 역사상 처음이었다.

이 가게의 주인은 오니시 유키라는 고졸 출신의 30대 후반 전직 샐러리맨이다. 그는 도쿄 인근 가나가와 현에서 고교를 졸업한 뒤 의류 회사에 다니다가 33세이던 2011년 직장을 그만두고 가게를 차렸다. 세상에서 제일 맛있는 라멘을 만들고 싶다는 평생의 소원을 이루기 위해서였다.

이곳의 인기 메뉴는 와카야마와 나가노의 삼나무 통에서 2년 동안 숙성시킨 세 종류의 간장을 섞어서 만든 850엔(약 9000원)짜리 '간장 소바'다. 일본산 밀 네 종류를 맷돌로 갈아 면을 만들고 국물에는 이탈리아산 송로버섯 오일을 뿌려 풍미를 더했다고 한다.

일본 언론은 '850엔의 예술'이라고 극찬한다. 한 그릇에 1만 원도 안 되는 라멘이 '예술'이라는 칭호를 받는다. 한국에도 맛으로 승부를 보는 냉면이며 설렁탕 등의 수많은 맛집이 있지만 예술의 경지로 일컬어지는 곳이 있는가.

쓰타의 사장 오니시 씨는 '생애 라멘과의 단판 승부'라는 블로그를 운영하고 있다. 블로그의 제목에서부터 라멘 만들기에 온 인생을 걸었다는 치열함이 느껴진다. 돈을 벌기 위해서가 아니라 라멘에 관해서 만큼은 최고가 되겠다는 프로 정신이 성공으로 이끈 것이다.

일본이라고 모든 식당 주인이나 자영업자가 성공하는 것은 아니다. 그러나 일본의 자영업자들은 우리와는 비교도 안 될 만큼 높은 생존율을 보인다.

돈벌이 자체가 아니라 자기 분야에서 최고가 되겠다는 '천하제일' 철학으로 무장하고 있기 때문이다. 생명을 걸 만큼 자기 일에 깊숙이 파고든다는 이른바 '잇쇼켄메이(一生懸命, 목숨을 걸고 부닥친다는 뜻)' 정신이다.

생계가 막막해 장사판에 뛰어든 이 땅의 자영업자들의 땀과 눈물을 매도하려는 것이 아니다. 은퇴자를 오로지 치킨집과 편의점으로 내모는 우리 사회의 일자리 체제와 경력 관리 시스템은 시급하고도 구조적인 수술을 받아야 마땅하다.

그러나 자영업이 은퇴자의 무덤이 되지 않기 위해선 자영업자들도 생각의 전환이 필요하다. 철저한 프로 정신으로 치열하게 부닥치고 모든 것을 던지지 않으면 약자의 벽인 3년 생존의 한계점을 넘기 힘들다.

누구나 돈을 벌기 위해 장사를 하고 자영업에 뛰어든다. 그러나 먼저 프로가 돼야 돈도 따라오는 것이다. 약자인 자영업자가 이기려면 무엇보다 먼저 자기 분야를 어떻게 깊숙이 파고들어 최고의 프로가 될지를 고민해야 한다. 그것이 약자의 전략이다.

1000엔 알바 뛰는 세계 챔피언

자기 분야를 파고들라는 약자의 전략은 자영업자뿐 아니라 모든 직업인에게 통하는 말이다.

몇 년 전 일본 출장길에 복싱 세계 챔피언의 스토리를 접하고 가슴이 멍해졌던 기억이 난다. WBC 슈퍼플라이급 챔피언에 올라 두 차례 방어에 성공했던 사토 요타(1984~)가 그 주인공이다.

그는 복싱에 타고난 재능이 있었던 것 같지는 않다. 중학교 3학년 때 복싱을 시작했지만 성적은 그저 그런 정도였다. 고교 시절 일본의 전국고교선수권 대회(인터하이)에 나가 8강까지 올랐고 일본 전국체전에서 3위를 기록한 것이 최고 성적이었다.

대학 1학년을 중퇴하고 프로 데뷔를 선택했지만 첫 시합부터 패배를 맛봤다. 화려한 아마추어 전적을 지닌 스타들이 즐비한 복싱 세계에서 그는 별로 주목받지 못하는 약자 중의 약자였다.

첫 패를 안고 시작하긴 했지만 시간이 지나면서 꾸준함이 빛을 발했다. 그는 차근차근 승리를 거두면서 결국 세계 챔피언 벨트를 따냈다. 당시 28세, 남들보다 늦은 나이의 챔피언 등극이었다.

요점은 이것이 아니다. 내가 감동받은 것은 그 후의 소식이었다. 도쿄 출장길 호텔방에서 본 TV 화면엔 그가 기름때 투성이의 작업복 차림으로 주유소에서 일하는 장면이 나왔다.

그는 챔피언 등극 후에도 시간당 1000엔(약 1만 원)짜리 주유소 아르바이트를 뛰고 있었다. 고교를 졸업하고 18세 때 고향을 떠나 도쿄에 상경한 이후 줄곧 해오던 일이었다고 한다. 주유소 알바를 뛰는 세계 챔피언이라니.

사토의 설명이 필자의 머리를 때렸다. 그는 헝그리 정신을 잃지 않기 위해 이 일을 계속한다고 했다.

사토는 고향을 떠나 도쿄에 온 뒤부터 매일 아침 6시에 일어나 집 근처의 주유소로 출근했다. 위험물 취급 자격증까지 따내 주유소에선 책임자급으로 승진했다. 그렇게 오전 내내 일을 하고 오후에 체육관으로 가서 운동하는 생활을 10년 가까이 계속했다. 챔피언 벨트를 따내고도 생활 방식을 바꾸지 않은 것이었다.

사토는 "좀 유명해졌다고 달라지진 않겠다"고 말했다. 챔피언이 됐다고 해서 알바를 그만두면 복서로서의 초심과 근성이 무너지지 않을까 그는 걱정하는 듯했다.

합리성의 잣대로 보면 '1000엔 알바'는 바보짓이다. 세계 챔피언이 TV 광고 한 편만 찍어도 아르바이트 월급 몇 년 치는 나올 것이다.

하지만 눈앞의 이득보다 자기류를 선택한 사토의 고집을 필자는 일본 특유의 '미의식(美意識)'으로 해석했다. 복서로서 그의 생명력은 인생 밑바닥에서 다진 헝그리 정신에서 나온다. 이런 근성을 잃으면 자기 직업의 완성도가 허물어진다는 것을 사토는 말하고 싶었을 것이다.

일본엔 '바보 같은 사토'가 곳곳에 있다. 아무리 유명해져도 허름한 가게를 지키며 자기 스타일을 고수하는 장인의 사례가 발에 밟힐 만큼 흔하다.

그렇게 편한 샛길을 곁눈질하지 않고 자기 분야를 좁고도 깊게 파헤치는 것이 약자가 이기는 길이다.

CHAPTER 8

약자는 위대하다

8ROUND

승부

"열등의식이 나를 키웠다.
나는 열등의식이 있었고 끊임없이 분발했다."

– 프리다 헴펠

게릴라전술의 백미는 최후의 총공세다. 강한 적의 힘을 빼놓은 뒤 아군의 비축된 화력을 일거에 집중적으로 쏟아부어 승부를 결정짓는 것이다. 총공세로 전환할 시점을 잡는 것은 고도의 전략적 판단을 요하는 일이다. 너무 빠르면 이쪽이 당하고 너무 늦으면 적이 회복할 시간을 준다.

알리는 백스텝으로 뒷걸음치면서 포먼의 안면에 잽과 원투 스트레이트를 날린다. 상대방의 상태를 타진하면서 마지막 화력을 집중시킬 타이밍을 재고 있는 것처럼 보인다. 포먼은 여전히 쉬지 않고 전진하면서 단조로운 공격을 계속한다. 이전 라운드와 비슷한 소모전의 양상이 이어진다.

알리의 반격은 아무도 예상하지 못한 시점과 각도에서 시작됐다. 8라운드 종료 20여 초를 남기고 코너에 몰려 있던 알리가 오른손 스트레이트를 날렸다. 갑작스러운 공격에 주춤하는 포먼을 세워놓고 알리는 사이드 스텝으로 코너를 빠져 나오며 총공세로 돌아섰다.

알리의 현란한 좌우 콤비 블로가 속사포처럼 포먼의 안면에 적중했다. 그리고 오른쪽 주먹이 마지막 피니시 블로처럼 포먼의 턱에 꽂혔다. 포먼은 중심을 잃고 크게 원을 그리며 고꾸라지듯 링 위에 쓰러졌다.

알리가 공세로 전환해 포먼을 눕힐 때까지 걸린 시간은 5초에 불과했다. 지금까지의 격돌은 마지막 5초를 위한 준비일 뿐이었다. 알리는 8라운드까지 비축해놓았던 힘을 5초 동안 일거에 폭발시켜 포먼을 침몰시켰다.

알리는 어퍼컷을 날리기 위해 쓰러진 포먼에게 다가선다. 하지만 알리는 주먹을 쓸 필요가 없었다. 포먼은 일어나려 애쓰지만 몸이 말을 듣지 않는다. 포먼은 주심이 열을 센 후에야 두 다리로 일어날 수 있었다.

카운트아웃. 주심이 경기 종료를 선언한다. 새로운 챔피언이 탄생했다. 한물갔다던 32세의 퇴물이 열세를 뒤집고 헤비급 세계 챔피언에 등극했다. 복싱 역사상 최고의 명승부로 기록될 극적인 역전 드라마였다.

1

비주류였기에 위대했던 알리

"캐시어스 클레이. 조상 대대로 물려받은 이 이름은
노예주가 누구인지 알려줄 뿐인 이름이다.
나는 무하마드 알리로 거듭났다."[*]

—

무하마드 알리

알리와 포먼의 8라운드 시합이 막을 내렸다. 경기가 끝나자 마치 기다렸
다는 듯이 장대비가 쏟아졌다. 킨샤사는 우기였다. 한 시간 만에 경기장
로커룸이 물에 잠길 정도의 폭우가 맹렬한 기세로 쏟아져 내렸다. 양동이
로 물을 퍼붓는 듯했다.

사람들은 아랑곳하지 않고 거리로 쏟아져 나와 폭우 속에서 춤을 추었
다. 그곳은 아프리카였다. 아프리카 출신 흑인으로서의 정체성을 간직한
알리에겐 정신적 고향과도 같았다.

알리는 이슬람교 신자이자 비주류 투사였다. 그는 백인에게 길들여지

---

[*] 〈한겨레21〉 2016년 6월 기사.

지 말고 흑인 정신을 잃지 말라고 흑인들에게 주문하곤 했다. 알리가 백인에게 교화된 기독교도 포면을 때려눕히고 백인 주류 사회에 충격을 던지기에 딱 알맞은 장소였다.

알리의 인생은 비주류의 길이라는 한마디로 요약된다. 어렸을 때부터 복싱에 재능을 보인 그는 아마추어 시절 100승을 올리고 18세 때 올림픽 금메달을 딴 스포츠 엘리트였다. 그는 마음만 먹으면 돈과 명예가 따르는 순탄한 길을 걸을 수도 있었다.

그러나 그는 활짝 열려 있던 주류 엘리트의 길을 스스로 걷어찼다. 백인이 지배하는 미국 주류 사회에 순응하기를 거부한 것이다.

대신 흑인과 이슬람이라는 비주류의 길을 선택했다. 차별받는 흑인으로서의 정체성에 매달리면서 주류 기득권 세력과 맞서 싸우는 삶을 살았다. 그래서 위대해졌다.

금메달을 강에 던져버리다

20세기 모든 스포츠 종목을 통틀어 가장 위대한 선수로 꼽히는 사람이 무하마드 알리다. 2016년 6월 그가 74세의 나이로 세상을 떠나자 전 세계가 추모 열기에 휩싸였다. 오바마 미국 대통령과 반기문 유엔 사무총장이 추도 성명을 내는 등 세계 각국에서 애도와 추모의 물결이 일었다.

그는 21년간 사각의 링에서 뛰면서 56승(37KO승) 5패의 기록을 남겼다. 세 차례나 세계 챔피언 벨트를 차지하기도 했다. 프로 복서로서 걸출한 성적이지만 그렇다고 해서 사상 최고의 복서로 평가받을 만큼 완벽한 기록은 아니었다. 알리보다 승률이 더 높고 KO승이 더 많았던 복서도 수

두둑하다.

그는 펀치력에서 '파괴자' 조지 포먼이나 '핵주먹' 마이크 타이슨에 필적하지 못한다. 테크닉 면에서도 천재 복서 슈거레이 레너드를 따라갈 수 없다. 골프의 타이거 우즈나 농구의 마이클 조던처럼 2인자가 감히 넘볼 수 없을 만큼 압도적인 제왕도 아니었다.

그럼에도 알리를 가장 훌륭한 복서, 가장 위대한 스포츠 선수로 꼽는 데 주저할 사람은 많지 않다. 왜일까.

그것은 그의 삶이 위대했기 때문이다. 그는 링 안에서 최고의 복서였지만 링 밖에서도 감동적인 삶을 살았다. 그가 존경받는 것은 그저 복싱을 잘했기 때문만은 아니다.

알리에게 인생의 전환점은 18세 때 찾아왔다. 로마올림픽에 출전하여 라이트헤비급에서 금메달을 따고 고향인 켄터키 주 루이빌로 금의환향한 지 얼마 지나지 않아서였다.

어느 날 알리는 햄버거를 사러 백인 전용 식당에 들렀다가 씻을 수 없는 마음의 상처를 입고 말았다. 식당 주인이 "난 깜둥이한테는 음식을 팔지 않아"라며 알리에게 나가줄 것을 요구했다. 식당 안의 백인 건달들은 '검둥이'라고 부르며 시비를 걸어왔다. 미국의 인종차별이 아직 심하던 시절이었다.

알리는 모멸감과 절망감에 치를 떨었다. 흑인이 인간으로 대접받지도 못하는데 올림픽 금메달이 무슨 의미가 있느냐는 회의가 들었다. 알리는 루이빌 시내를 흐르는 강으로 갔다. 그러고는 미련 없이 올림픽 금메달을 강물에 던져버렸다.*

"백인에게 굴종하지 않겠다"

알리가 활약하기 전에도 두각을 나타낸 흑인 복서는 많았다. '갈색 폭격기' 조 루이스는 25차례나 세계 챔피언을 방어했다. 아치 무어는 9년 2개월간 세계 챔피언으로 군림했고 무려 136차례나 KO승을 거뒀다.

하지만 이들은 링 위에서 성공을 거두면 거둘수록 조심하며 백인 사회에 순응하려는 자세를 취했다. 가급적 존재를 드러내지 않으려 했고 목소리를 내는 것도 자제했다. 흑인이 잘나가면 백인들이 적대감을 보이며 가만두지 않던 시절이었기 때문이다.

알리는 달랐다. 존재를 감추기는커녕 흑인으로서의 정체성을 한껏 드러내는 포지션을 취했다. 그는 "백인의 검둥이가 되지 않겠다"고 공개 발언하며 백인 주류 사회에 편입되기를 거부했다. 겉으로만 흑백 평등 운운하는 미국 사회의 위선적인 인종차별을 말로 고발하고 행동으로 저항했다.

백인 주류층을 의인화한 것이 '엉클 샘'이다. 흔히 턱수염을 기르고 성조기 문양의 양복을 입은 모습으로 그려진다.

이런 엉클 샘에게 순치되고 길들여진 흑인의 상징이 엉클 톰이다. 해리엇 비처 스토(1811~96)의 유명한 노예제도 고발 소설 《톰 아저씨의 오두막》에 등장하는 인물에서 유래한 것으로, 백인들에게 굴종적인 흑인을 경

---

* 알리가 유명해진 뒤 그가 루이빌의 오하이오 강에 던져버린 금메달을 찾기 위해 익명의 팬이 거액의 현상금을 내걸었다. 많은 사람들이 잠수부를 동원해 강바닥을 뒤졌으나 끝내 찾지 못했다. 알리는 1996년 애틀랜타올림픽 때 잃어버린 금메달 대신 새 금메달을 증정받았다. 파킨슨병을 앓던 알리는 애틀랜타올림픽 당시 최종 성화 점화자로 등장해 수전증으로 손을 떨면서도 성화대에 불을 붙이는 장면으로 전 세계 사람들에게 뭉클한 감동을 선사했다.

멸적으로 지칭하는 용어가 됐다.

알리는 엉클 샘(주류 백인)에게 고분고분한 엉클 톰(순종적인 흑인)이 되지 않겠다고 선언했다. 엉클 톰처럼 백인 사회에 편입된 흑인들을 "검은 얼굴에 흰 가면을 쓴 노예"라고 비판하고 흑인들의 노예근성을 공격했다.

그는 백인이 흑인을 길들였고 그로 인해 대다수의 흑인들이 백인처럼 돼버렸다면서 "당장 생각을 개조해야 한다"고 주장했다. 백인에게 구걸하지 말고 흑인들 스스로 흑인들의 문제를 해결해야 한다고 외쳤다. 운동선수의 입에서 나올 법한 말이 아니었다. 그는 마치 흑인 인권운동 지도자와도 같았다.

그는 기독교부터 버렸다. 22세에 세계 챔피언에 오른 뒤 이슬람교로 개종했다. 기독교 국가인 미국에서 일부러 불이익을 받으려고 작정이라도 한 듯했다.* 그는 백인 주류 사회에 맞서는 '저항의 검둥이'를 자신의 정체성으로 삼았다.

이름도 바꿨다. 원래 이름은 캐시어스 클레이였지만 백인이 붙여준 노예의 성(姓)이라며 버렸다. 그러고는 이슬람의 종교 지도자로부터 받은 무하마드 알리로 개명한 뒤 평생 이 이슬람식 이름으로 살았다.

---

* 미국은 공식적인 국교가 없지만 사실상 기독교가 지배하는 기독교 국가라고 해도 틀린 말은 아니다. 국가 건설의 역사부터 1620년 종교 박해를 피해 신대륙으로 건너간 영국 청교도 이민자들에게서 시작됐고, 역대 대통령들은 《성경》에 손을 얹고 취임 선서를 하는 전통을 이어오고 있다. 기독교인 비율이 갈수록 줄고 있으나 지금도 미국인의 70~80퍼센트가 기독교인이다. 2014년 조사에서 미국인의 이슬람교도 비율은 0.9퍼센트에 불과했다. 알리가 활약하던 1960~70년대 이슬람교도는 더욱 소수였을 것이다.

미국 정부와의 '3년 전쟁'

알리의 진짜 싸움은 미국 정부와 벌였던 3년 전쟁이었다. 미국 정부는 흑인으로서 상징성이 큰 알리를 베트남전쟁에 보내고 싶어 했다.

그러나 알리는 "베트콩은 날 검둥이라고 부르지 않는다. 베트콩과 싸울 일은 없다"고 조롱하며 참전 거부 의사를 공개적으로 밝혔다. 백인들은 격분했다. 미국 각지에서 비방 편지와 협박 전화가 빗발쳤다.

알리가 잇따라 세계 챔피언 방어에 성공하면서 승승장구하던 24세 때, 마침내 징집영장이 날아왔다. 루이빌의 신병 소집 장소에 알리가 모습을 드러냈다. 담당 장교가 입영 대상자의 이름을 차례로 호명했고 이윽고 알리의 차례가 돌아왔다.

장교는 알리의 개명 전 옛 이름을 불렀다. "육군, 캐시어스 클레이!" 알리의 이슬람식 이름을 인정하지 않겠다는 미국 정부의 의중을 드러낸 것이었다. 알리는 대답하지 않았다. 징집을 거부하면 감옥에 간다고 장교가 겁주었으나 알리의 입은 끝내 열리지 않았다.

알리는 기소되어 1심에서 징역 5년 형을 선고받는다. 뉴욕 주 체육위원회는 즉각 알리의 선수 면허를 정지하고 챔피언 자격을 박탈했다. 국무부는 그가 해외 시합에 나가지 못하도록 여권까지 압수했다. 저항하는 알리를 향해 미국 정부가 생계 수단까지 막으며 보복에 나선 것이었다.

선수 생활에 수갑이 채워진 알리에게 고통스러운 세월이 찾아왔지만 그는 굴복하지 않았다. 시간은 알리의 편이었다. 베트남전쟁의 참상이 알려지면서 반전 여론이 높아졌고 마침내 대법원은 알리에게 무죄 판결을 내렸다.

알리는 3년 반 동안 정지됐던 선수 자격을 되찾았으나 이미 그의 나이는 30세에 가까워져 있었다. 복서로서 한창 물오를 20대 중반의 전성기를 링에도 오르지 못하고 법정 투쟁으로 보낸 것이었다.

29세 때 치른 조 프레이저와의 재기전에서 알리는 프로 데뷔 후 첫 패배를 맛보았다. 역시 한물갔다는 비아냥이 쏟아졌다.

하지만 절치부심한 알리는 프레이저와의 재대결에서 이겼고, 결국 조지 포먼과 '킨샤사의 혈투'를 벌여 빼앗겼던 WBA/WBC 통합 챔피언 벨트를 탈환하고 말았다. 그의 나이 32세 때였다.

알리가 '떠버리'가 된 까닭

현역 시절 알리는 말 많고 시끄러운 소음 덩어리 허풍꾼으로 유명했다. 말로 상대방을 자극하고 신경을 건드리는 이른바 트래시 토킹(trash talking)의 명수였다. 매너가 좋거나 신사적인 것과는 거리가 멀었다.

그에겐 말을 리듬에 얹어 쏟아내는 재주가 있었다. 링 밖에서만 그런게 아니었다. 링 위에 올라 경기를 하면서도 그의 입은 쉬는 법이 없었다.

알리는 복싱에 '입'을 도입한 복서로 일컬어진다. 두 주먹뿐 아니라 입으로도 복싱을 했다는 뜻이다. 끊임없이 입을 놀려 상대방을 자극하는 것이 그의 특기였다.

그는 천부적인 입담을 지닌, 타고난 말재주꾼이었다. 하지만 그저 말하기를 좋아하기 때문에 떠버리가 된 것은 결코 아니었다.

그의 입놀림은 의도적이고 전략적인 것이었다. 주도면밀하게 짜인 계

산에 따라 말의 폭탄을 적절히 구사할 줄 알았다.[*]

알리가 떠버리로 일관했던 것은 두 가지 이유에서였다. 첫째, 홍보 목적의 선전 전술이다. 말로 대중의 흥미를 끌어 인지도를 높이고 자신의 상품 가치를 높인 것이다.

그는 걸핏하면 상대방을 KO시킬 라운드를 예고하곤 했다. 잘난 척 허풍을 떠는 것도 일종의 노이즈 마케팅(고의적으로 구설수를 퍼뜨려 관심을 끄는 방법)이었다. 좋든 싫든 대중의 관심을 끄는 것이 중요하다는 것을 그는 본능적으로 알았다. 경영 용어로 말하자면 첨단 마케팅 기법을 구사했던 것이다.

둘째, 심리 전술이다. 시합 전이나 경기 도중 알리가 상대방을 약 올리고 자극하는 것은 상대방을 흥분시키려는 교란 작전이었다.

실제로 알리의 심리전에 넘어가 페이스를 잃고 자멸하는 경우가 많았다. 아프리카 정글에서 '킨샤사의 혈투'를 벌였던 조지 포먼이 대표적이었다. 알리는 경기 전부터 포먼을 조롱하면서 도발했고 흥분한 포먼이 오버 페이스하게 했다.

이것은 전형적인 약자의 전략이기도 했다. 강자는 점잖아도 되지만 약자가 신사적으로 매너를 지키려고만 하면 이길 가능성이 적어진다. 약자는 판을 흔들어야 한다. 변칙적이고 예측 불가능한 전술로 상대방을 교란시켜야 한다. 그래야 약자에게도 기회가 온다.

---

[*] 알리는 수많은 어록을 남겼는데 가장 유명한 것이 "나비처럼 날아서 벌처럼 쏜다"는 것이다. 처음엔 상대방의 기를 꺾기 위한 전략적 허세였겠지만 이 말이 알리를 상징하는 브랜드처럼 굳어졌다. 그밖에도 허풍처럼 느껴지는 그의 트래시 토킹엔 이런 것들이 있다.
"슈퍼맨은 안전벨트 따위는 필요 없다."
"나는 단순히 세계 최고가 아니다. 나는 그 2배다. 상대방을 KO시킬 뿐 아니라 눕히고 싶은 라운드를 내가 정한다."
"자네는 키가 몇인가? 그래야 자네가 KO당할 때 몇 걸음 뒤로 물러서야 할지 미리 알지."

알리의 떠버리 작전이나 포먼과의 대결에서 구사한 '로프 타기'를 보면 마오쩌둥 스타일의 게릴라전이 연상된다. 알리가 마오쩌둥의 게릴라 공산혁명 전술을 알고 있었는지는 불분명하지만 그 둘은 너무도 유사하다.

마오쩌둥은 강한 상대와 전쟁할 때는 정면 승부를 피하고 적의 외곽을 돌면서 심리전과 선전전으로 교란시킨 뒤 결정적인 순간에 공격력을 폭발시켜 일거에 승부를 결정지으라고 했다. 알리가 바로 그랬다.

삶에서도, 복싱에서도 알리는 비주류 약자의 길을 걸었다. 그랬기 때문에 그는 위대해졌다. 위대한 약자의 삶이었다.

2

예수의 약자 혁명

"가난한 사람들아, 너희는 행복하다.
하느님 나라가 너희의 것이다."

—

누가복음 6:20

인류 역사에 가장 큰 영향을 미친 인물을 한 사람만 대라면 당신은 누구를 꼽겠는가?

이 질문에 대해 필자는 준비된 답을 갖고 있다. 이름을 대면 대부분의 사람이 아하 하고 고개를 끄덕일 것이다. 심지어 그를 믿지 않는 사람조차 옳든 그르든 우리 사는 세상이 그로부터 절대적인 영향을 받았다는 사실을 인정하지 않을 수 없을 것이다.

그의 이름은 예수 그리스도(B.C.4~A.D.30)다. 이 땅의 가장 낮은 곳으로 내려와 약자 편에 서서 약자의 삶을 살다 가장 비참한 모습으로 떠났지만 인류의 삶에 절대적인 족적을 남겼던 그 위대한 인물 말이다.

그는 약자의 혁명을 일으킨 사회혁명가다. 그의 가르침을 따르는 기독교는 유럽 문명의 뼈가 되고 살이 되었다. 기독교는 서구의 역사 그 자체다. 기독교는 서구의 문명에 씨앗을 뿌리고 서구인의 의식구조에 자양분을 주었으며 나아가 인류 문명에 지대한 영향을 미쳤다.

예수의 종교적 의미를 말하려는 것이 아니다. 예수와 기독교는 서구인의 의식과 무의식, 생활양식을 지배하는 정체성의 상징 코드이자 DNA다.[*]

예수의 이름으로 십자군이 일어나고 수많은 전쟁이 벌어졌으며 무수한 사람들이 기꺼이 목숨을 던졌다. 예수의 행적과 에피소드에 영감을 받은 수많은 예술 작품이 탄생했다.

인류 문명의 DNA를 만든 사람

근세 들어 유럽 문명이 전 세계로 퍼져나가면서 기독교의 문화 코드는 서구를 넘어 인류의 보편적인 자산이 되었다. 오늘날 기독교는 서구뿐 아니라 전 세계 대부분의 국가와 지역에서 절대적인, 혹은 상당한 영향력을 발휘하고 있다.

종교로서 믿든 안 믿든, 기독교는 전 인류의 생활양식에 깊숙이 스며든 문화 코드가 됐다. 기독교 코드를 뺀 서구의 역사, 나아가 인류의 역사는 아예 상상조차 불가능하다. 기독교에 필적할 만큼 강력한 문화 코드는 없다.

공자와 부처가 동양 문명, 마호메트가 아랍 문명의 토대가 되었지만 영

---

[*] 서구 문명은 두 개의 기둥으로 떠받쳐져 있다고 일컬어진다. 하나는 헬레니즘(Hellenism), 즉 그리스·로마의 사상이고 다른 하나는 헤브라이즘(Hebraism), 즉 기독교 사상이다.

향력의 절대적인 크기나 확장성에서 예수에 비견되지 못한다. 공자나 부처의 이름으로 순교한 사람이 기독교를 따를 수 없으며, 마호메트의 이슬람이 아무리 많은 문화 자산을 쌓아올렸다 해도 기독교에 필적하지는 못한다.

컴퓨터 과학자인 스티븐 스키에나와 찰스 워드가 컴퓨터 분석 기법을 통해 역사상 중요한 인물의 순위를 매겨보았다. 역사적인 인물이 위키피디아에 등재된 각종 자료에 어떻게 영향을 미쳤는지를 빅데이터 분석 방식으로 순위화한 것이다.

두 사람이 꼽은 인류 역사상 가장 중요한 인물은 역시 예수였다. 참고로 2위는 프랑스의 나폴레옹 황제, 3위는 영국의 대문호 셰익스피어, 4위는 이슬람교의 창시자 마호메트, 5위는 노예해방의 주역 에이브러햄 링컨 대통령이었다.

인류에 대한 예수의 영향은 지금도 절대적이다. 오늘날 기독교는 24억 명의 신자를 거느린 세계 최대의 종교다.* 전 세계 인구 세 명 중 한 명이 기독교를 믿는 셈이다. 예수의 가르침을 담은 《성경》은 인류 최고의 베스트셀러 자리를 놓친 적이 없다.

이 모든 것이 예수라는 한 명의 위대한 인물에서 시작하고 있다. 인류 역사에 이렇게 장대하고 절대적인 흔적을 남긴 인물이 또 어디 있단 말인가.

---

* 기독교는 포교 역사가 일천한 한국에서도 최대 종교가 됐다. 2015년 통계청 조사에 따르면 개신교(19.7퍼센트)와 천주교(7.9퍼센트)를 합치면 전체 인구의 27.6퍼센트가 기독교 신자로, 불교(15.5퍼센트)의 2배에 달한다. 예수의 본래 가르침과 달리 한국의 기독교는 무조건 예수만 믿으면 천국에 간다는 식의 기복(新福)신앙 성격이 강하다.

탄압을 이겨낸 생명력의 원천은?

우리의 목적은 기독교의 종교적 의미를 탐구하거나 예수의 언행을 찬미하려는 것이 아니다. 로마제국의 변방인 이스라엘의 작은 마을에서 시작된 한 인물의 가르침과 사상이 어떻게 수십억 인류의 정신적 DNA가 될 수 있었는지, 그 위대함의 원천을 알고 싶은 것이다.

서기 30년, 예수가 십자가에 못 박힌 후 열두 제자들은 전 세계로 흩어져 포교에 나섰다. 이들의 행적은 서로는 그리스와 스페인, 남으로는 에티오피아, 동으로는 페르시아와 인도에까지 이르렀다. 제자들은 헐벗고 고통받는 민중을 상대로 예수의 복음을 전하면서 구원의 사상을 퍼뜨렸다.

이들의 포교는 가혹한 박해에 시달렸다. 민심 이반을 두려워한 지배층과 권력자들은 잔혹한 방법으로 제자들과 기독교인들을 탄압하고 살해했다. 열두 제자들은 대부분 포교 과정에서 순교했다.

제자들의 맏형 격인 베드로는 로마의 네로 황제에 의해 십자가에 거꾸로 못 박히는 처형을 당했다. 스페인 포교에 나섰던 야곱은 참수당해 나중에 스페인의 수호성인 반열에 올랐고 인도에 갔던 도마는 브라만교 신자의 창에 찔려 숨졌다. 예수를 고발한 죄책감에 자살한 유다와 94세까지 살았던 요한을 제외한 제자들이 다 이렇게 순교자로 생을 마쳤다.

기독교 포교는 박해와 순교의 역사다. 네로 황제는 로마 시가지 절반이 불타는 화재가 발생하자 기독교인의 방화로 규정하고 집단 살해했다.

도덕철학자이자 5현제(賢帝) 중 한 명으로 유명한 마르쿠스 아우렐리우스 황제는 신분이 낮은 기독교인은 화형, 신분이 높은 교인은 참수형에 처했다. 디오클레티아누스 황제는 기독교 박해령을 내려 교회를 부수고

《성경》을 불태웠다. 이런 박해는 서기 313년 밀라노칙령으로 기독교가 공인될 때까지 300년간 계속됐다.

그러나 가혹한 탄압도 기독교의 확산을 막지 못했다. 기독교인들은 박해를 피해 지하로 숨어들었다. 땅속에 굴을 파고 교회를 지어 예배를 보며 신앙을 지켰다.

지하에 세워진 동굴교회는 카타콤베(지하묘지라는 뜻)라고 불렸는데, 지금까지 로마에서만 35개가 발견됐다. 로마 카타콤베의 총 연장 길이는 560킬로미터에 달한다. 동굴교회는 로마 시내뿐 아니라 로마제국 영토 안의 웬만한 대도시에는 거의 다 있었다고 한다.

그토록 엄혹한 박해와 탄압을 이겨낸 놀라운 생명력은 어디에서 비롯됐을까. 그것은 기독교가 약자와 민중의 편에 섰기 때문이었다. 억압받고 착취당하는 약자들이 구원을 받고 내세의 승리자가 된다는 구원의 교리가 민중의 마음을 사로잡고 지지를 얻었다.

기독교의 확산은 약자 승리의 역사다. 탄압과 박해를 당할수록 민중의 신앙심과 결속력은 더욱 커졌다. 억압받는 약자로서의 민중이 기독교를 퍼뜨린 주역이었다.

그 후 기독교가 권력과 결탁하면서 중세엔 기독교 권력이 민중을 수탈하는 기득권으로 변질했다. 근대에 들어선 기독교가 제국주의 열강에 의한 식민지 침탈의 도구로 사용되기도 했다. 국제정치의 측면에서 기독교에는 숨기고 싶은 흑역사가 존재한다.*

하지만 약자의 종교라는 기독교의 본질은 변하지 않았다. 이것이 예수

---

* 중세 유럽의 암흑기, 교회는 재물을 탐하고 세속적 권력을 휘두르는 부패 조직으로 전락한 치욕의 역사를 갖고 있다. 당시 교회는 돈을 내면 천국에 갈 수 있다는 면죄부까지 팔 정도로 타락했다.

라는 인물과 기독교가 갖는 생명력의 원천이다.

약자 해방의 사상

예수가 살았던 시대에도 수많은 종교가 있었다. 예언자나 선지자를 자처하는 종교 지도자들도 헤아릴 수 없이 많았다. 그런데 왜 유독 예수의 가르침만 2000년 넘게 살아남았고 온 지구상에 퍼져 인류의 정신세계에 뿌리박을 수 있었을까. 그 수수께끼의 원천은 무엇일까.

여러 가지 이유가 있겠지만 가장 핵심적인 비결은 기독교의 '약자 코드'라고 생각한다. 기독교는 약자의 종교다. 억압받는 민중과 피지배자의 구원, 평등과 박애가 기독교의 주제이자 세계관이다. 한마디로 기독교는 가난하고 소외된 사람들에게 구원의 메시지를 던져주는 종교다.

생전의 예수는 사회적 약자를 위로하고 위안을 주는 데 가르침의 상당 부분을 할애했다. 가장 대표적인 것이 〈누가복음〉이 전하는 '산상수훈(山上垂訓)'이다. 예수가 선교 활동 초기에 갈릴리 호수 북쪽의 언덕에 올라 설교한 내용이다.

> 가난한 사람들아, 너희는 행복하다. 하느님 나라가 너희의 것이다.
> 지금 굶주린 사람들아, 너희는 행복하다. 너희가 배부르게 될 것이다.
> 지금 우는 사람들아, 너희는 행복하다. 너희가 웃게 될 것이다.

설교의 요지는 하느님의 나라, 즉 천국에 들어가기 위한 조건을 여덟 가지로 정리한 '8복(福)'이다.

예수는 천국에서는 지상의 나라와 정반대로 '가치의 역전' 내지 '가치의 전복(顚覆)'이 벌어진다고 설파한다. 가난하고 굶주리고 울고 미움받고 쫓겨나고 욕먹는 사람이 하느님의 나라에 갈 수 있고 내세에선 더 행복해진다고 말한다. 현세의 불행이 내세의 행복으로 바뀐다는 것이다.

지금 불행할수록 죽어서 더 행복하다는 예수의 역설적 담론은 혁명적이고 체제 전복적인 발상이었다. 당시 유대 사회는 엄격한 신분제 사회였다. 돈과 권력을 쥐고 호의호식하는 상류층과 일반 대중의 격차는 컸다. 가난과 고통에 시달리는 대중은 희망을 잃은 채 절망 속에서 신음하고 있었다.

현세의 삶뿐만이 아니었다. 유대교에 따르면 천국에 갈 확률도 상류층이 더 높았다. 율법과 계율을 잘 지키는 사람이 하느님의 부름을 받아 천국에 간다는 것이 유대교의 교리였기 때문이다. 뒤집어 말하면 먹고살기 바빠 율법이 뭔지조차 잘 모르는 서민 대중은 천국에 가는 방법조차 모른다는 얘기였다.

예수는 유대교의 기본 전제를 완전히 뒤집었다. 율법과 교리를 몰라도 하느님에 대한 믿음만 있으면 천국에 갈 수 있다고 가르쳤다.

오히려 가난하고 고통받을수록 천국에 갈 확률이 높아진다고 했으니 유대교 지도자들과 지배 계층의 심기가 불편하지 않을 수 없었다. 반면 예수의 가르침은 출구가 안 보이는 현실에 희망을 잃은 약자와 대중에게는 그야말로 갈증을 풀어주는 생명수였다.

사실 예수의 말은 궤변에 가까운 역설이다. 가난하고 굶주리고 슬프기 때문에 오히려 행복하다니 이게 무슨 허황된 말인가. 그러나 역설적인 '가치 전복'의 사상 체계였기 때문에 일반 대중의 마음을 사로잡았다.

예수가 설파한 약자의 역설 덕분에 절망하던 대중은 희망을 가질 수 있게 됐다.

예수의 가르침은 위로와 힐링의 복음이다. 차갑게 얼어붙은 약자들의 마음을 달래주고 다독거려준다. 굶주림과 억압과 차별에 시달리는 대중에게 구원을 약속하는 약자 해방의 사상이기도 했다. 기독교가 혹독한 탄압을 이겨내고 로마제국을 접수한 다음 전 지구상에 퍼져나가 세계적인 종교가 된 키워드가 바로 그것이다.

낮은 곳에서 와 낮은 곳으로 떠난 삶

예수의 짧은 생애는 비주류의 삶이었다. 하층 계급인 목수의 아들로 태어나 34세에 십자가에 못 박힐 때까지 철저하게 약자의 편에 서서 비주류의 삶을 살았다.

세속적 관점에서 보면 그는 탄생부터 미천했다. 요즘 말로 하면 흙수저 집안에서 태어났다. 유대 왕 다윗의 후손이라는 혈통이 있지만 현실 속에서 아버지 요셉은 가난한 목수에 불과했다.

진위 논란이 있지만 예수가 마구간의 말구유에서 태어났다는 일화는 기독교에서 가장 중시되는 에피소드 중 하나다. 하느님의 아들이자 분신인 예수가 고급 침대, 비단 이불 위가 아니라 가축에게 여물을 주는 구유에서 태어났다니, 이 얼마나 상징으로 가득 찬 탄생 스토리란 말인가.

말구유와 십자가는 예수의 삶을 압축적으로 말해주는 두 가지 상징물이다. 가장 낮은 곳(말구유)을 통해 이 땅에 왔다가 가장 비참한 방식(십자가 처형)으로 이 땅을 떠난 예수의 생애는 실로 극적인 약자의 스토리 그 자체다.

예수 역시 아버지처럼 목수 일을 배우며 성장했을 것으로 추정된다. 예수가 고향 나사렛의 회당에서 설교하자 청중들이 "저 사람은 요셉의 아들 아닌가"라며 예수와 요셉의 변변치 않은 직업을 지적했다는 일화가 《성경》에 기록돼 있다. 하느님의 아들이 인간세계에 나타나는 루트로 고귀한 신분 대신 미천한 서민 가정을 선택한 것이다.

예수의 마지막 순간은 이 세상 어떤 소설이나 영화보다도 드라마틱하고 강렬하다. 다른 종교의 성인들과 비교해도 그렇다.

이슬람교의 창시자 마호메트는 62세에 가족들이 지켜보는 가운데 자택에서 숨졌고, 불교의 교조(教祖)인 석가모니(싯다르타)는 80세에 제자들 앞에서 입멸했다. 공자 역시 72세에 제자들 품에서 숨을 거두었다. 저마다 파란만장하고 위대한 삶이었지만 세상을 떠나는 마지막 순간은 비교적 평안했다.

반면 예수는 사형수로서 공개 처형당했다. 보통의 사형이 아니라 십자가에 팔과 다리가 못 박히는, 상상 이상으로 가혹하고 처참한 방식이었다. 머리에는 모욕의 의미로 가시관이 씌워진 채로 무게 70킬로그램의 십자가를 지고 채찍을 맞으며 형장까지 가야 했다.

예수가 두 명의 도둑과 함께 처형당한 것에도 상징 코드가 담겨 있다. 천대받는 밑바닥 강도범들과 나란히 십자가에 매달렸다는 것은 예수가 죄지은 사람들과 함께 세상의 가장 낮은 곳에서 최후를 맞았다는 의미다.

게다가 예수가 그토록 위하고 편들었던 대중마저 마지막 순간에 예수에게 등을 돌렸다. 대중은 예수의 사형에 동조했으며, 예수가 십자가를 지고 형장으로 향하는 동안 그를 조롱하고 모욕하고 조소했다.

심지어 예수가 가장 믿었던 제자 베드로마저 그를 세 번 부인했다. 예수가 고통과 굴욕 속에서 맞이한 마지막은 모든 것을 잃고 세상 모두에게 배척받는 약자의 모습 그 자체였다.

처참하고 무력했던 예수의 마지막은 사흘 뒤 부활이라는 반전을 더욱 극적으로 만들어주었다. 그렇게 낮은 곳에서 세상을 떠났기에 예수의 가르침은 더욱 힘을 얻고 국경과 인종을 넘어 세상 사람들의 공감을 얻을 수 있었다.

비주류 사회혁명가

종교적 관점을 떠나 사회과학적 관점에서 보면 예수는 민중 해방을 꿈꾼 혁명가이자 사회사상가였다. 강자와 지배 계층 중심의 질서를 거부하고 약자와 피지배 계층이 주인 되는 세상을 설파했다.

예수는 세례자 요한에게 세례를 받고 복음 전파에 나서면서 고난받는 민중의 메시아로서 살아가겠노라고 말했다. 약자와 비주류의 편에 설 것임을 선언한 것이다.

당시 유대교는 배타적인 선민(選民)의식과 형식적인 율법 만능주의에 빠져 있었다. 유대인은 유일신 야훼의 선택을 받은 특별한 민족이고, 유대 민족만이 신으로부터 구원받을 수 있다고 믿었다. 또한 율법을 준수하고 할례를 하는 것이 천국으로 가는 길이라고 가르쳤다.

예수는 유대교의 정통 교리에 반기를 들었다. 율법과 할례 없이도 하느님에 대한 믿음만 있으면 신의 구원을 받을 수 있다고 가르쳤다. 또한 하느님의 사랑은 유대인뿐 아니라 어느 민족, 어느 나라에 속한 사람이든 모두에게 미친다고 설파했다. 믿음만 가지면 신 앞에서 똑같이 평등하다고 했다.

당시 유대교와 유대인들은 하류 계층과 신분에 대해 편파적인 차별 의식을 갖고 있었다. 병든 사람 같은 육체적 약자나 죄수 같은 사회적 약자에 대해 율법을 준수할 수 없는 종교상의 죄인이라며 배척했다. 혼혈을 이유로 사마리아인들을 부정한 존재로 낙인찍기도 했다.

그러나 예수는 신분이 낮고 비천한 사람들 속으로 들어가 그들과 한편이 되었다. 유대교가 부정한 계층으로 낙인찍은 창녀나 세리(稅吏), 나병 환자들과도 스스럼없이 어울렸다. 약자 편에 서서 평등의 사상을 몸으로 설파한 것이다.

어느 날 바리새파 여인이 간음하다 붙잡혀왔다. 유대교 율법에 따르면 간음은 가장 죄질이 나쁜 중죄로, 간음자는 돌로 쳐서 살해하는 것이 당시 관례였다. 사람들이 돌을 던져 여인을 죽이려 하자 예수가 그 유명한 멘트를 날린다. "너희들 중에 누구든지 죄 없는 사람이 먼저 저 여자를 돌로 쳐라."

예수는 어느 누구나 하느님과 직접 관계를 가질 수 있다고 설파했다. 이 것은 율법에 복종해야 구원받는다는 유대교의 교리에 정면으로 충돌하는 것이었다. 주류인 유대교가 보기에 예수는 비주류이자 이단이며 위험한 불온 인물이었다. 그래서 예수는 정치범처럼 십자가 사형에 처해졌다.

비주류 이단이던 예수의 가르침은 그의 사후 로마제국 곳곳으로 퍼져 나갔다. 탄압과 박해에도 불구하고 기독교가 놀라운 생명력을 갖고 확산될 수 있었던 것은 세상의 다수를 차지하는 피지배 약자들의 공감을 얻었기 때문이다.

약자 편에 섰던 예수의 비주류 사상이 인류의 역사를 바꿔놓았다. 약자가 승리하는 약자 복음의 메시지가 아니었다면 기독교는 지금 같은 인류 보편의 종교가 되지 못했다.

인류의 역사는 예수 탄생 이전(기원전)과 이후(기원후)로 갈린다. 기원을 뜻하는 A.D., 즉 Anno Domini는 라틴어로 '그리스도의 해'라는 뜻이다.* 종교적 의미를 떠나 우리는 지금 '예수의 시간'을 살고 있다. 비주류 약자의 세상을 꿈꾼 사회혁명가로서의 예수 말이다.

---

* 기원전을 의미하는 B.C. 역시 'Before Christ', 즉 '예수 탄생 전'이란 뜻이다.

3

역사를 바꾸는 것은 비주류다

"우리가 아무것도 하지 않는다면
그들은 계속 잡아가고 가둘 것입니다.
다음 차례는 당신이 될 수도 있습니다."[*]

—

로자 파크스

1955년 12월의 어느 날, 미국 앨라배마 주 몽고메리 시에서 42세의 흑인 여성이 버스에 올랐다. 백화점 양복점에서 재단사로 일하던 그녀는 하루 일을 마치고 퇴근하는 길이었다. 버스의 앞에서 네 번째 줄까지는 백인 전용 좌석이었다. 그녀는 다섯 번째 줄 좌석에 지친 몸을 걸쳤다.

두 정거장을 지나자 버스는 만원이 됐다. 운전기사는 다섯 번째 줄의 흑인들을 향해 자리를 백인 승객에게 넘길 것을 요구했다. 버스에서 백인이 서 있으면 흑인이 자리를 양보하도록 법으로 정해져 있던 시대였다. 링컨의 노예해방 선언이 나온 지 100년이 지났지만 흑인 차별은 여전했

---

[*] EBS 〈지식채널e〉 중에서.

다. 모든 공공 분야에서 흑인은 백인과 격리돼 차별받고 있었다.

버스 기사의 요구를 받고 다섯 번째 줄의 흑인 세 명이 자리에서 일어났다. 그러나 그 흑인 여성은 이를 거부했다. 불복종이었다. 그녀가 할 수 있는 가장 소박한 방식으로 흑백 차별이라는 거대한 부조리에 대해 항의한 것이었다.

버스 기사가 큰소리로 호통을 쳤지만 그녀는 꿈쩍도 하지 않았다. 기사는 경찰을 불렀고 그녀는 흑백분리법 위반으로 체포돼 유치장에 수감됐다. 그녀의 이름은 로자 파크스(1913~2005)였다.

불복종의 힘

크게 주목받을 것도 없는 사소한 사건이었다. 고작해야 경범죄 정도의 사건이 역사를 바꾸는 도화선이 되리라고 생각한 사람은 없었다. 좌석을 양보하라는 명령을 거절한 파크스 자신도 어떤 거창한 의도나 목적의식을 가졌던 것은 아니었다.[*]

파장은 아무도 예상 못 한 방향으로 확대됐다. 사건이 알려지면서 흑인들의 분노에 기름이 끼얹어졌다. 파크스의 재판 날짜가 체포 나흘 뒤로 정해지자 흑인 인권 단체는 버스 승차 거부 운동을 시작했다. 차별에 대한 항의의 뜻으로 재판 일 하루 만이라도 버스를 타지 말자는 제안이었다.

버스 보이콧을 주도했던 것이 신학 박사 학위를 받고 몽고메리 시의 침례교회에서 담임 목사를 맡고 있던 26세의 마틴 루서 킹(1929~68)이었다.

---

[*] 로자 파크스는 1997년 발간한 자서전에서 자신이 일어나지 않은 이유에 대해 "그저 몸이 피곤했기 때문만은 아니었다. 내가 정말로 피곤함을 느꼈던 것은 바로 참고 굴복해야 하는 일 그 자체였다"라고 밝혔다.

그때까지만 해도 무명이던 킹 목사는 이 운동을 계기로 일약 전국적인 흑인 인권 지도자로 부상하게 된다.*

버스 보이콧이 성공하리라는 보장은 없었다. 생계에 쫓겨 먹고살기 바쁜 흑인들이 버스를 타지 않고 걸어 다니는 수고를 감수할지 누구도 장담할 수 없었다. 버스 보이콧에 참여했다가 직장에서 백인 상사에게 보복당할 우려도 있었다.

이윽고 재판 일이 밝아오자 몽고메리 시민은 물론 온 미국 사회가 깜짝 놀랄 만한 일을 목격하게 됐다. 몽고메리 시내를 운행하는 버스들이 모두 텅 빈 채로 달렸던 것이다. 쌓이고 쌓였던 흑인들의 울분이 로자 파크스의 불복종을 기폭제로 폭발한 것이었다.

파크스는 재판에서 유죄 판결을 받았다. 벌금형을 선고받고 석방되지만 이를 계기로 버스 보이콧 운동이 더욱 확산되었다. 버스의 주된 승객은 자가용 승용차를 살 형편이 못 되는 가난한 흑인들이었다. 흑인들이 버스를 타지 않자 버스 회사들은 망할 처지가 됐다.

이윽고 1956년 12월 연방대법원에서 버스 안의 흑백분리를 규정한 몽고메리 시의 법률이 위헌이라는 판결을 내렸다. 흑인들이 백인에게 좌석을 양보해야 한다는 인종차별 제도가 사라진 것이다. 파크스가 버스에서 좌석 양보를 거부한 지 1년 만의 일이었다.

파크스의 행동이 일으킨 파장은 이것으로 끝나지 않았다. 킹 목사와 흑인 인권 진영은 여세를 몰아 미국 전역에서 흑백분리 폐지를 요구하는 운

---

* 로자 파크스와의 운명적인 만남이 마틴 루서 킹을 위대한 흑인 인권 운동가로 태어나게 했다. 킹 목사는 1964년 노벨평화상을 받았다. "나에겐 꿈이 있습니다(I have a dream)"로 시작되는 1963년 연설은 역사에 기록될 기념비적인 명연설로 지금도 자주 회자되고 있다.

동을 확대해나갔고 이것이 1964년 민권법의 제정으로 결실을 맺었다. 공공장소나 취업, 교육 등에서 인종과 피부색에 따른 차별을 막는, 미국에서 가장 광범위한 차별 금지법이었다.

1950년대 후반에서 1960년대 초반에 걸쳐 맹렬한 흑인 인권운동이 일어나지 않았다면 미국 사회에서 흑인들은 오늘날과 같은 지위를 차지할 수 없었을 것이다. 오바마의 대통령 당선도, 〈오프라 윈프리 쇼〉의 탄생도 몇 십 년 늦어졌을지 모른다.

그 기폭제가 된 것이 1955년 로자 파크스의 버스 속 불복종이었다. 파크스로선 자신의 행위가 어떤 의미를 갖는지, 어떤 파장을 일으킬지 생각조차 못 했을 것이다. 그러나 약자 중의 약자인 그녀의 용기가 세상을 바꾸는 결과를 가져왔다.

그녀가 "노(No)"라고 하지 않고 백인들이 정한 대로 좌석을 양보했다면 지금 미국 사회의 모습은 달랐을지도 모른다. 그녀가 아니었다면 미국이 흑백 평등 사회로 전환하는 시기가 상당히 늦어졌을 것이다. 가난하고 힘없는 흑인 여성 재단사가 역사를 바꾼 것이다.*

창조적 소수자라는 비주류

역사를 이끄는 주체가 누구냐는 것은 역사철학의 해묵은 논란거리다. 소수의 뛰어난 엘리트가 역사의 주인공이라고 보는 시각이 있는 반면 평범

---

* 로자 파크스는 인권운동가로 일생을 보내다 2005년 92세로 사망했다. 장례식에는 흑인 여성 최초로 미국 국무장관이 된 콘돌리자 라이스(1954~)가 참석했는데, 그녀는 "로자 파크스가 없었다면 나는 국무장관이 될 수 없었을 것"이라고 말했다.

한 다수, 즉 민중의 의지 표현이 바로 역사라는 시각도 있다.

엘리트냐, 민중이냐를 놓고 수많은 지식인과 학자들이 오랫동안 논쟁을 벌여왔지만 여전히 결론은 나지 않고 있다. 어느 한쪽이 주도했다고 단정하기엔 역사의 흐름에 양면성이 있기 때문이다. 이 이슈가 어느 쪽이 옳은가 하는 사실의 문제라기보다 역사를 보는 관점 혹은 가치관의 성격을 갖고 있기 때문이기도 하다.

역사 발전의 주체를 설명하는 가장 설득력 있는 모델을 제시한 인물이 1장에서도 언급했던 영국의 역사철학자 아널드 토인비다. 그는 역사의 흥망성쇠를 결정하는 원리를 '도전과 응전'이라는 매력적인 법칙으로 정리했다.

토인비는 인류 문명이 끊임없이 역사의 도전과 맞부닥치는 운명을 타고났다는 전제에서 출발한다. 여기서 도전이란 가뭄이나 홍수, 지진 같은 자연환경의 격변일 수도 있고, 강력한 외적의 침략일 수도 있고, 도덕적 타락이나 지배 계층의 부패 같은 사회 내부의 모순일 수도 있다.

한 문명이 역사의 도전에 잘 응전하면 그 문명은 한 단계 비약하고 새롭게 발전한다. 반면 도전에 잘못 응전하면 그 문명은 쇠퇴 혹은 몰락한다. 역사를 발전시키는 원동력은 도전에 맞서 응전하는 힘이다. 현명한 응전을 통해 도전을 극복한 문명이 살아남아 역사를 만들었다는 것이 토인비의 학설이다.

그렇다면 현명한 응전을 주도한 사람 혹은 세력이 역사 발전의 주체라는 얘기가 된다. 토인비는 이를 '창조적 소수자'로 규정했다. 창조적 소수자란 문명의 위기를 미리 예감하고 도전에 맞설 응전의 해법을 찾아 제시하고 사회구성원을 설득해 실행하는 사람이다.

창조적 소수자가 주도한 응전법이 성공하면 대중이 이를 모방하고 추종해 사회 전체로 확산되면서 문명이 다시 융성의 사이클에 올라타게 된다. 즉 창조적 소수자의 주도와 다수 대중의 추종이 결합해 역사 발전을 이뤄내는 것이다.

그런데 창조적 소수자는 비주류일 수밖에 없다. 창조적 소수자에 대비되는 개념이 '지배적 소수자'다. 창조성과 비전을 잃고 힘으로 대중을 지배하는 권력 집단 엘리트를 말한다. 이들은 주류다. 돈과 권력과 군대와 무력을 장악하고 있다. 주류인 지배적 소수자는 그 사회를 지배하지만 역사의 발전을 이뤄내지는 못한다.

반면 창조적 소수자는 기존 사회의 중추에서 밀려나 있는 비주류다. 신분상으로는 상류층 혹은 엘리트 지배 계층일 수 있겠지만 그들의 사상이나 가치관은 비주류에 속할 수밖에 없다. 위기를 동반한 역사의 도전에 '창조적'으로 응전하려면 기존의 사회체제, 낡은 문명 질서와 다른 편에 설 수밖에 없기 때문이다.

창조적이기 위해선 구체제에 반기를 드는 안티라야 한다. 기존 질서에 속하는 주류는 창조성을 발휘하지 못한다. 비주류 안티가 아니면 도전에 맞서는 창조적 응전법을 제시할 수 없는 것이다. 요컨대 역사 발전의 주체인 창조적 소수자는 비주류의 숙명을 타고난 사람들이다.

주류는 유지하고 비주류는 바꾼다

인류의 역사를 보자. 실제로 역사의 큰 변화를 이끌어낸 창조적 소수자들을 보면 거의 예외 없이 비주류였다.

프랑스혁명을 주도한 계몽적 부르주아 집단은 귀족과 성직자들이 지배하던 당시 프랑스 왕정 체제에서 비주류 세력이었다. 미국의 독립선언을 주도한 '건국의 아버지'들 역시 식민지 종주국인 영국의 입장에서 보면 변방의 비주류에 불과했다. 한국사에서도 4.19혁명의 주도 세력인 대학생 지도부나 1987년 6월 시민항쟁을 주도한 민주화 운동권 그룹은 비주류였다.

인류사에서 중요했던 모든 혁명이 거의 예외 없이 비주류에 의해 이뤄졌다. 그것은 당연한 일이다. 혁명이란 바로 기존 질서의 해체를 의미한다. 구체제를 발전적으로 뒤엎는 일이다. 따라서 그 사회의 비주류가 혁명을 주도할 수밖에 없다. 비주류가 혁명의 주체가 된다는 것은 그야말로 동어반복(同語反復)에 불과하다.

일단 응전이 성공적으로 끝나면 비주류였던 창조적 소수자들은 주류로 변신한다. 여기에 또다시 새로운 형태의 창조적 소수자가 등장해 주류를 밀어내는 과정이 모든 사회와 문명에서 끝없이 반복된다. 비주류가 주류로 교체되고, 비주류의 가치가 주류의 가치를 대체하는 과정을 통해 역사가 발전한다. 그것이 역사 발전의 법칙이다.

역사철학자 헤겔(1770~1831)은 역사가 정 - 반 - 합의 작용에 의해 변증법적으로 발전한다고 했다. 정(正·테제)은 기성의 질서다. 정만 존재한다면 역사는 유지될 뿐이지 발전하지 못한다.

정에 반기를 드는 반(反·안티테제)이 대두함으로써 비로소 역사는 발전의 계기를 갖게 된다. 반, 즉 '안티테제'란 기존 질서에 대한 반란이다. 지배 계층이 쥐고 있는 주류적인 가치를 부정하고 새로운 가치 체계를 요구하는 것이다.

그런데 안티테제를 창발(創發)할 수 있는 주체는 비주류일 수밖에 없다. 주류는 기성 질서의 일부분이기 때문에 이를 부정하는 데 태생적이고 본질적인 한계를 갖고 있다. 비주류가 아니면 기존 질서에 반기를 들 수 없다.

평상시 역사를 이끌어가는 주체는 주류다. 지배 구조와 통치 권력을 장악한 주류 세력이 기존 법칙에 따라 매일매일의 일상적인 역사를 운영한다.

하지만 역사를 바꾸는 것은 비주류다. 주류는 역사를 '유지'하고 비주류는 '변화'시킨다. 역사를 유지하는 주류는 지배적 소수 엘리트이고, 비주류인 창조적 소수자가 여기에 대항하는 새로운 담론을 던져 질서를 바꾼다.

민중은 역사 발전의 토양이다. 비주류 엘리트가 제시한 새로운 질서를 민중이 지지하고 받아들이면 그것이 새로운 질서가 된다. 역사를 움직이는 엔진은 비주류가 주도하는 안티테제의 동력이다. 비주류 엘리트와 민중이 손잡는 위대한 '약자의 결합'이 새로운 역사를 만들어낸다.

4

약자의 터닝포인트

"인간은 운명의 포로가 아니라
단지 자기 마음의 포로일 뿐이다."

—

프랭클린 루스벨트

20세기가 끝나가고 새로운 밀레니엄이 다가올 무렵 미국 주간지 〈타임〉
은 '20세기 가장 중요한 인물 100인'을 선정해 발표했다. 인류의 지적 경
계가 비약적으로 확장되고 기술문명이 폭발적으로 발전했던 1900~99년
의 100년 사이 인류 사회에 큰 영향을 끼친 정치 지도자, 혁명가, 과학자,
예술가, 스포츠 스타 100명을 고른 것이다.

명단에 오른 100인의 공통점, 이들의 특징을 꿰뚫는 키워드는 무엇일
까. 그것은 대부분의 위인들이 약점을 타고나고 불리한 환경에 처해 있던
비주류 약자 출신이라는 점이다. 오히려 풍족한 환경과 순조로운 성장 배
경을 지닌 인물을 찾기가 힘들 정도다. 세계를 움직인 위대한 사람들이
죄다 약자들이었다니 놀랍지 않은가.

2차 대전의 영웅 윈스턴 처칠(1874~1965)처럼 아예 예외가 없는 것은 아니다. 처칠은 영국의 정치 명문가에서 태어나 엘리트 코스를 거쳤고, 총리를 두 번 지낸 뒤 노벨문학상을 받았으며 90세까지 살았다. 권력과 노벨상의 명예, 장수까지 세상의 온갖 복이란 복은 다 누린 인물이었다.

그러나 그런 처칠조차 약점이 많았다. 소년 시절엔 몸이 약해 잦은 병치레에 시달렸고 심각한 언어장애와 말더듬증, 대중 공포증으로 고생했다. 보어전쟁에 참전했다가 포로로 잡혀서 수용소 생활을 하던 중에 겨우 탈출하는 시련도 겪었다.*

무엇보다 영국 총리로서 지휘권을 잡았던 2차 대전에서 그는 히틀러의 독일이라는 강력한 적 앞에서 철저하게 약자의 신세였다. 당시 영국의 군사력은 독일에게 절대적으로 열세였다. 약자의 상황에 굴하지 않고 승리를 이뤄낸 것이 처칠의 위대함이었다.

역사적으로 큰 족적을 남긴 인물치고 좋은 환경에서 승승장구한 사람은 오히려 드물다. 가난과 미천한 신분 같은 사회적 핸디캡, 질병이나 장애 같은 신체적 핸디캡을 갖고 태어나거나 거대한 적 앞에서 일방적으로 불리한 싸움을 강요당했던 사람들이 대부분이다.

위대함은 순탄하고 편안한 길과 거리가 멀다. 〈타임〉이 선정한 '20세기 가장 중요한 인물 100인'은 '승리한 약자'의 명단이나 다름없다. 역경과 고난에 직면한 약자가 이를 헤쳐나가는 과정이 바로 위대함을 성취하는 길이란 뜻이다.

———
* 처칠은 유머와 촌철살인의 표현으로 청중을 휘어잡는 명연설가로 유명하다. 2차 대전 당시 절망에 빠진 영국 국민들에게 희망을 주고 전쟁을 승리로 이끈 데도 연설의 힘이 컸다. 그러나 처칠은 원래 심한 말더듬증을 앓았고 몇 가지 단어는 발음조차 하지 못했다. 처칠은 걸으면서도 발성 연습을 하고 늘 연설문의 표현을 생각하는 각고의 노력을 통해 핸디캡을 극복하고 명연설가가 되었다.

약점을 극복하는 과정이 위대함의 길

2차 대전 당시 처칠과 함께 대서양의 다른 편에서 히틀러의 나치즘 그리고 일본 군국주의와 맞서 싸웠던 것이 미국 대통령 프랭클린 루스벨트 (1882~1945)다. 그는 미국인이 가장 존경하는 대통령을 조사하면 늘 상위권에서 빠지지 않는다.

루스벨트 역시 지주의 아들로 태어나 유복하게 자랐지만 예기치 않은 사고로 신체장애자가 되는 불운을 겪었다. 39세 때 별장에서 찬물에 빠진 뒤에 소아마비에 걸려 하반신이 마비된 것이다. 그는 7년 동안 재활 치료를 받으며 병마와 싸웠다. 우울한 시기였으나 그는 "내 인생의 바캉스"라며 낙천적인 자세를 잃지 않았다.

재활 치료로 증상이 나아지긴 했지만 그는 휠체어 신세를 면치 못했고 평생 통증에 시달렸다. 그러나 그런 신체적 핸디캡 속에서도 미국 대통령에 네 번이나 당선되는 전무후무한 기록을 세웠고 '뉴딜 정책'으로 새로운 자본주의 모델을 제시하는 등 위대한 업적을 남겼다.

또 어떤 인물이 약점을 이겨내고 '20세기 인물 100인'에 올랐을까. 100명의 명단은 인터넷에서 검색하면 쉽게 찾아볼 수 있다. 그중 우리에게 친숙한 인물 몇 명만 살펴보자.

호찌민(1890~1969)

평생을 베트남 독립운동에 바친 베트남 건국의 아버지. 베트남 중북부의 가난한 말단·공무원 집안에서 태어났다. 돈이 없어 제대로 된 정규교육을 받지 못했고 혼자 책을 읽어 독학으로 지식을 습득했다고 한다.

21세 때 프랑스 선박의 견습 요리사로 취직해 프랑스로 건너갔으며 이 듬해 미국으로 넘어갔다. 뉴욕 할렘에서 빵 굽는 일로 생활비를 벌었고, 이어 영국과 프랑스에 체류하면서 하인, 요리사, 정원사, 청소부, 웨이터 같은 온갖 미천한 직업을 전전했다. 이런 밑바닥 인생을 통해 그는 사회 부조리에 눈을 뜨고 혁명가로서의 자질을 담금질하게 된다.

그는 독립 베트남의 공산정권을 이끌면서 프랑스와 미국이라는 강대국 에 맞서 절대 열세인 전쟁을 모두 승리로 이끌었다. 특히 미국과의 전쟁 (1960~75)은 세계 최강의 군대를 비정규 게릴라전으로 제압한 약자의 승 리 사례로 인용되고 있다.

넬슨 만델라(1918~2013)

인종차별에 맞선 남아공의 흑인 지도자. 반란 선동 혐의로 종신형을 선고 받고 무려 27년 동안 수감돼 인생의 전성기를 감옥에서 보냈다. 아파르트 헤이트라는 극단적인 흑인 차별 정책으로 국가 폭력을 휘두른 남아공 백 인 정권 앞에서 만델라는 그야말로 작고 나약한 존재에 불과했다. 그러나 그는 온갖 협박과 회유에 굴복하지 않고 신념을 지켜냈다.

만델라가 27년의 수감 생활을 끝내고 석방된 것은 노년기로 훌쩍 접어 든 72세 때였다. 강자 앞에서도 굴복하지 않은 그의 투쟁은 노년이 되어 서야 보상받았다. 남아공 정부는 인종차별 정책을 폐기했고 그는 흑인 최 초의 남아공 대통령이 되었다.

그는 대통령이 된 후에도 자신을 포함한 흑인을 탄압했던 백인들에게 보복하지 않았다. 용서와 관용, 화합의 정신으로 백인들을 포용함으로써 진정한 승리자가 됐다.

찰리 채플린(1889~1977)

무성영화 시대를 풍미한 코미디의 제왕. 히틀러를 고발한 〈위대한 독재자〉나 자본주의의 인간성 말살을 풍자한 〈모던 타임스〉 같은 불후의 명작을 남겼다. 짧은 콧수염에 몸에 꽉 끼는 상의, 헐렁한 바지 차림의 캐릭터로 지금도 많은 사람의 기억 속에 남아 있다.

영화계의 정상에 오른 채플린이지만 어린 시절은 불우하기 그지없었다. 아버지는 알코올 중독자였으며 그가 세 살 때 부모가 이혼해 홀어머니와 힘들게 살았다. 아홉 살이 되기 전까지 두 차례 보육원에 보내졌고 그가 열네 살일 때는 어머니가 정신병원에 수용됐다.

코코 샤넬(1883~1971)

고급 브랜드의 대명사 샤넬 브랜드를 만든 패션의 여왕. 화려했던 일생과 달리 열두 살에 어머니가 돌아가고 아버지에게 버려져 고아원과 수도원을 전전하면서 불우한 어린 시절을 보냈다.

헬렌 켈러(1880~1968)

눈이 멀고 귀가 들리지 않는 중증 장애인이지만 활발한 업적을 남긴 미국의 사회운동가. 시각·청각 장애인이면서 최초로 대학을 나와 학사 학위를 받았다. 생후 19개월 때 뇌막염에 걸려 시각과 청각을 잃었다. 볼 수 없고 들을 수 없는 암흑 속에서도 독일어를 비롯해 5개 국어를 구사했으며 활발한 인권운동과 사회주의 활동을 펼쳤다.

로널드 레이건(1911~2004)

보수 혁명을 일으킨 미국의 40대, 41대 대통령. 작은 정부와 감세를 바탕으로 하는 '레이거노믹스'로 미국 정치의 지평을 바꿔놓았고, 소련과 중거리 핵전력 폐기 합의를 이끌어냈다. 일리노이주에서 가난한 구두 판매원의 둘째 아들로 태어났다. 대학 졸업 후 할리우드에 들어가 53세까지 약 50편의 영화에 출연했으나 별 주목을 받지 못했다. 배우로서는 2류였지만 50대의 늦은 나이에 정치에 입문하면서 정치가로서 거대한 업적을 이루었다.

마거릿 대처(1925~2013)

'철의 여인'으로 불린 영국 최초의 여성 총리. 11년간 총리를 지내며 만성적인 실업과 저성장, 재정난에 시달리는 '영국병(病)'을 치유했다. 영국 중부 링컨셔주에서 식료품집 차녀로 태어났다. 명문가 출신의 엘리트들이 지배하는 영국 정가에서 그녀는 평범한 서민 집안 출신에다 여성이라는 약자의 핸디캡을 이겨내고 위대한 총리의 반열에 올랐다.

약자의 전환점

성공한 약자들에게는 전환점이 있다. 그렇게도 발목을 잡던 약점이 거꾸로 성공을 뒷받침하는 인생의 자산으로 바뀌는 지점이다. 그 지점에 이르면 약점이 핸디캡이 아니라 유리한 강점, 열정을 북돋는 에너지원 같은 긍정적인 요소로 작용하게 된다. 약점이 화학적 변화를 이루는 포인트다. 이것을 '약자의 터닝포인트(전환점)'로 부르기로 하자.

〈타임〉지가 선정한 '20세기 인물 100인'의 예술가 분야에 오른 루이 암스트롱(1901~71)은 '트럼펫의 신'이라고도 불렸던 재즈 음악의 황제다. 50여 년의 세월에도 전혀 녹슬지 않는 불후의 명곡 〈왓 어 원더풀 월드(What a Wonderful World)〉로 우리의 귀에도 친숙하다.

암스트롱의 터닝포인트는 소년원이었다. 13세 때 소년원에 들어간 것이 뜻하지 않게 음악과의 만남으로 이어졌다. 이후 그의 불우한 환경은 음악적 열정을 부채질하는 에너지원이자 자극제가 됐다.

그의 초년 인생은 누구보다 극적이다. 흑인 차별이 여전했던 시대, 그는 미국 남부 뉴올리언스의 빈민가에서 미혼모의 아들로 태어났다.

그의 생부는 빈민가의 날품팔이 노동자였으며, 생모는 16세의 미혼모였다. 아버지는 암스트롱이 걸음마를 익히기도 전에 다른 여자와 살림을 차려서 모자의 곁을 떠났다. 어머니는 매춘을 생업으로 이어가며 아들의 양육을 책임져야만 했다.

암스트롱은 매춘굴에서 생활하면서 석탄이나 폐품을 팔아 푼돈을 벌어 가계를 도왔다. 하루 벌어 입에 풀칠하기도 버거운 삶이었다. 학교에 있는 시간보다 밖에서 보내는 시간이 많아지면서 11세에 학교도 그만두게 됐다.

그는 또래 아이들과 거리에 나가 노래를 부르며 동전을 모았다. 미래의 계획도, 이렇다 할 희망도 없이 그저 되는 대로 사는 엉망진창의 막장 생활이었다.

13세 새해가 시작되던 날, 그의 인생을 바꾼 일이 터졌다. 그가 의붓아버지의 리볼버 권총을 갖고 나와 공중에 마구 쏘아대며 새해를 맞는 의식을 치른 것이다. 세상 물정 모르는 어린아이의 치기 어린 장난이었다.

그는 체포돼 흑인 부랑자 소년원에 수감됐다. 소년원에 갇힌 뒤에도 그는 거칠게 날뛰었다. 그런데 예기치 않게도 이것이 그를 음악의 세계로 이끈 전환점이 됐다. 소년원의 보호감찰관이 교화를 위해 그의 손에 트럼펫을 쥐여준 것이다.

악기를 접한 순간 숨겨져 있던 그의 재능에 불꽃이 당겨졌다. 그는 음악에 빠져들었다. 음악이야말로 그를 구원할 유일한 탈출구였다. 그는 가난과 범죄로 찌든 빈민가에서 빠져나오기 위해 음악을 했다. 코넷(트럼펫보다 약간 작은 금관악기)과 트럼펫에 몰두해 연주 실력을 익혔다.

가난에서 탈출하려는 그의 필사적인 열정은 내면에 잠재되어 있던 음악적 재능과 결합해 폭발적인 반응으로 나타났다. 오래지 않아 그는 미국 전역에서 주목받는 재즈 뮤지션으로 성장했다. 이윽고 재즈 역사에 영원히 기록될 전설적인 존재가 됐다.

약자라는 삶의 자산

만약 암스트롱이 빈민가 매춘굴에서 태어나지 않았다면 그의 인생은 사뭇 달랐을 것이다. 십중팔구 평범한 인생을 살았을 것이고, 설사 음악을 했더라도 지금 같은 성취는 이루지 못했을 가능성이 크다. 불우한 환경은 그의 초년 인생을 막장까지 몰아넣었지만 역설적으로 그의 음악적 재능을 폭발시킨 도화선이 됐다.

그것은 암스트롱만의 얘기가 아니다. 〈타임〉의 '20세기 인물 100인'에 오른 위대한 인물 대부분이 저마다 자기만의 터닝포인트를 갖고 있다.

호찌민이 밑바닥 직업을 전전한 식민지 청년의 삶을 경험하지 않았다면 그의 베트남 혁명사상은 사상누각에 불과했을 것이다. 미국과 프랑스에 맞서 달걀로 바위치기 식의 대결을 벌일 의지도 생기지 않았을 것이다.

넬슨 만델라의 27년 수감 생활은 그를 위대하게 만든 자산이 됐다. 보육원에 버려졌던 찰리 채플린이나 고아원을 전전한 코코 샤넬의 유소년기 체험은 이들의 예술혼을 자극했고 더욱 치열해지도록 동기부여했다. 터닝포인트가 오는 순간 약점이 강점으로 화학적인 변이를 이루었다.

물론 그냥 기다리기만 한다고 될 일은 아니다. 그때를 맞을 자세를 갖추고 준비하는 사람만이 약자의 전환점을 누릴 수 있다. 약점을 있는 그대로 응시하고 정면으로 대면해 의지와 전략을 갖고 맞서는 사람만이 강한 약자, 승리하는 약자가 될 수 있다.

위대한 인물만의 특별한 얘기가 아니다. 나와 당신, 이 세상 모든 사람, 모든 약자에겐 반드시 자기만의 터닝포인트가 있다.* 그렇게도 자신을 옥죄고 괴롭히던 약점이 축복으로 돌아서는 반전의 순간이 찾아온다.

그러니 이 땅의 약자들이여, 지금 고난과 역경에 시달리더라도 결코 좌절하거나 절망하지 마라. 당신의 터닝포인트는 아직 오지 않았다. 당신을 새로운 인생의 주인공으로 만들어줄 당신만의 터닝포인트가 저 앞에서 기다리고 있다.

---

* 방송작가 강의모가 쓴 《땡큐, 내 인생의 터닝포인트》를 참고할 만하다. 작가 장강명, 김탁환을 비롯한 23명의 터닝포인트를 그려낸 이 책에서 저자는 "당신이 가장 힘들 때, 가장 빛나는 인생의 터닝포인트가 기다리고 있다"고 썼다.

약자의 역설은 객관적 사실인가

강한 약자, 이기는 약자의 길을 찾으려는 우리의 여정은 여기까지다. 그러나 다 끝난 게 아니다. 아직 하나의 과제가 남았다. 지금까지 약자의 여정을 함께한 독자들은 마음 한구석에 이런 의문을 품었을지도 모른다.

전략과 의지를 가진 약자는 강하다는 약자의 역설은 과학적으로 입증되는가. 그것은 객관적 사실인가, 아니면 관념적인 당위론인가. 이렇게 돼야 한다는 희망과 도덕적인 정의 관념이 섞인 허구의 이상론은 아닐까.

그렇다. 아무리 좋은 말이라도 객관적 사실과 데이터로 뒷받침되지 않는다면 허망한 소리일 뿐이다. 이 세상 대부분의 약자가 절망에 허덕이는데 몇몇 영웅들의 성공담을 갖고 강한 약자 운운한다면 현실 세계와 동떨어진 헛소리에 불과하다. 약자가 이길 수 있다는 우리의 명제는 정말 과학적으로, 통계적으로 입증될 수 있을까.

약자는 늘 지는 것이 아니며 우리가 생각하는 것만큼 약하지 않다는 것이 이 책의 주제다. 흔한 고정관념처럼 약자는 절대로 백전백패 지기만 하는 존재가 아니다. 모든 것이 열세인 약자가 예상을 뒤엎고 이기는 일이 현실 세계에서 허다하게 벌어진다. 약자가 전략과 의지로 무장한다면 강한 약자가 될 수 있다.

그렇다면 약자의 승률을 수학적으로 계산하면 얼마나 될까. 약자가 강렬한 의지와 스마트한 전략으로 무장하면 강해질 수 있다는 명제는 통계적으로 검증될 수 있을까.

이것을 증명하기란 쉬운 일이 아니다. 예를 들어 타고난 출신 배경과 성장 이후의 성취 사이엔 20~30년의 시차가 존재한다. 이렇게 긴 시간에 걸친 생애의 인과관계를 객관적인 데이터로 추적하는 것은 대단히 어렵다.

그러나 불가능한 것은 아니다. 앞서 1장에서 소개했던 아이젠슈타트의 추적 조사가 한 예다.

심리학자 아이젠슈타트는 1960년대 초 미국과 영국의 사회적 명사 573명의 성장 배경을 추적했다. 그 결과 명사들은 어린 시절 부모를 잃은 비율이 일반인에 비해 훨씬 높다는 것이 드러났다. 그는 이를 근거로 역경이 성공을 방해하기는커녕 도리어 성공을 동기부여한다는 '결핍의 원리'를 제시했다.

고3 4000명을 10년간 추적한 조사

한국에도 집안 배경과 사회적 성취의 관계를 분석한 귀중한 통계자료가

있다. 고용노동부 산하 한국직업능력개발원이 2016년 내놓은 〈한국교육
고용패널 조사〉가 그것이다.

이 자료는 2004년 당시 고교 3년생 4000명을 표본으로 뽑아 패널 집단
을 구성한 뒤 이후의 성장 과정을 매년 추적 조사한 데이터다.

2004년 당시 고3이면 2017년 현재 30세 전후로 막 사회에 진출했을 사
회 초년병이다. 고3 때의 가정환경과 지금의 상황을 연결해서 파악할 수
있는 드문 자료다. 수치가 얽혀 있어 복잡하게 보일지 모르지만 인내심을
갖고 통계치의 행간을 읽어주기 바란다.

결론부터 말하면 이렇다. 가난한 집안 출신과 부유한 집안 출신은 확실
히 대학 수능 시험 성적이나 사회에 진출한 뒤에 얻은 일자리의 질에서
차이가 있었다. 잘사는 집, 부모의 학력 수준이 높은 가정의 아이들이 평
균적으로 수능 성적도 높고 괜찮은 직업을 구할 확률도 높았다.

그런데 중요한 것은 그 차이가 생각만큼 크지 않더라는 것이다. 흙수저
론이 주장하는 것처럼 집안 배경이나 부모의 사회경제적 지위가 자녀의
성공에 절대적인 변수로 작용하지는 않았다. 그 차이는 상대적인 것에 불
과했다.

특히 고교 시절 책을 많이 읽은 학생은 집이 가난하더라도 나중에 사회
에 진출해 '괜찮은 일자리'를 얻을 확률이 책을 읽지 않은 부잣집 학생보
다 더 높았다. 책을 읽었다는 것은 의지와 전략이 있었다는 뜻이다. 의지
와 전략을 가진 약자는 가난한 집안 배경을 뛰어넘어 일자리 경쟁에서 이
기고 있음을 이 자료는 확인해주고 있다.

좀 더 구체적으로 살펴보자. 한국직업능력개발원은 2004년 패널에 포
함된 고교생 4000명에 대해 부모의 소득과 학력, 그리고 본인이 얼마나

책을 읽었는지 등을 조사했다.

부모 관련 항목은 환경적으로 주어진 '배경 변수'이고 독서 이력은 본인이 노력으로 바꿀 수 있는 '의지 변수' 혹은 '전략 변수'에 해당될 것이다.

그리고 이들이 대학 수능 시험에서 어떤 점수를 얻었고, 그 후 사회에 진출해 어떤 일자리를 얻었는지, 월급은 얼마나 받고 있는지를 추적 조사했다.

물론 이것만 갖고 사회적 성공 여부를 판단하는 것은 충분치 않다. 하지만 우리가 궁금해하는 집안 배경과 사회적 성취 사이의 상관관계에 대해 어느 정도 수긍할 만한 해답을 주고 있다.

출신 배경이 수능 성적을 좌우하는가

한국직업능력개발원은 2004년 고3 패널 4000명에 대해 부모의 월 소득을 조사해 ① 200만 원 미만(하위 소득층) ② 200~400만 원(중위 소득층) ③ 400만 원 이상(상위 소득층)의 세 그룹으로 분류했다.

이와 함께 각 소득 그룹 안에서 이들이 고교 시절 교양서적을 몇 권이나 읽었는지를 조사했다. 그리고 이들이 수능 시험의 언어·수리·외국어 과목에서 얻은 점수를 비교했다.

역시 차이는 있었다. 뒤쪽의 표를 보면 알 수 있듯이 잘사는 가정에서 자랄수록 수능 성적도 좋아지는 경향이 뚜렷했다.

월 소득 200만 원 미만 하위 소득층 가구 자녀(①그룹)의 수능 언어 평균 점수는 88.62점, 수리는 90.18점, 외국어는 91.76점이었다. 반면 월 소득 400만 원 이상 상위 소득층 가구 자녀(③그룹)의 언어 점수는 99.12점,

부모의 소득 수준에 따른 자녀의 수능·일자리 성취도

가구 소득	교양서적	수능 언어	수능 수리	수능 외국어	괜찮은 일자리를 구한 비율	월 평균 임금
200만 원 미만 (①그룹)	0권	82.06점	88.99점	83.02점	21.4퍼센트	207.22만 원
	1~5권	93.37점	92.09점	91.51점	29.6퍼센트	216.10만 원
	6~10권	91.81점	85.62점	86.35점	40.6퍼센트	200.78만 원
	11권 이상	98.24점	91.46점	91.76점	42.9퍼센트	217.26만 원
	전체	88.62점	90.18점	87.34점	26.7퍼센트	210.62만 원
200~400만 원 (②그룹)	0권	85.71점	89.07점	86.18점	27.7퍼센트	218.00만 원
	1~5권	94.77점	94.30점	91.65점	29.9퍼센트	218.64만 원
	6~10권	101.05점	97.76점	96.59점	25.0퍼센트	218.72만 원
	11권 이상	104.61점	99.02점	101.77점	43.1퍼센트	228.36만 원
	전체	92.89점	93.16점	90.98점	29.6퍼센트	219.13만 원
400만 원 이상 (③그룹)	0권	91.88점	96.12점	93.55점	24.1퍼센트	224.62만 원
	1~5권	100.52점	98.82점	101.40점	37.5퍼센트	226.26만 원
	6~10권	101.79점	103.24점	103.21점	40.6퍼센트	232.17만 원
	11권 이상	111.89점	104.97점	105.56점	48.4퍼센트	237.63만 원
	전체	99.12점	99.36점	99.61점	33.9퍼센트	227.60만 원

* 한국직업능력개발원 채창균 선임연구위원, 신동준 연구원이 2004년 고3 4000명을 10년간 추적·조사·분석한 〈독서·신문 읽기와 학업 성취도, 그리고 취업〉 보고서 중에서.

수리는 99.36점, 외국어는 99.61점이었다.

하위 소득 가정과 상위 소득 가정의 자녀 사이에 과목별로 대략 10점 내외의 점수 차이가 있었던 셈이다. 적지 않은 차이다. 이 정도 점수 차이라면 대학 입시에서 세칭 명문대행이냐 비명문대행이냐가 갈리는 통계적으로 의미 있는 격차다.

이는 역시 사교육의 영향으로 보인다. 즉 가정 형편이 좋은 청소년일수록 사교육을 많이 받기 때문에 수능 시험 성적도 올라가는 것으로 보인다.

다만 그 영향의 정도는 과목별로 약간의 차이가 있었다. 수능의 언어 영역이 수리나 외국어 영역보다 가정 형편의 영향을 상대적으로 덜 받는 것으로 나타났다. 하위 소득층(①그룹) 중에서 교양서적을 11권 이상 읽은 다독(多讀) 그룹의 언어 성적이 다섯 권 이하로 읽은 중위 소득층이나 한 권도 읽지 않은 상위 소득층을 능가한 것이다.

이를 바꿔 말하면 언어 과목은 가난한 집 자녀라도 책을 많이 읽는 등 본인 스스로의 노력으로 어느 정도 격차를 극복할 수 있다는 뜻으로 해석된다.

하지만 수리나 외국어 과목에선 저소득층 자녀가 책을 많이 읽어도 가구 소득의 벽을 넘기는 힘든 것으로 나타났다. 하위 소득층 자녀(①그룹) 중 교양서적을 11권 이상 읽은 경우라도 수리나 외국어 점수에선 책을 한 권도 읽지 않은 상위 소득층 자녀(③그룹)에 못 미쳤다.

사교육의 막강한 위력 앞에선 본인이 아무리 노력해도 한계가 있다는 것이 수치로 드러난 것이다. 대학 입시만 놓고 보면 흙수저론이 일리 있어 보인다.

부모의 소득과 자녀의 수능 성적이 비례하는 경향은 그 후로도 계속되거나 더 강화되는 것으로 보인다.

경기도 교육청이 한국교육개발원의 2010년 고3 자료를 바탕으로 분석한 또 다른 보고서를 보면 하위 소득층과 상위 소득층 자녀의 수능 평균 성적이 과목별로 12~18점의 차이를 보였다.

월 가구 소득이 125만 원 이하인 가정의 수험생은 언어 93.96점, 수리 91.16점, 외국어 90.76점을 받은 반면 소득 581만 원 이상 가정의 수험생은 언어 105.22점, 수리 105.59점, 외국어 108.49점을 얻었다. 특히 외국어 영역의 편차가 심해 저소득 가구와 고소득 가구 간의 평균 점수가 17.73점이나 벌어진 것으로 나타났다. 2004년보다 격차가 더 커진 것을 알 수 있다.

다시 한 번 정리하면 부모의 경제력이 자녀의 수능 성적에 영향을 미치고 이것이 대학 진학으로 연결되는 효과는 분명히 존재한다고 볼 수 있다. 역대 모든 정권이 사교육과 전쟁을 한답시고 열을 올렸지만 사교육을 잡기는커녕 아직도 건재하다는 것이 이런 통계를 통해 입증되고 있다.

역시 흙수저 – 금수저론이 옳다고? 부분적으로는 맞다. 대학 입시에선 가정 형편이 좋은 수험생일수록 좋은 대학에 들어갈 확률이 확실히 높은 것이 사실이다. 그러나 속단하지 마라. 이게 전부가 아니기 때문이다.

출신 배경이 일자리의 질을 가르는가

어떤 사람의 인생이 '사회적'으로 성공했는지를 판단해주는 수많은 기준과 항목이 있겠지만 그중에서 가장 중요한 것은 일자리라고 볼 수 있다.

일자리는 한 사람의 사회적 성공을 판단하는 가장 중요하고 보편적인 기준이다. 어느 대학을 나왔는지보다 더 중요한 것이 그 사람의 직업과 일자리다. 좋은 대학에 가려고 애쓰는 것도 결국은 좋은 직장과 원하는 직업을 잡기 위해서가 아닌가.

앞서의 한국직업능력개발원 자료로 돌아가 보자. 수능 성적, 특히 외국어와 수리는 부모의 경제력에 많은 영향을 받는다는 사실을 확인한 바 있다. 즉 잘사는 집 아이들이 더 좋은 대학에 들어갈 가능성이 높았다.

그러면 일자리는 어떨까. 대학 졸업 후 사회에 진출해서 벌어지는 일자리 경쟁에서도 역시 좋은 가정 형편에서 자란 자녀들이 더 괜찮은 일자리를 얻고 월급도 많이 받을까.

한국직업능력개발원은 2004년 고3 패널 4000명의 10년 뒤를 추적 조사해보았다. 10년 뒤라면 이들이 대학을 졸업하고 남학생이라면 군대도 다녀왔을 것이고 정상적인 경우라면 취업도 했을 28~29세의 연령대다.

조사 결과를 보면 가정 형편에 따라 일자리의 질이 영향을 받는 경향이 다소 있었다. 월 소득 200만 원 미만 하위 소득층 자녀(①그룹)의 경우 괜찮은 일자리를 찾은 비율이 26.7퍼센트였지만, 200~400만 원의 중위 소득층(②그룹)은 29.6퍼센트, 400만 원 이상 상위 소득층(③그룹)은 33.9퍼센트였다. 가정의 소득이 높을수록 괜찮은 일자리를 갖게 될 가능성이 더 높았던 것이다.

그 일자리에서 받는 월급 또한 출신 가정 형편에 비례했다. ①그룹이 받는 평균 월 급여는 210만 원인 반면 ②그룹은 219만 원, ③그룹은 227만 원이었다.

그런데 그 차이는 수능 성적의 격차만큼 크지 않았다. 괜찮은 일자리를 찾은 비율은 하위 소득층과 상위 소득층 사이에 약 7퍼센트포인트의 차이가 났다. 또한 월 급여는 17만 원가량 차이가 났다. 이런 차이 역시 결코 무시해선 안 될 격차다.

그러나 어떤가. 우리가 막연하게 갖고 있던 통념에 비하면 그 격차가 그다지 크지 않다는 생각이 들지 않는가. 일반적으로 우리는 흙수저가 취업 전선에서 아예 경쟁조차 못 하고 정규직의 관문을 뚫는 것도 거의 불가능하다는 식의 고정관념을 갖고 있다. 적어도 그것은 사실이 아님이 통계적으로 입증된 것이다.

괜찮은 일자리를 찾는 비율의 격차 7퍼센트포인트와 월급의 격차 17만 원이 크다면 클 수도 있다. 그렇지만 극복이 불가능할 정도이거나 '신분의 벽' 운운할 만한 절대적인 격차라고 볼 수는 없다. 가난한 하위 소득층 출신이라도 본인 하기에 따라서는 일자리 경쟁에서 성공할 수 있다는 것을 보여주는 수치다.

전략 있는 약자가 일자리 경쟁에서 이겼다

여기에다 독서 변수, 즉 고교 시절 책을 많이 읽었는지를 따져보면 약자의 역설은 더욱 확연한 형태로 나타났다. 책을 읽는다는 본인의 의지 변수가 배경 변수를 능가한다는 사실이 통계적으로 입증되는 것이다. 괜찮은 일자리를 찾은 비율이 가정의 소득 수준보다는 본인의 독서량에 비례하는 것으로 나타났기 때문이다.

한국직업능력개발원 2004년 패널의 하위 소득층(①그룹) 중에서 교양 서적을 11권 이상 읽은 다독(多讀) 고3이 나중에 괜찮은 일자리를 얻은 비율은 42.9퍼센트에 달했다. 이는 상위 소득층(③그룹) 가운데 교양서적을 10권 이하로 읽었던 학생들이 괜찮은 일자리를 얻은 비율(24.1~40.6퍼센트)을 압도하는 결과다.

이런 경향은 모든 소득 계층에 걸쳐 공통적으로 나타났다. 집이 가난해도 책을 많이 읽은 학생은 10년 뒤 좋은 일자리를 찾을 확률이 높고, 잘사는 집에서 자랐어도 고교 시절 책을 읽지 않은 학생은 좋은 일자리를 찾을 확률이 떨어지는 것이다.

이것은 약자의 역설이 사실임을 뒷받침하는 중요한 통계다. 고교생이 책을 읽는다는 것은 무엇을 뜻하는가. 본인이 자신의 미래를 위해, 혹은 경쟁력을 키우기 위해 스스로 전략을 세우고 노력했다는 것을 의미한다. 약자가 전략과 의지로 무장했다는 뜻이다.

즉 집이 가난하더라도 전략과 의지를 지녔다면 일자리 경쟁에서 강자를 이기는 것이다. 약자의 역설은 관념적인 것이 아니라 현실적으로 일어나고 있는 현상이라는 것을 이 통계는 보여준다. 역시 우리가 틀리지 않았다.

그렇다면 의지 변수가 수능 시험과 일자리 경쟁에서 각기 다른 영향력을 미치는 현상을 어떻게 설명할 수 있을까. 책을 많이 읽어도 수능 시험에선 약자가 강자를 능가하지 못하지만 일자리 경쟁에선 달라지는 현상 말이다.

수능 시험은 사교육에 의해 좌우되는 측면이 강하다. 부모의 경제력이 상당히 큰 영향력을 갖게 되는 것이다. 출발 지점이 수능 성적과 대학 진학을 좌우하는 한국적 현실이 분명 존재한다. 그만큼 사교육의 영향력이 막강하다. 그렇기 때문에 기회를 균등하게 하기 위한 교육과 입시 제도의 혁신이 반드시 필요하다.

반면 사회 진출 후의 취업 경쟁은 수능 시험과 양상이 다르다. 취업 전형에서도 가정 형편이 어느 정도 영향력을 미친다는 것은 부인할 수 없다. 잘사는 집안의 자녀들은 여유를 갖고 좋은 스펙을 만들 수 있지만 가난한 집 자녀들은 아르바이트를 하느라 스펙을 만들 시간이 없다는 말도 일리가 있다.

그러나 앞서 6장에서 보았듯이 취업 전선에서 스펙은 생각만큼 중요하지 않다는 것이 기업체 채용 담당자들의 공통된 말이다. 즉 스펙이나 영어 점수, 학점보다는 응시자의 열정과 의지, 적극성 같은 인성 요소를 더 중시한다고 채용 담당자들은 말한다. 그렇다면 가난한 집안 출신이라고 해서 크게 뒤질 것이 없다.

오히려 어렵게 성장한 청년들이 더 경쟁력을 가질 수도 있다. 학비와 생활비를 버느라 온갖 고생을 하고 치열하게 인생을 고민한 하위 소득층 청년들과, 별 걱정 없이 편하게 대학 생활을 보낸 상위 소득층 청년들의 경쟁력은 면접장에서 드러날 수 있다. 스펙에선 뒤지지만 스펙 외적인 경쟁력에서 더 나을 수 있다는 얘기다.

얘기를 정리해보자. 수능 성적은 괴물 같은 사교육의 영향력 때문에 약자의 의지와 전략 변수가 상대적으로 힘을 발휘하지 못했지만 일자리는 다르다. 가난한 집 출신이라도 열정과 전략으로 무장한다면 일자리 경쟁에서 성공할 확률이 비약적으로 올라간다는 것을 한국직업능력개발원의 통계자료가 말해주고 있다.

그렇다. 우리의 가설이 옳았다. 약자는 우리가 생각하는 것만큼 약하지 않다. 때로는 타고난 역경이 성공으로 이끄는 동기부여의 엔진이 되기도 한다. 약점이 있어서 약자가 아니라 전략과 의지가 없어서 약자다. 전략과 의지로 무장하면 약자가 강해질 수 있다는 것은 맞는 말이었다.

약자는 결코 인생의 패배자가 아니다. 당하기만 하는 존재도 아니다. 이제 우리는 객관적 근거를 갖고 이 땅의 수많은 '비정규직 인어공주'들과 '성냥팔이 알바 소녀'들에게 말할 수 있다. 약자의 처지를 숙명처럼 받아들이지 말라고. 약자야말로 강해지기 위해 태어난 존재라고 말이다.

책을 마치며

지구상엔 대략 870만 종의 생물이 존재한다고 한다(미국 하와이 대학 카밀로 모라 교수와 캐나다 델하우지 대학 보리스 웜 교수의 추산). 실로 헤아릴 수 없이 다양하고 기기묘묘한 생물들이 우리가 의식도 못하는 사이 우리와 함께 살아가고 있다.

창조자의 은총을 입고 강자로 태어나 먹이사슬의 정점에서 살아가는 종도 있다. 하지만 그렇지 못한 종들이 훨씬 더 많다. 포식자에게 쫓기는 약자로 태어났지만 수 억 년, 수십 억 년의 장구한 세월을 진화의 힘으로 이겨내 '종의 전쟁'의 승리자가 된 생물이 압도적으로 많다.

인간도 마찬가지일 것이다. 타고난 강자는 오히려 드물다. 인간이란 태어날 때부터 약점과 결함투성이다. 어떤 의미에서 인간은 모두가 다 약자다.

누구나 나름대로 갖고 있는 존재의 의미를 찾는 것이 인간의 숙명이다. 약점을 정면으로 응시하고 부닥쳐 삶의 가치를 만들어내는 것이 인간의 실존적인 존재 이유다.

의무감에 사로잡혀 떠밀리듯 책을 썼다. 시대의 최전선에 서있는 기자로서 수많은 흙수저들과 좌절하는 청년들과 경쟁에서 밀려나는 약자들을 목격했다. 그들에게 희망과 가능성의 메시지를 전하고 싶었다.

세상 천하 어떤 사람인들 절대강자일 수 있겠는가. 강자로 태어나지 못한 것을 서글퍼하지 말자. 낙담하지도 말자.

사고의 각도를 조금만 바꾸면 새로운 세계가 보인다. 약자야 말로 인생의 승리자가 되기 위해 태어난 존재다. 당신의 약점은 당신을 강하게 만들어줄 위장된 축복일 수 있다.

모든 사랑하는 사람들의 도움에 감사드린다. 지난 2년 동안 주말마다 자료를 뒤지고 노트북 자판을 두드리는 생활의 연속이었다. 힘들었지만 즐거운 작업이었다.

해냈다는 후련함보다 부족함에 대한 걱정이 앞선다. 이 책을 통해 단 한 줄이라도 삶의 통찰력을 찾는 독자가 있다면 더할 나위 없는 행복이겠다.

2017년 7월
박정훈

- 강의모, 《땡큐, 내 인생의 터닝포인트》, 더시드컴퍼니, 2016.
- 게리 하멜, 《꿀벌과 게릴라》, 이동현 옮김, 세종서적, 2015.
- 김경원, 《전쟁에서 경영전략을 배우다》, 21세기북스, 2015.
- 김종래, 《밀레니엄맨 칭기스칸》, 꿈엔들, 2005.
- 노먼 메일러, 《파이트》, 남명성 옮김, 뿔, 2008.
- 로자 파크스·짐 해스킨스, 《로자 파크스 나의 이야기》, 최성애 옮김, 문예춘추사, 2012.
- 뤽 폴리에, 《나우루공화국의 비극》, 안수연 옮김, 에코리브르, 2010.
- 리처드 브랜슨, 《내가 상상하면 현실이 된다》, 이장우·류혜원·김영희 옮김, 리더스북, 2007.
- 말콤 글래드웰, 《다윗과 골리앗》, 선대인 옮김, 21세기북스, 2014.
- 문보경·권건호·김민수, 《톡톡! 국민앱 카카오톡 이야기》, 머니플러스, 2011.
- 박찬희·한순구, 《인생을 바꾸는 게임의 법칙》, K-BOOKS, 2005.
- 아널드 토인비, 《역사의 연구》, 김규태·조종상 옮김, 더스타일, 2012.
- 안병찬, "다큐멘터리: 알리의 전쟁", 〈신동아〉 2011년 8월호.
- 알렉사 클레이, 키라 마야 필립스, 《또라이들의 시대》, 최규민 옮김, 알프레드, 2016.
- 월터 아이작슨, 《스티브 잡스》, 안진환 옮김, 민음사, 2015.
- 이나가키 히데히로, 《이토록 아름다운 약자들》, 오근영 옮김, 이마, 2015.
- 이영직, 《란체스터의 법칙》, 청년정신, 2002.
- 조수미, 《노래에 살고 사랑에 살고》, 창해, 1997.
- 최재천, 《개미제국의 발견》, 사이언스북스, 1999.
- Ivan Arreguin-Toft, *How the Weak Win Wars*, International Security, Summer 1995.
- Jeffrey D. Sachs and Andrew M. Warner, *Natural resource abundance and economic growth*, Cambridge MA: Havard University Press, 2001.

약자들의 전쟁법

초판 1쇄 발행 2017년 7월 14일
초판 2쇄 발행 2017년 8월 8일

지은이 | 박정훈
발행인 | 김형보
편집 | 박민지, 김수경, 강태영
마케팅 | 이상호, 김사룡

발행처 | 도서출판 어크로스
출판신고 | 2010년 8월 30일 제 313-2010-290호
주소 | 서울시 마포구 월드컵로14길 29 영화빌딩 2층
전화 | 070-5080-4113(편집) 070-8724-5877(영업) 팩스 | 02-6085-7676
e-mail | across@acrossbook.com

ISBN 979-11-6056-022-0 03190

이 도서의 국립중앙도서관 출판시도서목록(CIP)은 e-CIP홈페이지(http://www.nl.go.kr/ecip)와 국
가자료공동목록시스템(http://www.nl.go.kr/kolisnet)에서 이용하실 수 있습니다.(CIP제어번호:
CIP2017014274)

본문에 사용된 이미지는 저작권자를 찾지 못해 게재 허락을 받지 못하였습니다. 저작권자가 확인되
는 대로 게재 허락을 받고 통상의 기준에 따라 사용료를 지불하도록 하겠습니다.

만든 사람들

편집 | 김수경
교정교열 | 윤정숙
표지디자인 | 여상우